现代休闲活动策划与管理实务

主　编　陈碧清
副主编　金　璐　林立跃
编　委　杨清颖　郭　强　施丽娟
　　　　洪　峰　董小燕

群言出版社
QUNYAN PRESS
·北京·

图书在版编目（ＣＩＰ）数据

现代休闲活动策划与管理实务 / 陈碧清主编 ． -- 北京 ：群言出版社，2023.12
ISBN 978-7-5193-0883-4

Ⅰ．①现… Ⅱ．①陈… Ⅲ．①闲暇社会学 Ⅳ．① C913.3

中国国家版本馆 CIP 数据核字（2023）第 253582 号

责任编辑：侯　莹　张启超
封面设计：知更壹点

出版发行：群言出版社
地　　址：北京市东城区东厂胡同北巷1号（100006）
网　　址：www.qypublish.com（官网书城）
电子信箱：qunyancbs@126.com
联系电话：010-65267783　65263836
法律顾问：北京法政安邦律师事务所
经　　销：全国新华书店

印　　刷：三河市腾飞印务有限公司
版　　次：2023年12月第1版
印　　次：2023年12月第1次印刷
开　　本：787mm×1092mm　1/16
印　　张：14.5
字　　数：290千字
书　　号：ISBN 978-7-5193-0883-4
定　　价：72.00元

作者简介

陈碧清，浙江金华人，浙江大学体育人文社会学硕士，副教授，研究方向为社会体育学，现任金华职业技术学院体育运营与管理专业主任，从事"社会体育学""休闲运动策划与组织""健身俱乐部经营与管理"等课程教学十年之久，多次组织省市各级别体育活动，曾在国家级及省级核心期刊上发表论文多篇。

前　言

2020年，我国职工带薪休假制度基本得到落实，城乡居民旅游休闲消费水平大幅增长，国民休闲质量显著提高，与小康社会相适应的现代国民旅游休闲体系基本形成。这是我国从旅游时代迈向休闲时代的标志，也必然需要相应的专业人才对休闲活动进行策划、指导与组织。如温泉疗养、野外探险、公园及景区游乐活动、青少年文体活动、老年康体活动、高尔夫等活动的组织、策划、管理都需要大量的专业人才。

"休闲"行业的发展，必然带来"休闲"相关专业的发展，"休闲"专业人才具有良好的就业前景。以旅游业、娱乐业、服务业等为代表的休闲产业将在全球经济生活中占主导地位，休闲产业的发展方兴未艾，呼唤大量能策划、会管理的休闲专业技术人才。本教材作者正是在这一情况下，决心写作《现代休闲活动策划与管理实务》这一指导性教材的。

本教材对休闲活动策划与管理做了全面论述，系统地阐述了休闲活动在策划和管理过程中所涉及的每一个重要方面。本书内容丰富、取材广泛、论述有力、分析透彻。

本教材主要面向会展管理和旅游管理专业的学生，也可作为休闲行业、会展行业和旅游行业从业人员或研究人员了解及研究休闲活动策划与管理的参考用书。本书应用最新的休闲活动研究理论成果，分析休闲活动的发展因素；从多维视角中，审视休闲活动的文化价值内涵，对休闲活动进行再包装。

本教材的特点如下。

第一，针对专业所覆盖的岗位，按照休闲活动专业人员应具备的专业能力（策划能力、沟通协调能力、宣传推介能力、组织管理能力、信息管理和服务能力），根据高校休闲活动专业培养目标、专业方向，确定专项职业能力应具备的知识结构、智力技能和核心技能。

第二，突出高等院校课程的定向性，以能力为导向，使学生学到的知识、技能真正满足岗位的实际需要。

第三，教材内容根据市场实际需求和休闲活动的需要，强调操作技能的培养，融入行业新技术、新知识、新理念、新方法，突出教材的实用性、可操作性、先进性和前瞻性。

第四，教材根据岗位需要将专业理论知识和专业技能训练内容按照教学要求编写，旨在培养学生综合运用理论知识解决实际问题的能力。

全书紧扣实践案例，给出学习的思路和方法，而且提供了大量的背景材料，拓宽了读者对休闲活动策划与管理的学习视野，有助于培养和提高读者的学习兴趣。

作者在本教材的编写过程中参考、借鉴了国内外许多著作和文献资料。同时，由于作者水平有限、时间仓促，书中难免有疏漏和不足之处，恳请广大读者批评指正，使本书得以完善。

目　录

第一章　休闲活动概论

学习要点与目标

通过本章内容的学习，能够理解休闲、休闲活动的基本概念，了解国内外休闲活动的历史，熟悉休闲产业的发展情况，对休闲、游憩、旅游等近似概念进行辨析，对休闲活动按照不同的分类方法进行分类。

第一节　休闲活动的基本概念

一、休闲的定义

人的生命过程主要包括闲暇时间和劳动时间，人的活动方式与存在状态主要是劳动和休闲。休闲在人的生存与发展中具有十分重要的地位，发挥着不可替代的作用。什么是休闲？中文的"休"字是由"人"与"木"组合而成的，"人依木而休"，其意为人倚着树木或人坐在树下休息。因此，"休"有休息、休憩、休养等暂停劳动的意思。"闲"字的繁体字形式为"閒"，即由"门"与"月"组合而成，其意为家中一轮明月，或独处静思，或与家人相聚。所以，此处的"闲"有安闲、闲适、闲逸等意思。

古今中外许多学者从时间、活动、心态等不同的角度来定义休闲。亚里士多德在他的《政治学》一书中曾提出这样一个命题："休闲才是一切事物环绕的中心。"凡勃伦对休闲的定义是"非生产性的时间消费"。马克思主义认为，休闲一是指用于娱乐和休息的余暇时间；二是指发展智力，在精神上掌握自由的时间，它包括个人受教育的时间、发展智力的时间、履行社会职责的时间、进行社交活动的时间、自由运用体力和智力的时间。我国学者李仲广、卢昌崇等认为，"休闲是一种人类行为，它发生在个人的自由时间里，并在个人内心本能喜爱的心态驱动下平和宁静地进行着，休闲行为会导致某些相应制度的建立"。

因此，我们认为，"休闲"一词的内涵主要包括三个方面：第一，休闲是一种生命存在的状态，是在自由时间或者可自由支配的时间里进行的一种活动。第二，它是一种自由选择和自在的心境，是一种愉悦、平和、升华、宁静的精神状态。第三，它是一种自我教化，是科学文明的休闲方式，可以有效地促进能量的储蓄和释放，它包括对智能、体能的调节，生理、心理机能的锻炼以及身心的愉悦。

二、休闲、游憩与旅游的关系

休闲、游憩和旅游是相互区别又相互联系的概念。

一般来说，旅游是指人们离开其通常居住和工作的地方，暂时前往某地的旅行和在该地逗留期间的各种活动，这些活动一般指的是在闲暇时间自愿从事各项非报酬性的自由活动。从广义的角度来说，旅游是休闲的一种方式，是对闲暇时间的利用。有人认为，旅游和休闲是相互交错的两种人类行为，二者存在重合，近距离、短时间的游憩行为就是休闲方式的一种表现。也有观点认为，旅游和休闲最明显的区别是休闲并不像旅游那样要求人们离开其常住地，二者相同的地方在于它们都以有可自由支配的时间为前提。随着旅游业的持续发展，休闲和旅游的关系日益紧密，"休闲旅游"这个新兴词语也应运而生。国内学术界普遍认为，休闲旅游是指以旅游资源为依托，以休闲为主要目的，以旅游设施为条件，以特定的文化景观和服务项目为内容，为离开定居地而到异地逗留一定时期的游览、娱乐、观光和休息的活动。从这一定义来说，休闲旅游是为了满足新时代的旅游需求而产生的，并以旅游动机产生为前提，在旅游活动过程中让游客获得休闲体验的一种新型旅游方式。具备更加寻求心灵上的释放，对旅游资源和基础设施的要求更加严格，逗留时间较长，以及住宿餐饮、购物娱乐等消费支出较高等特征。游憩的中文字义为游览与休息，游玩和休息。加拿大学者斯蒂芬·史密斯在其《游憩地理学》中这样论述："游憩是一个难以定义的概念。在实际应用中，游憩常常意味着一组特别的、可观察的土地利用，或者是一套开列的活动节目单。游憩还包括被称为旅游、娱乐、运动、游戏以及某种程度上的文化等现象。"学者保继刚在其所著的《旅游地理学》中提出："游憩一般是指人们在闲暇时间所进行的各种活动；游憩可以恢复人的体力和精力，它包含的范围极其广泛，从在家看电视到外出度假都属于游憩的范畴。"有学者认为把旅游活动看作游憩活动的一部分，才能使社会学、地理学等学科对人类这种特殊类型的消费活动的研究具有更广泛的意义。由此可以看出，游憩活动更倾向于户外的活动，更着重于它的游玩、健身和放松心情的功能。

游憩与旅游、休闲三者之间的关系可以概括为以下几点。其一，在空间上，游憩不包括在居所内进行的活动，活动主要在户外开展；而休闲则包括在居所内进行的活动，活动可同时在室内和户外开展；旅游是指离开居住地或工作地进行的活动，可以认为是在异地进行的游憩活动。其二，在时间上，在闲暇时间内开展的活动都可以认为是休闲；游憩更多的是指不过夜（不超过 24 小时）的娱乐活动；而旅游多是指人们在目的地过夜的休闲行为。其三，在目的上，游憩、旅游、休闲活动都是以获得愉悦而不是以经济报酬为目的。其四，休闲包括游憩、旅游、游戏、比赛、运动等范畴。

三、休闲活动的特质

按照现代人的理念，休闲就是除了工作与其他必要责任外，可自由运用以达到松弛、娱乐、个人发展以及社会成就等目的的活动。基于前述说明，我们可以发现休闲应具备以下特质。

一是余暇时间。休闲活动必须有余暇时间才能开展。所谓余暇时间，就是必需的日常工作和必需活动以外的时间。例如，对成人而言，是指工作以外，能依自己的意愿做事的时间；对学生来说，就是除去上学、做功课、帮忙做家务之外所剩下的时间。

二是自愿。休闲活动的进行是自愿而不受外力强制的，活动者可依照自己的兴趣加以选择。

三是乐趣。休闲活动可以带给活动者心灵、情绪或身体上的愉快、满足及轻松。

四是积极性。可以消遣的休闲活动很多，但若违反法律、风俗习惯或道德时，就不能列入休闲活动的范畴。如赌博等活动，虽也是消磨时间的方法，但因违法不能视其为积极性休闲活动。

五是生存之外。凡为了生存而进行的活动，则不具备休闲的性质，如饮食和在家里睡懒觉不能算是休闲。而同一种活动，对某些人是一种休闲，对另外的人可能就是工作。例如，打球对一般人而言是休闲，而对于职业球员来说则是他们的工作。

四、休闲活动的意义

一是增进人的身心健康。现代社会生活节奏快，竞争激烈，往往容易导致身体的疲劳和精神上的烦闷，人们借着休闲活动，不仅可以舒活筋骨，锻炼身体，也可以调节情绪，满足心理上的需求，从而促进身心健康。休闲活动中，可以学习到许多生活准则、价值判断和社会规范等，因此还能帮助个人社会化，达到寓教于乐的目的。

二是培养人的创造力与毅力。休闲活动是自己选择的，兴趣浓厚，很容易激发创造力，甚至有时为了达到某种理想，往往废寝忘食全力以赴，无形中培养了坚忍不拔的精神。

三是促进人际交往。休闲时约三五好友品茗清谈，既可交流经验，广增见闻，又可排除孤寂。有些休闲活动是要与人合作的，如下棋、打球、郊游等，在与他人相处的过程中，可以学习别人的长处，培养忍耐、谅解、领导等能力，更可交到不少志同道合的朋友。有些技艺如绘画、书法等，借由彼此观摩、研究和学习，往往会取得更大的成就。

四是拓展人的生活领域。参加休闲活动，特别是自己有兴趣的活动，不仅可消除工作产生的疏离感，更能使生活多彩多姿，开阔胸襟，体验生命的真谛。

五是促进家庭与社会和谐。家人共同开展的休闲活动，可以缩短家人间的距离，增加家人相互之间交流的机会。青少年在休闲时间从事正当有益的休闲活动，可以减少犯罪倾向，预防青少年犯罪行为的产生。休闲活动还可以使人们因接触而相互了解，无形中提高了社会意识，促使社会更加和谐与团结。

五、休闲活动的分类

休闲活动种类繁多、形式各异，人类活动的丰富多样性决定了休闲活动的丰富多样性。随着现代科学技术的迅速发展，休闲活动更是实现了许多人类以前无法实现的梦想境界，如空中滑翔、海底观光等。按照不同的分类方法，我们可以对休闲活动做以下分类。

（一）按休闲活动的内容分类

1. 运动类

运动类休闲活动是指人们在自由时间里从事的各种体育活动，是以运动为手段，通过直接参与或观赏，去达到放松身心、娱乐消遣和发展个性的目的。运动休闲能满足现代人在余暇时间里追求高品质生活、改善身体健康水平、实现自我超越的需求，丰富了人们的文化生活，改善了人际关系，促进了社会和谐。

运动休闲是休闲活动的主流，活动空间广阔，水陆空均可开展。陆上运动休闲项目包括羽毛球、保龄球、高尔夫球、网球、乒乓球、排球、篮球、健美操、游泳、登山、攀岩、滑雪、气功、太极拳等；水上项目包括划船、潜水浮潜、冲浪、水上摩托车、帆船等；空中项目包括拖曳伞、跳伞、热气球、飞行伞、滑翔伞等。

2. 游戏类

游戏类休闲活动一般源于古代的民间游戏，历史悠久，在漫长的实践和传承过程中经过人们不断的修改、创新，发展成为现代颇具特色的休闲活动。它具有明显的娱乐性，在活动中尽情玩耍，在玩乐中强身健体、开发智力、培育品格、开拓思维，感受身心愉悦。常见的有放风筝、踢毽子、打陀螺、钓鱼、玩七巧板、拼图、变魔术、玩飞镖、打电子游戏等。

3. 艺术类

艺术是指通过借助特殊的物质材料与工具，运用一定的审美能力和技巧，在精神与物质材料、心灵与审美对象的相互作用下，进行的充满激情与活力的创造性活动。艺术类休闲活动是人们在闲暇时间出于自愿和兴趣爱好，参与学习创作或欣赏观看各种艺术的活动，如文学、书法、绘画、雕塑、建筑、音乐、舞蹈、戏剧、电影、电视、曲艺等。

4. 生活类

生活类休闲活动是指人们出于某种喜爱或嗜好、发生在居住空间内或周围附近、在闲暇时间进行的一系列和日常生活关系密切的休闲活动，以达到增加生活情趣、提升生活质量、陶冶情操、放松身心的目的。包括集邮、收藏标本、养花、养宠物、阅读、上网、逛街、品美食、遛狗等。

5. 社交类

社交类休闲活动是指人们在闲暇时间通过一定的方式（工具）实现人与人之间的交往，以传递信息、增进交流、促进友谊的休闲活动，它往往表现为在某种组织下的集体行动，如社团活动、俱乐部活动、志愿者行动、节庆民俗活动、宗教活动、化装舞会、慈善活动、同学聚会等。

（二）按休闲活动的性质分类

1. 积极性休闲

积极性休闲是有利于人们身心健康发展、有益于自我发展和自我实现、促进精神愉悦、增进社会和谐的物质文化活动。如户外运动，欣赏话剧、音乐剧，益智类游戏，学习插花、茶艺等技艺。

2. 消极性休闲

消极性休闲是指不利于身心健康或不加节制地自我放纵、蓄意破坏、危害他人权益、不文明甚至是违法犯罪的物质文化活动。如沉溺赌博、暴饮暴食、睡懒觉、通宵打游戏、吸毒等。

早在 1918 年，美国联邦教育局就将休闲教育列为高中教育的一条"中心原则"：每个人都应该享有时间去培养他个人和社会的兴趣。如果能被合理地使用，那么，这种休闲将会重新扩大他的创造力量，并进一步丰富其生活，从而使他能更好地履行自己的职责。如果相反，滥用闲暇时间将损害健康、扰乱家庭、降低工作效率，并破坏其公民意识。

（三）按休闲活动的参与对象分类

根据休闲活动参与的不同主体，休闲活动还可以细分为各年龄层次的休闲活动。

①儿童类休闲活动：0—15 岁。
②青年休闲活动：16—44 岁。
③中年休闲活动：45—59 岁。
④老年休闲活动：60 岁及以上。

（四）按休闲活动的组织形式分类

1. 政府性休闲活动

政府出面组织的公益性节庆活动为政府性休闲活动，其目的是丰富市民的业余生活，是打造和谐社会的重要途径。如"五一"国际劳动节联欢活动等。

2. 企业性休闲活动

企业组织的商业休闲活动，具有显著的商业性特征，往往与商品促销活动结合在一起，目的是营利。如某超市周年庆活动、商场"满就送"活动、中国红酒博览会、景区游乐园的游乐活动等。

3. 民间性休闲活动

民间自发组织的自娱自乐的休闲活动，如我国傣族的泼水节、彝族的火把节、西溪五常的龙舟节以及英国伦敦诺丁山的狂欢节等。一些传统的民间性活动越来越与旅游活动结合在一起，例如原生态的傣族泼水节、彝族火把节经过策划包装、改造提升后成为重要的景区活动。

休闲活动还可以进行其他分类，如按涉及内容的多少分类，休闲活动可分为单一性主题活动和综合性活动两类：单一性主题活动是指活动内容和形式单一的休闲活动，如瑞士伯尔尼的洋葱节、法国香槟节、新加坡食品节等；综合性活动是指活动内容和形式综合广泛的休闲活动，如杭州西湖国际博览会、北京国际旅游节等。按休闲活动的参与程度，休闲活动可以分为三大类：一是亲身参与型活动，如西班牙番茄节、傣族泼水节等；二是观赏型活动，如文艺表演、体育赛事等；三是混合型活动，既可亲身参与，也可欣赏，如西班牙奔牛节、巴西狂欢节。

第二节 休闲活动的发展史

人类的整个进化史已经使我们养成了为生存而斗争的本能和习惯，这种本能习惯被定位于解决经济问题的传统目标上。拥有财富和权力成为获得成功的主要象征。可是，如果经济问题不再成为主要的奋斗目标，甚至有朝一日有希望得到解决，那么，人类自古以来的传统目标将会被逐渐地淡化甚至会消失，这时，人们将会面临着重新调整和定位世世代代承袭下来的习惯和本能，以适应解除经济压力之后的自由的新问题。换言之，人们将必须解决如何休闲，以使自己更明智、更舒适、更充实和更幸福地生活的问题。研究此类问题必须得对休闲活动的历史有一定的了解，下面简单地介绍一下中外休闲活动的发展史。

一、中国休闲活动发展史

早在四五十万年前，这块神奇的东亚大陆上便出现了人类活动的遗迹。早在原始社会，打猎、赶集市、边干活边唱歌、讲故事等活动就包含了娱乐的性质和休闲的功能。正如人类学家斯普顿和考恩斯在研究毛利文化的报告中说，毛利人任何层面的经济生活之中，都伴随着消遣娱乐的成分。但是，这个时期，人们没有休闲的意识或者概念，更加不可能形成独立的休闲社会形态，但是无意识的休闲活动方式已经逐步出现，并发挥了它应有的一些功能。所以说，休闲活动的历史在原始社会便开始了。

（一）先秦时期的宗教休闲

《礼记·表记》载："殷人重神，率民以事神，先鬼而后礼。"早在中国的殷商时期已经形成了一套严密的宗教祭祀系统，也随之产生了早期的巫祭舞蹈与乐曲。考古发现，殷商祭祀活动频繁而且种类繁多，如伐鼓而祭、舞羽而祭、酒肉而祭等。《诗经》的出现为中国的休闲历史翻开了一页新的篇章。《诗经》是先秦时期真实的生活写照，其中运用了大量的诗句以讴歌生活，表现出当时的休闲思想、休闲文化和休闲方式。《诗经·小雅·六月》中的"比物四骊，闲之维则。维此六月，既成我服"，可以说明，在当时不仅百姓自身在日常生活中体验着休闲，统治阶层也已经看到了让民于闲的重要性。

（二）封建社会的休闲

1. 从秦到魏晋南北朝的休闲

公元前 3 世纪末，秦王嬴政先后灭韩、赵、魏、楚、燕、齐六国，建立了中国历史上第一个君主专制集权国家，从而为中华文化共同体的形成奠定了基础。秦始皇继承发展了周天子的"巡守制度"，巡游天下成为他在位 12 年中耗时最多、用力最勤的一件大事。《史记》也翔实地记录了司马迁自己以及他同时代人的一些游历、娱乐等生活体验。

到了魏晋南北朝时期，长期分裂以及时局动荡的格局，使人们更加向往无忧无虑的田园生活。如代表人物陶渊明的诗句"少无适俗韵，性本爱丘山"，游乐田园，醉于山野，"采菊东篱下，悠然见南山"，真实地反映了当时文人的生活写照，田园隐逸化成了当时的休闲主流。

2.隋唐的艺术休闲

隋唐长治久安，经济繁荣，文化昌盛，声名远播，全国上下处在欣欣向荣的欢快之中。民族的自信心、自豪感，以及人民的创造力都达到了前所未有的高度，社会生活的各个方面无不呈现活跃的姿态。在这种国泰民安、富足升平的背景下，人们获得温饱寻觅视听之娱的需求不断增长，生活视野日益扩大，旅游活动自然而然地迅速发展起来。

当时东方的休闲文化融合了儒道的思想理念，以文学、绘画、游学为主，意在清心寡欲。无论中国、韩国还是日本，士子游学活动频繁，行旅不绝于途。旅游文学如《行程录》《游记》之类兴起，人们对各地风土人情的关心程度空前高涨。众多艺术性的休闲活动也同样丰富多彩。

3.宋、元、明、清时代的休闲

在唐代的经济与文化积累之下，宋代在各方面得到了极大的发展。宋代重文，两宋是中国古代文化最为繁荣的时代。文化教育已向民间普及，科举和游学是文人的主要生活内容。在宋代，旅游文学的兴起，使人们对各地风土人情的关心程度空前高涨，舞文弄墨、游山玩水之类的休闲书籍因其新颖的体例、丰富的文化资料而一直都是畅销书。如南宋时期林升的《题临安邸》："山外青山楼外楼，西湖歌舞几时休？暖风熏得游人醉，直把杭州作汴州。"也反映了当时社会生活的一个写照。

元朝有别于中国的任何一个朝代，元代国土面积辽阔，陆路北穿东欧，西贯伊朗，直接与大都相通；海路从波斯湾直抵泉州等港口。在这种开放的国际环境下，东西方的交往空前频繁，政府使节、商团行旅、宗教和其他各界人士的往来络绎不绝，受西方国家的感染，精致的艺术化生活开始流行，休闲自然也变成了一种艺术。

明末清初戏曲理论家李渔是自唐宋以来有意识地从理论层面探讨并论述休闲活动的第一个文人墨客，其代表作《闲情偶寄》是当时最负盛名的畅销书。清人张潮在《幽梦影》中说："人莫乐于闲，非无所事事之谓也。闲则能读书，闲则能游名胜，闲则能交益友，闲则能饮酒，闲则能著书。天下之乐，孰大于是？"可见，这是明清时代对休闲生活的理解。

（三）近代社会的休闲

鸦片战争是中国近代史的开端，同时也打开了中国和西方联系的大门，西方的思想和休闲方式开始传入国内。五四运动之后，我国产生了一批提倡休闲生活小品文的作家。其中林语堂的休闲思想最负盛名，他是从哲学角度看待和讨论休闲的文人，强调休闲的个人体验。近代东西方文化交融，休闲方式也显现出时代的特征。如表1-1所示。

表 1-1　近代我国休闲活动的变迁

时期	主要休闲活动
1840—1900 年	泡茶馆、跳交谊舞（中上层）、看电影（很少）
1901—1911 年	泡茶馆、体育、旅游、逛公园、跳交谊舞、看电影
1911—1949 年	戏曲及曲艺、逛游艺场、游商业街、看电影、集邮、茶馆聚赌
1949—1976 年	体育运动、跳交谊舞、集邮、看电影和戏剧、逛公园
1966—1976 年	看样板戏、唱语录歌、跳"忠字舞"

（四）改革开放后的休闲

现代大众意义的中国休闲，属于改革开放的产物。它来自中国经济四十多年的持续增长和社会稳定，以及人民生活质量的提高。改革开放极大地解放和发展了我国的社会生产力，使居民实现了"有钱"和"有闲"的统一。国家统计局城市调查队的调查结果显示，在 1996 年我国城镇居民的年收入在 1 万—3 万元（小康型）的比例已经达到 51.5%，收入在 3 万—10 万元（富裕型）的比例已经达到 8%，可见早在 1996 年，小康型生活已经成为我国居民生活的主体，富裕的群体已经出现，我国居民的休闲和消费的财力基础已经较强了。

2008 年开始实施的新休假制度，不仅使居民全年的各种休假时间之和约占全年的三分之一，而且形成了具有现阶段中国特色的"1+2+5+4"的休假模式（一个带薪休假，两个黄金周，五个小长假，四个双休日）。因此，新休假制度为居民休闲方式的多元化和自主化提供了重要的制度保障，并将成为推动我国休闲时代发展的重要动力。2020 年，职工带薪休假制度基本得到落实，城乡居民旅游休闲消费水平大幅增长，国民休闲质量显著提高，与小康社会相适应的现代国民旅游休闲体系基本形成。随着人民生活水准的日益提高，"休闲"已经成为家喻户晓人尽皆知的一个概念。从随处可见的休闲场所到男女老少的着装变化，从各种媒体的宣传广告到大众休闲意识的普遍提高，等等，这一切不仅标志着我国经济发展模型的大转变，而且反映了休闲在当代中国人生活中所占有的比重正越来越大。

二、西方休闲活动发展史

（一）古希腊、古罗马时代：休闲的大发展

从原始社会到奴隶社会，生产力的发展、社会制度的改变将原有的劳动与休闲相互融合的状态完全打破，整个社会分为奴隶阶级和奴隶主阶级：一个成为只能劳动的奴隶阶级，一个是只拥有休闲的自由阶级。在希腊文明兴盛时期，体育、公共娱乐和竞技活动日趋职业化，这与"休闲道德规范"的出现形成鲜明的对比，休闲道德生活的目的就是对闲暇时间的明智利用。

广义上的古希腊休闲观把基础放在自由人之上，认为休闲是自由人的人生基础。休闲不仅仅是自由时间的意思，更是锻炼自己、提高修养的途径，是从必需的劳动到自由的状态。同时，早期希腊哲学家还把学问与休闲理想联系起来，认为休闲同教育、知识、美德、愉快和幸福是不可分离的，是实现文化理想的一个基本要素：知识引导着复合道德的选择和行为，而这些东西反过来引出真正的愉快和幸福。

古希腊文化中，被认为是休闲活动的活动是极其有限的。对人的一生有重要影响的休闲活动主要有政治、哲学、教养活动，美术趣味活动及宗教文化仪式等。而亚里士多德更近乎苛刻地认为只有音乐和冥想才是具有休闲资格的活动，其中，冥想是所有人类活动中最理想的休闲行为。

一直到古罗马时代，休闲活动的方式才逐渐丰富起来，打猎、洗澡、游戏、找乐子——这才是人生，此话虽然不是全部罗马人的生活写照，但在罗马社会中，相当数量的人过着无所事事的"有闲"生活。在各古代文明中，数古罗马人最会玩。古罗马人把休闲理解为劳动的适应状态，更具有一种适应的性质，某些旅行开始具有与近代旅游相似的形态。与学习和创造等休闲活动相比，古罗马更盛行消费型的休闲，而且他们也不重视高尚的、追求幸福的休闲。古罗马人把休闲当作政治的工具加以利用，他们制订休闲计划、开放休闲设施（其中大部分是公共设施）。因此，古罗马的澡堂、室外剧场、运动竞技场、公园等建设比较丰富，作为社交活动场所的大众浴池享有盛名。

总之，以奴隶社会为基础的古希腊和古罗马时期是休闲的大发展时期，不仅表现为休闲与工作（劳动）两者初步界限的具体区分，更因为在这一时期绝大多数人有了休闲的意识，并追求休闲活动，为休闲的发展奠定了充分的思想基础。同时，休闲设施的大量兴建及休闲活动类型的多样化，为休闲的发展奠定了坚实的基础。

（二）中世纪的休闲观

古罗马没落后，天主教和封建制度登上了历史舞台，两者共同支配着中世纪时代，在中世纪，天主教会控制着大部分休闲活动。早期的圣奥古斯汀教思想中，劳动被赋予了新的意义和价值。所有的教徒都必须从事体力劳动，早期天主教的教父和信徒已为此树立了榜样。而亚里士多德休闲哲学则为教徒如何符合教规地打发闲暇时间提供了指导。因此，中世纪初的人认为，休闲的最高境界是祈求拯救的冥想。主宰中世纪社会精神领域的天主教教会教导人们，生活的目的是为来世做准备；无所事事是灵魂修炼的敌人；重视辛勤的劳动和冥想。

中世纪的休闲不同于古希腊和古罗马时代的集体休闲，它维持了"宗教—个人"中心型的休闲形式，认为劳动是神圣的，休闲是世俗的，这导致了人类的本性从玩转变为工作的后果。对于普通民众来说，休闲来自教堂的"圣日"活动或者集市（中世纪的休闲购物）。在13—14世纪时，《大宪章》界定了大型集市的活动范围，大型集市吸引了来自欧洲和亚洲的众多商人。由于受到天主教思想的制约和以土地关系为基础的封建制度的物质制约，个人的休闲方式相对比较单调。在有节奏的生活中，与天主教的宗教秩序相一致的休闲主要有宗教仪式、周日活动、在教会的广场及村落的公用广场等地举行的仪式。

但是在一些特定的阶层，也出现了一些新型休闲活动方式的萌芽，例如，骑士集团为封建领主做骑马竞技、剑术、枪术、跑步、投石等身体训练，相当于今天的体育活动。另外，随着中世纪城市的诞生，手工业者逐渐成为早期的城市市民，他们因积累了大量财富而生活富足，与关心来世相比，他们更追求现实的安乐生活，于是舞会、歌剧、演戏、艺术等活动也零星地得到开展。总之，中世纪的休闲几乎颠覆了古希腊和古罗马时代的休闲观，人们又将追求的中心放在劳动上，是休闲发展的黑暗期。

（三）文艺复兴：休闲的黄金时代

西方世界摆脱了黑暗的中世纪时代后，迎来了发达文化的黎明——文艺复兴。文艺复兴（在法语中的意思是"再生"）是一场始于意大利的思想与文化运动，后来传到北欧，一直到 16 世纪中期才得以兴盛。在贸易、商业、金融业等领域，人们积累了大量的财富，形成了新中间阶级，他们把充足的财力和时间投入娱乐和休闲生活中。文艺复兴时期是一个不十分重视严格的道德规范的时期，因此，人们可以直接参与狩猎、宴会、舞会、歌剧、演戏、艺术等活动，以财力援助的形式促进艺术、文学、娱乐部分的发展；增加了剧场、歌剧院等艺术型的休闲设施，许多有巨资的艺术赞助者更多地光顾画廊而不是皇宫、教堂或大城市。

文艺复兴时期，休闲的理想才得到普及，普通大众才有更多的机会享受休闲。文艺复兴还使人们从长期以来宗教式的和超自然的思考方式中解放出来，形成严肃的思考和思想，具体表现为理性主义、实用主义等。在这种新思潮的影响下，人们对休闲进行了再评价，这对休闲文化的发展起到了积极的作用。

（四）近代休闲的飞跃

工业革命以后，更多人能够参加休闲活动和进行旅行活动。工程学和发明创新带来了工业上的巨变，同时它还将我们带入一个休闲和快乐的新时代。人类进入后工业时代后，世界上一些发达国家逐步缩短劳动时间，从每周工作 6 天、每天工作 12 小时，逐步减少到每周工作 5 天、每天工作 7—8 小时，人们拥有大量的空暇时间，大众休闲时代来临。伴随着工业文明的到来，社会形态与文化形式都发生了前所未有的变化，休闲第一次作为工业革命的产物，作为提高劳动生产率的结果，作为劳动研究的伴随物，作为增加个人自由时间和休闲产业兴起的诞生品，在文化发展中占有了明显的位置。近代休闲的价值更多地在于保证生产劳动持续地进行，劳动文化的主导地位决定了各种与生产相关行为的相应社会价值。

（五）现代休闲大众化

现代社会是伴随着大批量生产和大批量消费的大众休闲时代。休闲在现代已经成为社会各阶层人们所普遍享有的社会权利，而不再是仅属于少数人、一个等级或几个阶级的社会特权。休闲的意义和重要性对劳动阶层来说在逐渐演变，并最终发生根本性的变化。随着工业化进程的不断加快，劳动文化与休闲文化也在发生着变化，并且，影响着整个社会的变化。传统的制造业从核心走向了边缘，城市的去工业化趋势使社区生活与休闲的联系越来越密切，许多以前人们不留意、不欣赏的活动，现在都激起了人们的兴趣。针对这一现象，法国社会学家杜马哲迪尔指出：今天，休闲已成为数百万、数千万劳动者生活中的重要因素，它直接关系到劳动、家庭、政治、社会等问题，因此必须从新的角度看待工作与休闲的问题。

西方的休闲学家通常把这个以追求休闲为主要目标的社会称为休闲社会、后工业社会、后劳动社会甚至是普遍受教育的社会。他们认为，这是一个以休闲文化与休闲伦理超越劳动文化与劳动伦理的社会，是一个真正意义上追求以人为本的多元化发展的社会。美国著名的休闲学家凯普兰曾指出："任何一种特殊的活动都有可能成为休闲的基础；把无意识的社会角色所承担的责任最小化；具有自由的心理感觉；通常具有玩的特征，其范围可从不合理的和无意义的活动到重要的活动之间。"因此，休闲是与比人类社会生活的其他氛围更放松的层面相关的实践和空间。而事实上，目前我们已经更多地将在个人生活中占核心地位的兴趣爱好作为休闲，而更少把休闲当作工作后的消遣和恢复。现在我们已经不能仅仅凭一个人爱干什么就确定这个人是在工作还是休闲，休闲之于工作的区别仅仅在于个人对这件事的态度以及这件事对个人的意义。

总之，在现代社会政治、经济、技术、文化的多重力量的共同作用下，休闲时代的各项特征已经悄然渗透到我们生活的各个角落，并逐步地改变着我们人类本身。

第三节　休闲产业的发展

随着科技的进步和经济的发展，休闲成为人类社会的重要组成部分。休闲活动在时间、空间、形式等方面呈现出新的发展态势，同时，以旅游、健身养生、娱乐、文化传播、社区服务等为主的"休闲经济"成为国民经济新的增长点，休闲活动的产业化崭露头角。

一、休闲产业的定义

休闲产业是以旅游业、娱乐业、服务业和体育文化产业等为龙头形成的经济形态和产业系统。休闲产业具有广泛的带动作用，不仅间接地促进交通、商业等产业的发展，还直接与文体娱乐业、服务业、住宿和餐饮业、房地产业等产业融合，构成了一个连带的产业群。

二、休闲产业的分类

休闲产业大致可以分为三大类：一是主体休闲产业，包括直接提供休闲环境和娱乐、健身、文化交流等场所的企业群体，如旅游景区、度假村、各类休闲吧等。二是辅助休闲产业，主要包括为主体休闲产业提供各类休闲物品、器械和组织旅游休闲活动的企业群体，如旅行社、各类健身娱乐器械和服装制造公司等。三是休闲相关产业，主要指为上述两类产业提供食宿、交通、资金等的企业，如宾馆、饭店、金融机构、各类租赁机构、广告策划设计公司等。在休闲产业中，旅游、文化、体育是休闲产业的三个支柱，这三者每一个方面都可以分解出很多产业。同时，除这三个方面之外，还有一些子产业或者延伸产业，如休闲餐饮业、休闲房地产业等。

（一）旅游休闲业

旅游业是休闲产业的构成主体。狭义的旅游业，在中国主要指旅行社、旅游饭店、旅游车船公司以及专门从事旅游商品买卖的旅游商业等行业。广义的旅游业，是指凭借旅游资源和设施，专门或者主要从事招徕接待游客，为其提供交通游览、住宿、餐饮、购物、文娱六个环节的综合性行业。旅行社业、交通客运业和以饭店为代表的住宿业是旅游业的三大支柱。旅游业的发展以整个国民经济发展水平为基础并受其制约，同时又直接或间接地促进相关的国民经济的发展，如推动商业、饮食服务业、旅馆业、民航、铁路、公路、邮电、日用轻工业、工艺美术业、园林等的发展，并促使这些部门不断改进和完善各种设施、增加服务项目，提高服务质量。

（二）文化休闲业

文化产业是在全球化的消费社会背景中发展起来的一门新兴产业。文化产业是社会生产力发展的必然要求，是随着社会主义市场经济体制的逐步完善和现代生产方式的不断进步而发展起来的新兴产业。文化产业分为影视业、音像业、文化娱乐业、文化旅游业、网络文化业、图书报刊业、文物和艺术品业、艺术培训业等几大门类。实际上，文化产业的范围远远不止以上门类，我国文化产业的范围还应该包括新闻出版、广播电视、文学艺术、信息产业的一部分。

（三）体育休闲业

体育休闲业是指围绕消费者需求、以消费者为轴心，为社会提供体育休闲产品的同一类经济活动的集合以及同类经济部门的总和。其领域覆盖一切与体育休闲相关的生产经营主体，跨越体育服务业和体育产品、设施制造业。运作主体不仅包括企业，而且包括各种从事集体性活动的事业、社会团体、家庭、个人，涵盖了体育健身活动业、体育竞技表演业、体育旅游业、体育培训教育业、体育彩票业、户外运动专卖店、体育服装业等。

（四）休闲餐饮业

餐饮业涵盖了饭店、宾馆、酒吧、咖啡馆等营利性产业，是休闲产业的重要组成部分，也是其中最传统、最大众化的组成部分。餐饮业呈现酒店餐饮和独立经营餐饮两种业态。近年来，独立经营的餐饮业蓬勃发展，在餐饮结构中比重越来越大。

（五）休闲房地产业

休闲房地产业是休闲产业的新兴力量，是现代休闲产业的重要组成部分。休闲房地产业涵盖了传统公司制酒店（宾馆）业、度假村、民俗园、疗养院及新兴的产权式酒店业、家庭旅馆业、青年旅舍等营利性产业和老年公寓等非营利性产业以及文化广场、现代城市标志性建筑等公益性产业。

三、发展休闲产业的意义

国内外学者的研究和现实状况充分表明，在未来 20 年或更长的时间里，休闲将成为人类生活的重要内容，以满足人们休闲的、精神文化需求为主要内容的休闲产业，将在全球的经济生活中占主导地位。同时，休闲产业作为一种集资金密集、技术密集和劳动密集等特性于一体的新兴产业，对于刺激消费、扩大就业、拉动经济发展都有着积极的作用。

其一，刺激消费、扩大内需。随着国民收入的提高和闲暇时间的增加，人们更加重视生活和生命的质量以及自身的全面发展，人们会更多地把收入和时间用于旅游、健身、游戏、艺术、影视文化、教育等休闲活动，休闲消费的比重将越来越大。大力推动休闲产业的发展，可以满足人们对于休闲和全面发展的需要，同时又能起到刺激消费、扩大内需的作用。

其二，缓解就业压力，维护社会稳定。休闲产业是新型劳动密集型产业。我国是一个劳动力资源十分丰富的国家，存在非充分就业的状况，而大力发展休闲产业则是解决这一问题的最佳选择。

其三，优化国民经济产业结构、促进社会经济良性循环。由于产业间的连带关系作用，休闲产业的带动几乎涉及所有产业。以旅游业为例，休闲产业带动了酒店、航空、铁路、出租车、餐饮、银行、保险、电信、旅游纪念工艺品等相关产业的大发展。

四、我国休闲产业的发展及其对策

休闲产业是现代社会的产物。它起源于18世纪的咖啡馆和音乐厅，延续至19世纪的职业体育和假日旅游，进入20世纪，与休闲相关的产业便逐渐应运而生，20世纪70年代进入快速发展时期。

（一）中国休闲产业的发展

中国休闲产业的发展呈现出以下问题。

1.休闲意识、形式和内容上仍然沿袭着传统尽管近些年来我国休闲经济有了很大的发展，但人们由休闲需求而引发的休闲消费、休闲产业仍落后于西方发达国家。首先表现在人们只是在工作和休闲时间上与世界接轨，而在休闲的意识、形式和内容上仍然沿袭着传统，只是用更多传统意义上的休息（而非休闲）来填充新的闲暇时间。从消费者来说，还存在着炫耀式、从众、非健康消费等问题。因此，倡导健康、文明、新奇、快乐的休闲观念是非常重要的。

2.休闲设施落后，经营和服务水平不高

近年来，部分地方交通等基础设施相对不足的问题仍然制约着休闲经济的发展。"黄金周"旅游的拥挤现象说明了我国休闲系统还不完善。目前来说，我国对于休闲产业的资金投入还不够，经营性娱乐场所多，而公益性的休闲设施少。同时，由于地区经济发展不平衡，一些地区的休闲设施建设相对滞后，服务设施不够完善，经营管理不规范，服务意识和水平还比较差。

3.对休闲经济发展的重要性认识不够

从政府部门来看，还没有制定完善的休闲产业政策和规划，对休闲经济发展的重要性认识不够。在发展休闲经济上，各个地区还没有制定可持续发展的休闲产业规划，缺乏区域合作的意识。各个地区不同程度地存在着项目重复、功能雷同、产品品位不高、互相竞争、效益低下等问题。

4.休闲产业发展不平衡

休闲产业发展的不平衡，整体上制约了我国休闲及其产业的发展。主要体现在以下三个方面。一是休闲的整体供给和需求不平衡。目前国内的主要休闲供给主要体现在吃、游、玩等方面，供给层次相对低下，精神需求层次相对较高的文化产品的供给、教育休闲的供给等相对缺乏。二是城乡之间发展不平衡。三是休闲产业结构的发展失衡。从目前我国休闲产业的结构布局来看，旅游业一枝独秀，而文化产业、体育产业、娱乐业等相对旅游业而言则较为落后。

（二）我国休闲产业发展的对策

1.把休闲产业打造成战略支柱产业

从目前情况看，休闲产业已经成为国民经济发展新的增长点，随着我国生产力的快速增长，物质文化财富的大幅度增加，人们收入水平的大幅度提高，对发展和享受的需求将会激增，对休闲产品的需求也会与日俱增，强劲的需求势必推动休闲产业的发展，休闲产业成为我国国民经济的支柱产业指日可待。我们必须从国民经济发展的战略上考虑休闲产业的发展，尽早着手制定休闲产业发展的战略规划，从发展休闲产业的战略思想、战略目标、战略重点、战略步骤、战略措施等多方面考虑休闲产业的发展。

2.大力营造休闲产业发展的良好环境

休闲产业在我国已经呈现出良好的发展势头，但它仍然是新兴产业，需要多方呵护和培育。因此，需要顺应休闲产业发展的客观要求，大力营造休闲产业发展的良好环境。

一是大力营造有利于休闲产业的软环境。要大力营造发展休闲产业的社会氛围，积极开展理论研究，探讨中国特色的休闲产业发展之路；摒弃传统的休闲理念，树立积极向上的休闲理念，用正确的理念去指导休闲产业的发展。

二是大力营造发展休闲产业的制度环境。要加强发展休闲产业的制度建设，从制度上确保休闲产业的战略地位，从制度上培育休闲产业，从制度上引导休闲产业的协调和可持续发展。

三是大力营造发展休闲产业的政策法律环境，出台有利于休闲产业发展的政策和法规。

四是大力营造有利于休闲产业发展的硬环境。大力加强公共基础设施建设，例如快速、高效、便利的综合交通；高效、安全、可靠的现代通信网；稳定、可靠的能源网；安全、可靠的环保网；完善的供水网和排水网等。大力加强休闲基础设施建设，如公共休闲空间、场地、设施、住宿和餐饮场所等。

3.加强对休闲产业的经营和管理

休闲产业是一个十分庞大而复杂的产业。休闲产业的运营是一个复杂的系统，它由市场系统、出行系统、目的地系统和支持系统构成。为使休闲产业经营系统顺利运营，旅行社、交通、营销、信息和组织管理都需要发挥特别重要的作用。要使休闲产业可持续发展，必须借鉴国际先进经验，不断提高经营管理水平。

4.加强休闲教育和人力资源的开发

在开展休闲活动和休闲产业发展中人起着决定性作用，因此，加强休闲人力资源的开发尤为重要。加强休闲人力资源开发的途径如下。一是加强休闲人才的培养，有基础的大专院校可开设休闲专业及其相关课程等。二是加强休闲人才的培训，通过进修、访问、岗位培训等多种形式培训休闲从业人员。三是适当引进人才，多途径从国外引进适合我国休闲产业发展的人才，从国内不同部门挑选适合从事休闲产业的优秀人才。

复习与思考

一、单选题

1.以下不属于休闲活动特点的是（　　　　）。

A.文化性　　　　B.长期性　　　　C.地方性　　　　D.参与性

2.以下不属于综合性节庆的是（　　　　）。

A.杭州乐园万圣节　　　　　　B.上海世博会

C.杭州西湖国际博览会　　　　D.北京国际旅游节

3.巴西狂欢节体现了休闲活动的（　　　　）特点。

A.文化性　　　　B.地方性　　　　C.参与性　　　　D.多样性

4.以下对休闲解释错误的是（　　　　）。

A.它是一种自由选择　　　　　　B.它是一种自我教化

C.它是一种生活方式和生命存在状态　　　　D.它是一种自我发展

5.营利性休闲设施及企业一般由私人或企业（股东）投资，是以（　　　　）为准则的。

A.经济效益最大化　　　　B.社会效益最大化

C.环境效益最大化　　　　D.综合效益最大化

6.某地举办元宵灯谜竞猜活动，这类休闲活动属于（　　　　）项目。

A.文化休闲　　　　B.娱乐休闲　　　　C.养生休闲　　　　D.旅游休闲

二、多项选择题

1.以下哪些活动属于运动类休闲？（　　　　）

A.慢跑　　　　B.游泳　　　　C.登山　　　　D.唱歌

2. 以下哪些活动属于生活类休闲？（　　　）

A. 养花　　　　B. 集邮　　　　C. 高尔夫　　　　D. 聚会

3. 休闲产业包含以下哪些？（　　　）

A. 体育休闲　　　B. 购物休闲　　　C. 娱乐休闲　　　D. 旅游休闲

4. 中国国家法定假日有哪些？（　　　）

A. 元旦　　　B. 春节　　　C. 妇女节　　　D. 劳动节　　　E. 端午节

三、简答题

1. 什么是休闲和休闲活动？

2. 休闲与游憩的区别和联系是什么？

3. 如何理解休闲的功能，请举例说明。

4. 如何理解我国休闲产业的发展？

四、实训

学生用肢体语言表演某个休闲活动，其余的同学猜出该活动名称并说出是哪一类休闲活动，以加深对休闲活动形式和类别的理解。

第二章 休闲活动策划与主题构思

学习要点与目标

通过本章内容的学习，能够熟悉策划的内涵及其特征，了解休闲活动策划的理念、原理、方法，理解和运用休闲活动主题的构思。

休闲作为一种生命存在的状态伴随着人的一生，每个人都会经历或参加很多休闲活动，每天都有很多休闲活动发生在我们周围。重视休闲活动策划，让现代人们的业余生活变得更加丰富多彩，对休闲服务与场所管理的提供者来说十分重要。休闲活动只有事先进行周密的计划，才能达到预期的收获快乐的效果。策划是办好休闲活动前不可缺少的基本工作，也是学习本课程需要掌握的最为重要的基础知识之一。

第一节 休闲活动策划概述

"策划"一词在《辞源》中作"策书、筹谋、计划、谋略"解。在中国，策划最早见于《后汉书·隗嚣传》中"是以功名终申，策画复得"之句。《孙子兵法》云，"兵者，诡道也""兵以诈立，以利动""多算胜，少算不胜"，说的都是策划的重要性。

一、策划的内涵

策划也称为企划，是针对新的事物所建立的计划，包含思考技术（也就是策划方法）与思考结果（最后完成的策划方案）。

策划有狭义和广义之分，狭义的策划是指人们为了达到未来的预期目标，借助科学、系统的方法和创造性思维，对被策划对象的环境进行分析，对资源进行重新组合并优化资源配置，而进行的调查、分析、创造、设计并制定行动方案的行为。广义的策划指社会组织和个人对未来活动所做的计划、打算，是指对某一项活动的方向、目标、内容、步骤等进行全面的预先安排与设计。

美国《哈佛企业管理丛书》编纂委员会认为，策划是一种程序，在本质上是运用脑力的理性行为。策划是针对未来要发生的事情做出当前的决策，决定做什么、何时做、谁来做。换言之，策划是找出事情的因果关系，衡量未来所采取的措施，作为目前决策之依据。

策划如同一座桥梁，它连接着我们目前之地和我们要到达之处。休闲活动策划就是通过相应的计划，通过对人力、财力、物力的统筹规划，采用适当的组织方式，使休闲活动顺利进行，并取得较好的效果；是复制或创造一种环境，创造一种休闲机会，使参加这种活动的人们获得最好的休闲体验。

（一）策划是一种思维方式

一般认为策划是一种运用脑力的理性行为，是为达成目标而先发设想及创造的思维过程。策划的精妙之处在于不同思维方式的运用，其本质是思维的科学。

1. 主观和客观的一致性

策划是思维科学，是主观能动性与客观规律性的有机统一。策划不是一种突然的想法，或者突发奇想的方法，策划是指人们在调查总结的基础之上进行科学预测和筹划，是为了达到一定目的而创造性地运用客观规律的思维过程；是指用辩证的、动态的、发散的思维来整合行为主体的各类显性资源和隐性资源，使其达到最大效益的一门科学。

2. 点子与方法的创新性

策划是科学的，同时创造性也是必需的，它是策划的精髓。具有创意的策划，才是真正的策划。活动策划一定要敢于做别人没有做过的事情，"敢为天下先"，这样才能吸引目标消费者的注意力，引起社会反响，达到有效传达的目的。策划通过全新的理念和思路，产生好的创意谋划，对生产力的各种要素、资源重新整合，使之产生"1+1 > 2"的效果，甚至达到原子裂变式的市场效应或者经济效益。

（二）策划是针对未来的决策

策，就是计策；划，就是规划。两个连在一起就是对未来一些将要发生的事情进行一个有可行性的具体的策略筹划。策划是计划的高级形式。策划就是关注未来的事情，策划是寻找问题再解决问题的过程，策划就是要找到解决问题最好的办法。

事实上"策划"行为贯穿于一个人的一生，我们做的每一件事情都可以策划。比如，策划一次生日派对，策划一次球赛，等等，这些实际上都是策划的初始形态。正如小泉俊一在《企划书实用手册》中所说的："在一定意义上，凡是人的思维都可以看作广义的企划。条条大路通罗马，但是最近的路只有一条。策划就是寻找这条路。"由此可见，策划的最宝贵之处在于思维方式，在各种限制条件下，运用科学的方法进行思考，在大量实践中磨炼观察问题、分析问题、解决问题的能力。

（三）策划是实现系统工程

策划是一个包含创意谋划在内的思维活动、研究活动和组织实施、反馈应变的系统工程。一个系统化的策划过程包括调查研究、决策（目标定位）、立项（理念设计、资源整合、形象塑造、方案拟订）、项目运作、评估与反馈。

1. 执行和策划的一致性

策划不是神话，其重点不仅仅是制造卖点和提出概念，而是站在全局性和远见性的高度，提出项目整体运作的整套解决方案。它要考虑怎样才能获得现实的可操作性。策划和计划的区别就是计划可以异想天开，但是策划必须具有可操作性，进行详细、周密的活动安排和组织实施，适时地反馈应变，保证目标的实现。如果一个策划连最基本的可操作性都没有，那么这个策划再有创意、再好也是失败的。

2. 动态监理法则

策划不是简单地制订一个方案、提交一份报告，而是要对整个项目运作过程进行动态的把握，对出现的各种问题做出准确和快速的反应，捕捉稍纵即逝的机会。顾问监理需要在动态过程中发现问题、解决问题，修正调整策划方案、整合资源。

二、策划的特征

策划作为为实现特定的目标、解决现存的问题而提出新颖的思路，并制定出具体可行的方案，以达到预期效果的一种综合性创新活动，具有以下特征：

（一）目的明确性

策划具有目的性，任何策划，都是基于目标实现的过程性设计。目标是策划的归依所在，是策划细节所环绕的中心，一定要明确、清晰，并且是通过努力能达到的。不同的目标，所动用的资源、能量和信息是不一样的，其所运用的策划方法与手段也是不一样的。

（二）背景清晰性

策划不是突发奇想的，它是建立在调查基础之上的科学预测、筹划。就是要对涉及目标实现的环境进行充分的调查、研究、分析、判断，并采取相应的措施。

（三）方法系统性

方法的系统性，就意味着考虑问题的周全性，不仅充分利用有利的条件，更对涉及目标实现的不利因素进行充分的考量，在此基础上制定针对性防范措施。方法的系统性强调策划整体思路的内在逻辑性和必然性，强调基于市场研究后的应对措施的实用性以及整体的完备性。

（四）执行流畅性

可操作性的最高境界就是流畅性。一切都在预定的范围内，在可控的过程中进行，操作上高度的连续性、效率性，能在过程的可控制性中完成策划目标，并考虑意外因素的影响而备有应急方案。任何策划执行过程的中断，都是策划方案失误的必然表现。同时，执行的流畅性也考验执行者的应变能力，要求执行者在遇到非可控因素的时候能迅速化解危机，保证策划的顺利进行。

（五）主题新颖性

策划是人们思维智慧的结晶，新颖性、创造性是策划的精髓，是策划克敌制胜的法宝。策划创新的思路有两种，一种是有中生新有，一种是无中生有。前者属于组合创新，后者属于原创。在休闲活动策划上，就要求每一个策划方案充分体现策划师的积极性、主动性与创造性，给策划者创造宽松的环境和条件，实现新颖性在策划方案与策划实施中的表达。

策划的这五大特征具有内在的完备性，各特征之间相辅相成，构成了一个有机整体。

第二节　休闲活动策划理念

休闲活动策划是指以一定的资源条件和社会需要为基础，以娱乐身心和丰富业余生活为目的，对休闲活动的主题、内容、形式进行事先分析研究，并做出谋划和决策的一个理性的思维过程。

一、策划理念与休闲活动策划理念的含义

（一）策划理念的含义

策划理念，就是策划过程中所要追求的"理性的念头""抽象的信念"。休闲活动策划理念就是休闲活动策划过程中所要追求的理想目标和思考方向，是指导我们进行休闲活动策划的指针、纲领和理论基础。休闲活动策划理念是整个休闲活动的灵魂，也是决定休闲活动或高雅或通俗或庸俗或恶搞的基础。休闲活动理念的形成，一方面，基于休闲活动策划者对休闲文化的深刻理解，对当地历史文脉的准确把握；另一方面，基于休闲活动策划者对现实生活和休闲文化发展趋势的准确判断。休闲活动策划理念最终表现在对休闲活动的价值追求上。

（二）休闲活动策划理念的含义

休闲活动策划理念涉及休闲活动主题、形式、内容等全过程，也贯穿于休闲活动的组织、实施和善后工作，体现在休闲活动策划的主题选择、模式选择、组织设计、内容编排、效果评估等各个环节。休闲活动策划理念按照一定的规则把各种"念头""想法""创意""点子"等有机地组合起来，理念就是休闲活动策划的纲，"纲举目张"，策划理念因而使休闲活动成为浑然一体的项目。

二、休闲活动策划的基本理念

（一）和谐的理念

1.和谐与和谐社会

和谐一般理解为和睦、谐调，就是相处融洽、配合得当、行动协调一致。现在我们说打造和谐社会，包括五个层面的含义：一是个人自身的和谐；二是人与人之间的和谐；三是社会各系统、各阶层之间的和谐；四是个人、社会与自然之间的和谐；五是整个国家与外部世界的和谐。在上述五层含义中，最重要的应是人与人之间的和谐相处。这是因为，

个人自身的和谐只有在集体和社会中才能实现；社会各系统、各阶层之间的和谐必须以个人之间的和谐为基础，并通过这种和谐体现出来；个人和社会与自然之间的和谐是人与人之间和谐的特殊表现；国家与外部世界之间的和谐首先有赖于社会整体的和谐，而社会整体的和谐又离不开人与人之间的和谐。因此，实现人与人之间的和谐相处应当成为构建社会主义和谐社会的工作重心。

2. 休闲活动中的和谐理念

和谐的理念体现在休闲活动策划上，就是要体现自由、幸福、快乐的休闲本质，尤其表现在休闲活动的社会性方面，"独乐乐不如众乐乐"，在活动设计上必须体现和衷共济、团队合作、群策群力等人文精神。

中国传统文化提倡"天人合一""和为贵"，本质上就是和谐。我国正致力于建设和谐社会，反映高品质生活的休闲活动应该成为体现地方文化、风土人情、人与自然和谐相处、人与人和谐相处的重要载体。从休闲活动的本意来说，要求大家在一起玩，本身就存在和谐的含义。大型活动、节庆活动、赛事活动、文体活动等多种形式的休闲活动，完全是为社会公众服务的参与性活动，许多休闲活动的对象就是群体本身，活动提供幸福与快乐供人们分享，使大家团结一致，培养一种群体的自豪感。可见，休闲活动强调了个人与群体、个人与自然、群体与自然的和谐关系。

3. 休闲活动的和谐目标

和谐是一切休闲活动追求的目标。休闲活动策划和谐理念，包括休闲活动主题的和谐、内容的和谐、形式的和谐、过程的和谐等。主题的和谐是指活动主题要与当地文化传统和地域特色相协调，活动主题要与当今时代潮流和消费趋势相协调。内容与形式的和谐是指活动内容安排和表现形式要与活动主题相呼应，倡导一种团体合作、积极健康的生活方式。过程的和谐是指活动策划中合理计划、统筹安排，达到活动举办过程的顺畅和无事故，未雨绸缪，对活动危机进行事先防范和控制。

（二）人本的理念

1. "人本"与人性

"人本"就是"以人为本"，人本的理念首先基于人性的假设。按《辞海》的解释，人性是指人们所具有的正常的感情和理性，人性是人类社会最主要、最本质的特征。休闲活动策划主要是为了丰富人们的业余生活，因此，活动本身的自由、快乐、幸福成为我们策划的最基本诉求。例如2008年北京奥运会主题口号"同一个世界、同一个梦想"，就体现了"天地之性，人为贵"的人性关怀与广泛参与性。

2. 休闲活动中的人性关怀

休闲活动的目的要体现对人性的关怀。人是活动举办过程中最活跃的因素。围绕"人"来进行策划，按照"人"的特长和能力来安排休闲活动，并在休闲活动过程中注重人性化设计，这样的休闲活动策划就是一个好的策划。休闲活动的形式和内容安排，要以提高人尤其是普通人的参与性为目标。

（三）动感的理念

1.“动感”与时尚

动感，是指在原本静态的项目中引入鲜活的、互动的、动态的主观感受，是生命活力、活泼健康、幸福快乐的真实体现。动感是以人的主观感觉为主导的，是“互动的感觉”和“快乐的感觉”。引入“动感”，是运用“动态”对静态景观进行创新的有效手段。

“动感”一词体现了时尚，当今社会我们都生活在动感世界里，它生动体现了现代生活节奏。“动感”是相对于“静态”而言的，对于一个景区来说，动态的是人文是艺术，静态的是景观是景点，动静结合缺一不可，构成了旅游景区最美丽的风景。休闲活动主要是做动感艺术，“动感”生活让我们的世界更加丰富多彩！“动感”成为突破“静态”事物的主要力量。尤其在创意产业、动漫、动画……似乎一切都在向“动感”方向发展。

2.休闲活动的动感设计

休闲游憩方式和旅游景观设计，也在“动感”理念下找到了突破的方向：“动感艺术游憩模式”成为旅游的创新手法，“动感艺术景观设计”越来越受景观设计爱好者青睐，无论是中央电视台的春节联欢晚会，还是景区的各种民俗活动，大多与动感艺术有不解之缘。让旅游景观动起来，可以为旅游文化找到更好的表现载体，也是主题公园和旅游景区生命和活力的象征。休闲与娱乐的结合就是“动感游乐”，即在休闲活动项目中引入动感，例如互动游戏、互动娱乐。在旅游项目中最能表现动感的旅游项目是游乐园娱乐型项目，在游乐园中动感形态的游乐项目非常多，而且在不断发展。无论是机械型游乐项目、电子游戏项目，还是民俗活动、文化艺术、街舞表演、马戏、杂技、魔术等，都深受游客的欢迎。游乐场是动感游乐项目最多的地方，动感游乐强烈的效果来自海盗船和过山车上游客们的尖叫。

3.休闲活动动感艺术

动感艺术，是指在动感中表现出来的独特艺术，是相对于静态中展示的艺术形式而言的，作为休闲活动的最高境界一直受到业界的推崇。动态的艺术形式非常多，而且仍在不断创新发展。休闲活动策划与管理所讲的动感艺术，不是指文学艺术中的戏剧、电影、电视等传统的表演艺术，也不是强调艺术的动态形式，而是强调艺术中观众与表演者的互动，强调运动过程本身的艺术，强调观众主观上参与运动的艺术感受。把动感艺术的理念运用于传统的静态艺术中，就形成了静态艺术的创新与突破。

第三节　休闲活动策划原理

一、原理与策划原理的含义

原理，是指自然科学和社会科学中具有普遍意义的基本规律。原理是在大量观察、实践的基础上，经过归纳、概括、演绎而得出的，是源于实践又高于实践的经验总结。原理作为一种理论，既能指导实践，又必须经受实践的检验。

策划原理，是指策划原理与方法具有普遍意义的基本规律。策划的方法有点、线、面、体四个维度，我们所说的"点子""创意""策划""整合"基本上代表策划原理与方法点、线、面、体等四个方面的维度，大家普遍认知的出"点子"，只是点式策划的一种形态而已，我们更需要创意（线型）、策划（平面）和整合（立体），即把好的点子、创意连贯起来进行思考，最后进行系统、整合研究。

二、休闲活动策划基础知识

休闲活动无处不在，休闲活动需要点子策划、创意策划、整合策划。

（一）点子策划

点子策划就是"点"式策划，就是把策划的要义集中在某一点上，抓住事物的本质和关键。点子是策划人思想的火花和思维的结晶。点子就像贵妇佩戴的项链上最耀眼、最名贵的钻石，夺人眼球，熠熠生辉。

1.点子的含义

（1）点子的名称源自一种乐器

点子是土家族、布依族的一种敲击乐器，流行于湖北、贵州、湖南、广西等省区。用响铜制作，形似小锣，锣面平坦无脐，锣面直径 9.5—10.5 厘米、锣边宽 2.3—3 厘米，锣边钻有 3 个小孔，用细绳系于带有三条腿的圆形竹圈中，锣面悬空朝上，竹圈接有长柄，柄长 37 厘米。演奏时，左手持竹圈长柄或将点子置于桌面上，右手执头部弯曲的竹片敲击，发音清脆明亮。点子是佛教和道教的重要法器之一，常用于宗教仪式、传统节日或婚丧喜庆等场合，是吹打乐合奏或为孝歌伴奏的乐器。它经常与冬子锣、溜子锣、棋子鼓等乐器一起演奏。

（2）点子是知识与智慧的结晶

我们把对某事物进行改造或实施的各种计谋、策略、方法、经验、创意、信息等称为点子。在现实生活中，许多人常常灵机一动就会产生许多点子。

我们所说的点子，就是指经过思维产生的解决问题的主意和办法。企业要销售产品赚取利润，如何销售产品是关键。为了解决这个问题，企业策划部员工绞尽脑汁出谋划策，这个为销售产品而出谋划策的内容就是点子。同样，企业为了满足市场的需求，需要改进自身的产品，如何改进自身的产品是企业的问题。为了解决这个问题，企业产品开发部的员工集思广益提出了产品的改进方案，这个产品改进方案的内容也是点子。它们的共同之处在于都是为了解决某一个问题而通过思维产生的主意和办法。

2.点子的分类

按照点子内容的属性，可以分为策划类、发明创新类和信息概念类。

按照点子商业的属性，可以分为售卖点子、免费点子；商业点子、公益点子；生活点子、学习点子等。其中售卖点子是指，点子是可以售卖的商业点子，得付出一定报酬给创造者才会告知实施步骤。免费点子是指，点子创造者公开点子的实施步骤以供使用者参考、借鉴，也可以是点子创造者认为商业价值不大或不够完善的点子，免费供大家分享。

3.点子的作用

第一，点子共享。包括把自己的点子贡献出来或共享他人的点子。许多人希望在点子平台向他人传播点子的同时得到他人的点子，以提高自己的职业技能。

第二，提升知名度。点子的卖方通常想让其他人把他当作拥有有价值的知识和经验并且乐于与他人共享的人。这种名望是无形的，但可以提高卖方在行业内的知名度。

第三，表现自己。每个人都有不同程度的表现欲，并且希望能拥有更多的观众。一个交易活跃的点子市场可以让点子的卖方充分表现自己，而在现实生活中往往很难有这种机会。

第四，获得回报。所有的卖方都希望点子的交易能获得回报，只不过这种回报不一定体现为现金收入，也有可能是为了获得认同和赞赏，或者是实现职位的提升和获得更多的朋友。

（二）创意策划

创意策划就是把点子策划（包括各种各样的点子）连贯起来的思索，把各种好点子、金点子、"歪"点子等串成贵妇脖子上的"项链"，让人有一个完美的观感或体验。

1.创意的含义

创意就是具有新颖性和创造性的想法，是在传统思维和常规思考基础上的奇思与妙想、创新与发展，属于智能（而非体能）潜能拓展（超水平发挥）和对历史文化底蕴中休闲活动本质属性的准确把握和升华。好的创意是思想库、智囊团的巨大能量释放，是对事物感性认识和理性思考与社会实践相结合的结果。创意是创造性的系统工程，是立足现实、影响未来的过程。

2.产生创意的途径

有这样一则寓言：

上帝为人间制造了一个怪结，被称为"高尔丁"死结，并许下承诺：谁能解开奇异的"高尔丁"死结，谁就将成为亚洲王。所有试图解开这个怪结的人都失败了，最后轮到亚历山大，他说："我要创建我自己的解法规则。"他抽出宝剑，一剑将"高尔丁"死结劈为两半。于是他就成了亚洲王。

这个寓言深入浅出地道出了"创意"二字的真谛。也许，创意本身就是个怪结，没有人能把它解开，它也没有一个真正意义上的解释和定义。但可以肯定的是，创意绝不是一般意义上的模仿、重复、循规蹈矩、似曾相识，大多数人都能想到的绝不是好的创意，实际上根本就谈不上创意。好的创意必须是新奇的、惊人的、震撼的、实效的，"物以稀为贵"是事物不变的通则。死结就意味着根本无法解开，既然上帝跟我们开了个玩笑，那么就必须采取超乎寻常的非凡手段。亚历山大给了我们一个很好的启示，今天的创意人是否也应思考：他用剑劈，我们为什么不能用火烧呢？

3. 创意飘忽不定需要随时捕捉

创意是一缕若有似无的轻烟，随时随地都会出现，能将其撷取，再将其深思熟虑后加以延伸，即可说成功了一半。在日常生活中对工作或其他事情的突如神来一笔的看法或意见，可能出现在公车上，可能出现在浴室里，亦有可能出现在半梦半醒之间，但大部分都是转瞬即逝的，再用力地思考，即使抓破了脑袋也想不出刚才的念头！如能在创意常发生的时间、地点做好准备，则捕捉创意成功的概率就比别人高出许多。一个好的策划人必须随时随地留意创意并记录创意。

有些人在床边放了笔和纸以便随时记录在恍惚入睡前或起床时半清醒状况所突然出现的创意，也许你可在自己的口袋，甚至浴室里准备纸笔，可能两三个月都用不着，但一有机会就用上了，带给你的效益功能也许会超乎想象。尝试改变既有模式，与儿童的对话常会引人发噱，因为童言童语的回答常会超出我们设定的答案范畴，也可以说是另一种创意表现。同理，若是我们依循固定模式处理事情，以前无啥创意，相信以后出现创意的机会也不会太多。

人有五觉（听觉、视觉、嗅觉、味觉、触觉），为何不试着感觉自己在何种状况下接受刺激比较容易得到创意。在一个舒适的环境中，放上柔柔的音乐，加上一杯香醇的咖啡，利用各种香味的刺激引导自身的七情六欲，乃至神经、生理系统，达到健康舒爽的目的，这或多或少也运用了刺激的原理，更有利于展现创意。

4. 激发创意潜能的途径

一是身心放松。紧绷的生理状态不易接收到随兴而至的创意，因此适度的放松是有必要的，目前较流行的坐禅打坐、闭目冥想、运动健身、休闲旅游等都是很好的方式。

二是不要设限。谨记一点，世上没有不可能的事。几十年前谁也没有想到阿姆斯特朗能登上月球会嫦娥，所以凡事不要先预设立场，这个不可能或那个状况不会发生。如果凡事依循固定模式，预先设定立场与做法，虽不敢说创意绝对不会出现，但是其出现的概率的确会降低。

三是勇于创新。浸满液体的海绵，要再吸收一滴水也相当困难。如能时时将自己视为干燥的海绵去吸收大量的资讯，撷取别人的长处以外来的刺激为自身学养奠基，自然会比其他人有更多发挥创意的机会，亦代表了你比别人有更多成功的机会。

总之，点子是思想的火花，是思维的高度抽象化；创意则是点子的具体化，是点子的形象化；只有可以具体化、形象化的点子，才可以叫创意。

（三）整合策划

整合策划就是针对点子、创意、内容、形式等进行系统思维、立体思考，从点、线、面策划，上升到平面立体"复合"的策划，事无巨细，面面俱到。点子是想法，创意是思路，策划则主要针对整合而言，指的是方案策划、文案编制。整合策划的标志是必须形成详尽的策划书（方案）。

三、休闲活动策划原则

（一）系统运作原则

系统化的策划过程包括：调查研究、目标定位、理念设计、资源整合、运作切入、形象塑造、文化底蕴、政治糅合。还有实战操作、过程监理、微调修整、总结提高等。

（二）联合作战原则

策划要破译复杂社会现象的密码，就需要多学科的结合，形成新的方法，找到认识问题的最佳切入点。多"兵种"协同作战的战术运作是策划成功的保证。

（三）创新开放原则

不管是企业还是个人，策划最主要的是为自己定位，即找出自己的优势。要做到人无我有，人有我先，人先我变，人变我奇，人奇我特……突出自己的优势，才能以最小的投入，取得最大的收获。首先是要大胆设想，然后是小心求证。求证是对客观规律的深刻把握和认识，使主观愿望和客观实际有机结合起来。策划要变传统的量入为出为量出为入，变封闭性思维为开放性思维，凡是可以为我所用的资源都可以大胆发掘，尽量为我所用，将单线思维变为复合性思维。

（四）审时度势原则

精确的市场定位是成功策划的核心。对社会大趋势的精妙把握是策划能否定位准确的前提。策划要讲究审时度势，太超前不会被市场接受，太滞后又没有效益，与市场同步又没有新意，不能很快引爆市场。适度超前是策划的精妙之处。策划要防止左倾，即冒险主义；同时要防止右倾，即机会主义。

（五）战略至上原则

策划最讲究的是战略，把战略和战术完美结合可以无往不胜。解放战争时期，毛泽东同志把握的就是战略问题，各野战军首长主要是把握战术问题。在战略方向没有确定之前，任何战术都无所谓好坏。正如英国一句谚语所说：对于一艘盲目航行的船来说，任何方向的风都是逆风。

（六）5W2H1F 原则

预先确定为什么做（Why）——该项工作的目的？

做什么（What）——工作是什么？

何时做（When）——工作的时间期限？

何地做（Where）——工作的地点在哪里？

谁来做（Who）——工作的责任者是谁？

如何做（How）——完成工作所使用的方法和程序？

花多少（How much）——完成工作需要花费多少人力、财力、物力（包括隐性资源）？

为谁做（For whom）——工作的服务和汇报对象是谁？

5W2H1F 明确了，策划也就基本上完成了。

四、休闲活动策划原理

（一）点式效应原理

以点带面，抓住最吸引参与者的某个兴奋点，带动整个活动的展开。这在商业竞争中运用得最多，如突出某一产品的优惠价格来吸引消费人群，以带动别的商品销售，实际上可能只是某几件商品或某个柜台打折而不是全部商品打折。与点式效应原理相对应的就是面式效应原理，用在商场那就是全场优惠（打折）的概念。

（二）偏好效应原理

社会节奏很快，工作压力很大，这个时候如果有人提议出去放松一下肯定会得到大家的响应，例如春游、秋游、郊游、远足……现代商业竞争也非常普遍，大家都在不断地迎合消费者的需求，投其所好，引进一些别人没有的产品、设施、技术等，来达到自己鹤立鸡群、与众不同的效果。

（三）全局效应原理

活动效果是指活动本身产生的效应，活动效益指的是活动过程中所得到的好处。在休闲活动策划过程中，大多数情况下活动效果与活动效益并不完全一致，在休闲活动策划中必须坚持效果优先、兼顾效益的原理，做到活动效果与活动效益的完美结合。

（四）联动效应原理

追求活动的联动效应，强调活动的配合和呼应，运用活动产生的整体效果，在活动过程中产生联动影响。主题活动、辅助活动、配套活动、外围活动、热场活动之间各有亮点，高潮迭起，不断激发参与者的兴趣和热情。休闲娱乐场所此起彼伏的欢叫声本身就是一道风景，也是休闲活动策划联动效应的真实写照。

（五）互动效应原理

互动效应是指休闲活动过程中通过互动来最大限度地发扬自由、幸福、快乐的精神以及由此带来的休闲活动的良好效果和反应，是实现休闲活动目的和体现活动主题的动态过程，一项成功的活动策划必然是互动良好的、让人回味无穷的过程。互动效应就像活动的"气场"或"磁场"，所有参与者的情趣和热烈的气氛都可以通过互动环节调动和烘托起来。这里所说的互动，包括主持人与主持人的互动、主持人与观众的互动、观众与观众的互动、台上与台下的互动、场内与场外的互动、现实场景与虚拟世界的互动等。任何一项休闲活动，只要能互动起来就是成功的保障。

（六）轰动效应原理

大型活动、节庆活动、赛事活动等社会公众参与性活动，更要重视轰动效应原理，通过媒体让社会认同、公众认知，产生轰动性效应，包括在休闲活动策划与组织实施过程中的广告策略、媒体组合策略、市场推广与整合营销策略的运用等。利用新闻媒体的传播作用可以极大地扩大活动的轰动效应。休闲活动策划要善于运用轰动效应原理，借助广告、媒体、网络、人脉关系、社会机构、行业团体、国际组织等各种载体，扩大活动

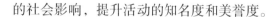

的社会影响，提升活动的知名度和美誉度。

（七）乘数效应原理

乘数效应原理又叫"倍数效应原理"。所谓"乘数效应"是指一个变量的变化以乘数加速度方式引起最终量的增加。乘数效应是制定宏观政策要考虑的因素，例如一个货币政策或者税收政策的出台所引起的乘数加速度变化就是乘数效应。休闲活动策划引入乘数效应原理，主要是指从活动初级界限到最后期望的效果之间，从活动不为社会公众认知到社会公众蜂拥参加之间有着不容忽视的乘数效应，活动策划者事先应当考虑到这种"乘数效应"。

例如，"杭州乐园200万寻宝活动"事先估计每天入园1万人，但是活动开展后人数最高的一天达到8万人，导致游客拥挤、设施损坏——说明活动策划中对乘数效应原理的重要性估计不足。乘数效应原理在制订企业促销计划、优惠活动、展会礼品发放等方面也有极大的参考价值。

（八）心理效应原理

休闲活动是值得回忆的美好的事情，要让人津津乐道，回味无穷，必须运用心理效应原理，在休闲活动过程中尽量减少或避免不愉快的事情发生。人们从泸沽湖旅游回来，摩梭人家里近距离的体验活动，包括泸沽湖的美景、摩梭姑娘小伙的舞蹈、烈火熊熊的篝火晚会……给人留下了美好而深刻的印象。可见，美好的心理现象是需要精心培养和呵护的，比如旅游休闲活动应该是美好的，但是如果在旅游购物环节被宰，游客就会对旅游休闲活动的美好心理大打折扣。

心理效应原理的具体运用主要表现在以下几方面。

1. 印象加深心理

主要通过广告宣传、新闻报道等，让现实参与者和潜在参与者不断加深印象，广告或新闻播出的次数越多，受众对该事件的印象就会越深刻。这一原理尤其适合于活动营销与推广。

2. 潜移默化心理

有时候休闲消费行为并不发生在本人，而是发生在周围人群或特定人群，因为好奇心或者下意识，时间长了也会慢慢受到影响，我们称之为"潜意识的觉醒"，从而产生自觉或不自觉的消费行为。

3. 叛逆减压心理

现代人生活压力很大，尤其是年轻人，其学习、就业压力很大，需要通过休闲活动进行释放和减压。尽管有些事物可能会引起人们的反感而让人不舒服，但是如果休闲活动项目本身具有一定的叛逆性，并且还在人们尤其是年轻人忍受的限度之内，那么叛逆心理运用得当也可以扩大活动的知名度和影响力。如2008年杭州西湖国际博览会期间有一项活动叫"小丑嘉年华"，利用各类小丑形象大做特做广告，就取得了很好的效果。

4. 品牌铸造心理

休闲活动策划要善于打造品牌的不朽传奇。人们在休闲消费时并不完全是因为产品或服务的特性、价格、质量等，而仅仅是因为对该品牌的信任和崇拜，品牌其实是一种消费心理的长期积淀和认同。对于巴西狂欢节、西班牙奔牛节、德国慕尼黑啤酒节等，世界各国的游客都会不远万里前去体验，都说明品牌心理的重要性。休闲活动策划也需要"铸造品牌"，力争把休闲活动打造成当地或一个地区甚至全国性、国际性盛事。

品牌铸造、品牌认知、品牌消费的一般过程：品牌宣传—品牌影响—品牌形成—品牌认知—品牌意识—品牌印象—品牌购买—品牌消费—品牌忠诚。

5. 色彩缤纷心理

五彩缤纷的色彩是烘托休闲活动场所的重要载体。休闲活动本身属于"注意力经济"，色彩缤纷的世界具有吸引注意力的功能，了解色彩的一些特点并自觉运用到活动策划中非常重要。

色彩由暖色调至冷色调的顺序一般为：红—橙—黄—灰—紫—白—绿—蓝—黑。白色一般为中性色调，以白色调为界，前面的为暖色调，后面的为冷色调。冷色调的亮度越高越偏暖，暖色调的亮度越高越偏冷。不同的色彩可以使人产生不同的心理感受：红色、橙色、黄色为暖色，象征着太阳、火焰、热烈。绿色、蓝色、黑色为冷色，象征着森林、大海、蓝天。灰色、紫色、白色为中间色，象征着建筑、彩霞、白云。红色和明亮的黄色调成的橙色给人活泼、愉快、兴奋的感受。青色、青绿色、青紫色让人感到安静、沉稳、踏实。色彩还可以使人有距离上的心理感觉。暖色为前进色，有膨胀、亲近、依偎的感觉，色彩明亮——前进！冷色为后退色，给人镇静、收缩、遥远的感觉，色彩暗——后退！暖色让人感觉柔和、柔软，冷色给人坚实、强硬的感觉，中性色则为过渡色。

消费差异心理消费人群因情感、知觉、文化和素质等不同，对于休闲消费也存在不同的心理差异。休闲活动策划要善于分析不同人群的消费特征，只有通过分析顾客心理进行市场细分，找出自己的消费人群，开展针对性、有效性的策划才会取得好的效果。要不断营造活动新意和亮点，激发参与者的好奇心和参与欲，有效分散消费者的注意力以达到自己的目的。

（九）名人效应原理

运用名人效应当然根据活动性质和项目特色邀请合适的名人来做宣传。例如一个公益性活动可以邀请那些有爱心的亲善大使（名人）来做宣传，而名人参加公益活动本身也是公益活动，名人不仅不收取出场费用，可能还有捐赠捐款仪式等。

第四节　休闲活动策划方法

一、休闲活动创意思维训练

创意无极限，创意无过错，对策划人而言最难能可贵的就是源源不断的创意。如果策划人无创意，就像作家没有才思，画家没有泉涌，诗人没有激情一样，"江郎才尽"，策划人的职业生涯也就终止了。因此，如何捕捉创意并激发创意潜能，是策划人自古以来苦苦探索的奥秘。

（一）脑力激荡法

脑力激荡法（又称"头脑风暴法"）是最为人所熟悉的创意思维策略，该方法是由奥斯本（Osborn）于1937年所倡导的，此法强调集体思考的方法，鼓励参加者于指定时间内构想出大量的想法，并从中引发新颖的构想。脑力激荡法虽然主要以团体方式进行，但个人思考问题和探索解决方法时，也可运用此法激发思考。该法的基本原理：只专心提出构想而不加以评价；不局限思考的空间，给予欣赏不予否定，想出的主意越多越好。运用脑力激荡法的精神或原则，可以在团体中激发参加者的创意。

（二）三三两两讨论法

此法可归纳为每两人或三人自由组合，在3分钟时限内，就讨论的主题互相交流意见。3分钟后再回到团体中做汇报交流，如此反复几次即可形成真正的创意。

（三）六六讨论法

六六讨论法是以脑力激荡法为基础的团体式讨论法。方法是将团体分为6人一组，只进行6分钟的小组讨论，每人1分钟。然后再回到大团体中分享并做最终的评估。

（四）心智图法

心智图法是一种刺激思维并帮助整合思想与信息的思考方法，也可说是一种观念图像化的思考策略。此法主要采用图志式的概念，以线条、图形、符号、颜色、文字、数字等各样方式，将意念和信息快速地以上述各种方式摘要下来，成为一幅心智图。结构上，具备开放性及系统性的特点，让使用者能自由地激发扩散性思维，发挥联想力，又能有层次地将各类想法组织起来，以刺激大脑做出各方面的反应，从而得以发挥全脑思考的多元化功能。

（五）曼陀罗法

曼陀罗法是一种有助扩散性思维的思考策略，利用一幅像九宫格的图，将主题写在中央，然后把由主题所引发的各种想法或联想写在其余的8个圈内，此法也可配合"六何法"从多方面进行思考。

（六）逆向思考法

逆向思考法是相对于顺向思维法的一种创意训练方法，通过逆向思考可获得创造性构想，如能充分加以运用，创造性就可加倍提高（如图2-1）。

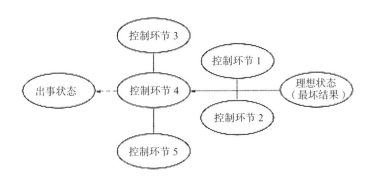

图2-1 逆向思考法示意图

（七）分合法

戈登（Gordon）于1961年在《分合法：创造能力的发展》一书中指出了一套团体问题解决方法。此法主要是将原不相同亦无关联的元素加以整合，产生新的意念（面貌）。分合法利用模拟与隐喻的作用，协助思考者分析问题以产生各种不同的观点。一个好的创意设计就可以借助以下步骤和内容进行分合思考（如表2-1）。

表2-1 创意设计分合法示意图

步骤	内容
集中目标	深刻领会对象问题的真正目的，明确相关定义
广泛思考	自由联想，提出多种解决问题的方案和路径
搜索相似点	抽出解决问题的方案和路径的关键词进行联想，延伸发展方案
具体化提炼	把可实现目标的方案系统化展开，并尽可能运用到活动中去
系统化研究	设想方案具体化，把功能提升与解决问题联系起来，解决具体问题
制定模式方案	确定优选方案的细节问题，确定目标功能，提升最有价值的方案

（八）属性列举法

属性列举法是由克劳福德（Crawford）于1954年提出的一种著名的创意思维策略。此法强调使用者在创造的过程中观察和分析事物或问题的特性或属性，然后针对每项特性提出改良或改变的构想。例如项目活动 SWOT 分析模型，可以把优势、劣势、机会、威胁进行属性列举，最后决策是否举办、如何举办本次活动（如图 2-2）。

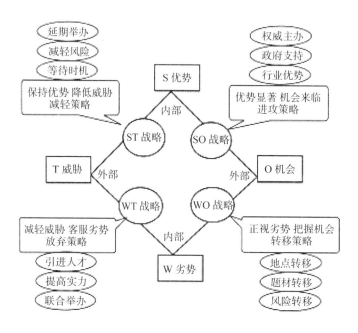

图 2-2　SWOT 分析模型属性列举

（九）希望点列举法

希望点列举法是一种不断将希望点列举出来，进而探求解决问题和改善对策的技法。例如节庆活动举办方和赞助方的期望值和希望点是不尽相同的，主办方关注资金或实物赞助以利于活动顺利进行，赞助方则关注赞助回报以利于扩大产品知名度，从而进一步扩大销售。运用本法就是要把主办方和赞助方的希望点列举出来，通过希望点列举法可以发现双方利益交集点（如图 2-3）。

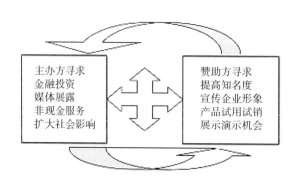

图 2-3　节庆活动主办方与赞助方希望点列举法示意图

（十）优点列举法

优点列举法是一种逐一列出事物优点的方法，进而探求解决问题的对策。例如统计方法与 KJ 法用于策划的优点列举（如表 2-2）。

表 2-2　统计方法和 KJ 法的优点列举

项目	统计方法的优点	KJ 法的优点
分析问题类型	验证假设型	发现问题型
分析资料收集	收集报表、计算等数值性资料	收集思想、意见等语言文字类资料
分析问题重点	侧重于数量分析	侧重于定性分析
分析方法用途	多用于模型、理论分析	通过创意和灵感归纳分析

（十一）缺点列举法

缺点列举法是一种不断针对一项事物，检讨它的各种缺点及缺漏，进而探求解决问题和改善对策的技法。

（十二）检核表法

检核表法是在考虑某一个问题时，先制成一览表，对每项检核方向逐一进行检查，以避免有所遗漏。此法可用来训练员工的思考能力，并有助于构想出新的意念。如各种调查方法运用于资料搜集可用检核表法（如表 2-3）。

表 2-3　各种资料搜集方法使用目的检核

目的方法	直接观察	面谈交流	查阅文献	头脑风暴	回忆记录	检讨反省
提高认知	◎	△	△	△	○	○
归纳思想	○	◎	○	○	○	◎
打破常规	◎	○	○	◎	◎	◎
激发创意	△	◎	◎	◎	○	○
参与计划	×	×	×	◎	×	○
贯彻执行	×	×	×	×	○	×

注：◎常用；○使用；△不大使用；× 不使用。

（十三）七何检讨法（5W2H 检讨法）

七何检讨法是"六何检讨法"的延伸，此法的优点即提示讨论者从不同的层面去思考和解决问题。所谓"5W"是指：为何（Why）、何事（What）、何人（Who）、何时（When）、何地（Where）。"2H"指：如何（How）、何价（How much）。

（十四）目录法

目录法又称"强制关联法"，意指在考虑解决某一个问题时，一边翻阅资料性的目录，一边强迫性地把在眼前出现的信息和正在思考的主题联系起来，从中得到构想。OASIS 品牌经营的内外部利益相关者目录法如表 2-4 所示。

表 2-4　OASIS 品牌经营的内外部利益相关者目录法

内部利益相关者	OASIS 品牌授权商 员工 公司投资者
外部利益相关者	媒体、行业分析师、专家等用户 公众 产品供应商 下游分销商 高档服装竞争者 服装协会、消费者委员会、政府主管部门（如技术监督局）

（十五）创意解难法

美国学者帕纳斯提出的"创意解难"教学模式，发展自奥斯本所倡导的脑力激荡法及其他思考策略。此模式强调解决问题的过程中，问题解决者应以有系统有步骤的方法，找出解决问题的方案（如图 2-4）。

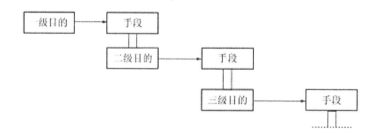

图 2-4　创意解难法示意图

（十六）KJ 法

KJ 法是日本川喜二郎提出的，"KJ"二字是川喜（KAWAJI）英文名字的缩写。这一方法是从错综复杂的现象中，用一定的方式来整理思路、抓住思想实质、找出解决问题的新途径的方法，创意原理比较适合会展活动项目的主题策划或者主题思想、主题口号的提炼。

KJ 法的原理是把个别或分散的资料进行整理，以一定标准分别评价，并对资料相互关联性进行系统性探讨。基本步骤如下。

①团体思考：资料收集，建立卡片，进行排列。

②归类整理：卡片集合。

③简洁提示：浓缩集合。

④相似卡片：中度集合，循环反复。

⑤制作相关图或构造图：再贴上各自所属的卡片，形成体系图、关系图，发现问题的本质所在。

二、休闲活动策划创新方法

创新是策划的生命，也是创意、创造的源泉。技术创新只有通过理念创新、体制创新、管理创新、形式创新、产品创新、服务创新等才能够深入挖掘出来。不断创新是休闲活动常办常新的关键，是休闲活动吸引力和魅力所在。休闲活动以满足人的个性化体验为主，要能够提供独特享受，这就要求能超越常规，打破行业界限、思维局限，实现技术创新、理念创新、体制创新、管理创新、形式创新、产品创新、服务创新等。通过以下方法可以达到创新的目的。

（一）深入挖掘法

深入挖掘法指首先分析当地各种各样的休闲活动，对其重新进行名称、理念、内容等的定位。利用传统资源，策划和开发满足客源市场文化心理的休闲活动，既保护传统资源，又赋予休闲活动开发理念，并富有时代气息。进行这类休闲活动策划一定要注意对传统资源进行合理与适度的包装和开发，反对因深度挖掘不足而导致的缺乏内涵和市场吸引力低下等问题，也反对因为开发包装过度而导致的对传统资源的滥用。

（二）外部借鉴法

外部借鉴法指直接引进或者模仿其他国家和地区的活动名称、形式、内容而为我所用的一种休闲活动策划方法。这种方法应该注意的是，要展开差异化定位，要在借鉴的同时求发展，要体现当地特色。

（三）理性预测法

具有一定的预见能力，有对未来趋势的分析和判断能力，创新才能够实现。通过分析社会、经济、文化等综合信息，预测消费心理和消费趋势、经济发展前景和潜力、营销理念的转变、技术发展趋势等，与时俱进，顺势而动，策划全新的休闲活动。这种休闲活动由于形式、内容新颖，更能吸引公众和赞助商的眼球，但是因为创意是立足于对未来趋势的判断，所以好的活动往往并不是人云亦云，而是出乎意料但又在情理之中。

（四）规划整合法

对多个休闲活动进行整合，是提高举办效率、取长补短、实现边缘性新思维的重要途径。做好一个地方的活动规划，要整合所有优势资源、打造精品活动。整合是对各种优势资源的集中与调整，是各种市场要素协调配置的有机重组，通过整合才能够推陈出新。同类的休闲活动进行主题整合、内容整合、市场整合、组织运作整合，不仅可使内容丰富、市场更加集中，还会大大提高组织运作效率，减少地区内休闲活动之间的不必要竞争，避免重复举办而造成的浪费，也有利于树立地方统一的形象和品牌。

（五）抽样调查法

抽样调查法是市场调查的重要方法之一，是指按照一定方式从调查总体中抽取部分样本，用样本结论说明总体情况的一种调查方法。可以分为随机抽样和非随机抽样两大类，常用到的抽样方法有：简单随机抽样法、分层抽样法、等距抽样法、配额抽样法等。抽样调查法是目前国际上公认和普遍采用的科学的调查手段。调查的理论基础是概率论。

（六）网络调查法

网络调查法是通过网络进行系统的，有计划、有组织的市场数据的收集、调查、记录、整理和分析，进行客观的测定和评价。具体来说，网络调查可以分为网络访谈法、电子邮件问卷调查法、BBS电子公告板、QQ群联动调查等方法。网络调查具有及时、能共享、便捷、无时空限制、低成本等优点，但也存在随意性较大、只反映一部分网民意见等明显的缺点。无论哪种调查方法，调查结果一般可以用圆饼图或直方图进行展示。

（七）头脑风暴法

头脑风暴法与我国的"诸葛亮会"类似。它是考虑多种可能的解决方案，是提升思维创造力的集体训练法。头脑风暴法可分为直接头脑风暴法（通常所指的头脑风暴法）和质疑头脑风暴法（也称反头脑风暴法）。一般采用会议的形式进行，前者是尽可能地激发创造性，专家们"自由"地提出尽可能多的方案，后者则是对提出的设想、方案逐一质疑，并分析其现实可行性的方法。一般由5—13个专家参与为宜。主持人要熟悉所讨论的问题及其相关的知识，并要善于引导，参加人员既要有内部的人员，也要有外部的人员。从明确问题到会后评价，运用头脑风暴法有三个阶段，如图2-5所示。

图2-5 运用头脑风暴法的三个阶段

头脑风暴法有四条规则：①不互相指责；②鼓励自由地提出想法；③欢迎提出大量方案；④欢迎完善别人提出的方案。在会议上对表达的设想，不必追求全面系统，但记录工作一定要认真。国外经验证明，采用头脑风暴法提出方案比同样的人单独提出方案的效率要高65%—93%。

（八）德尔菲法

德尔菲法也称"专家调查法"，是指采用问卷、电话、网络等方式，反复征求多个专家意见，做出统计，如果结果不一致，就再进行征询，直至得出比较统一的方案。这种方法的优点在于专家是背对背式，没有权威压力，表达意见自由充分，结论相对客观。作为一种主观、定性的方法，该方法不仅用于预测领域，还广泛应用于具体指标、内容等的确定过程。1946 年，兰德公司首次用这种方法进行预测，后来该方法被迅速广泛采用。德尔菲法流程图如图 2-6 所示。

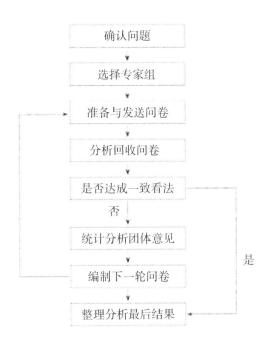

图 2-6　德尔菲法流程图

（九）过程决策程序图法

过程决策程序图法是在制订计划阶段或进行系统设计时，事先预测可能发生的障碍（不理想事态或结果），从而设计出一系列对策措施以最大的可能引向最终目标（达到理想结果）。该法可用于防止重大事故的发生，因此也称之为"重大事故预测图法"。

1. 顺向思维法

顺向思维法是定好一个理想的目标，然后按顺序考虑实现目标的手段和方法。这个目标可以是任何的东西，比如一项大的工程、一项具体的革新、一个技术改造方案等。为了能够稳步达到目标，需要设想很多条路线。

总而言之，无论怎样走，一定要走到目的地。但行走的方案，并不需要真正等到碰得头破血流以后才去解决，而应该事先就已经讨论过，所有的问题应该预先都预测到了，这样在计划的实施过程中就不会害怕突发性事件的发生。

2. 逆向思维法

当 Z 为理想状态（或非理想状态）时，从 Z 出发，逆向而上，从大量的观点中展开构思，使其和初始状态 A 连接起来，详细研究其过程并做出决策，这就是逆向思维法。

逆向思维应该考虑从理想状态或最坏结果倒着考虑：实现这个目标的前提是什么，为了满足这个前提又应该具备什么条件。一步一步退回来，一直退到出发点。通过顺向、逆向两个方面的思考，倒着走得通，顺着也可以走得通，这就是过程决策程序图法正确的思考办法。

（十）系统分析策划法

把要策划研究的目标当作一个统一的整体，并把这个整体分解为若干子系统，在揭示影响子系统的环境、社会、经济、文化等各项因素及相互关系并对获取的信息进行综合整理、分析、判断和加工的基础上，选择出最优方案的策划分析方法。兰德公司对系统分析所下的定义是，系统分析是一种研究策略，它能在不确定的情况下，通过对问题的充分调查，找出其目标和各种可行方案，并通过直觉和判断，对这些方案的结果进行比较，帮助策划者在复杂问题中做出最佳的科学策划。

系统分析策划法的主要特征就是从整体的角度揭示出整体下各局部所产生的影响和相互关系，从而找出系统整体的运动规律，并分析达到目的的途径。它通过明确一切与问题有关的要素（目的、方案、模型、费用、效果、评价）同实现目标之间的关系，提供完整的信息和资料，以便策划者选择最为合理的解决方法。

系统分析策划法的步骤如下。

1. 确定策划目标

从系统整体出发提出需要解决的中心问题。确定目标的四个条件：唯一性、具体性、标准性和综合性。目标的确定，包括精简目标（去除不现实目标和子目标）和合并目标。

2. 拟订合理方案

提供两个以上备选方案，各个方案互相排斥。

3. 评价各种方案

对各个方案进行比较和评估，以区分各自的优缺点。包括掌握策划方案的价值标准、满意程度和最优标准。

策划方案的价值标准：指一个方案的作用、意义和收效。策划受客观条件的限制又具有一定的主观因素。

策划方案的满意程度和最优标准的条件：策划目标的量化程度、策划方案的完整性与实用性、策划方案的准确性、策划方案的可行性。

策划方案的评价方法如下。①经验判断法：淘汰法、排队法、归类法等，适用于策划目标多、方案多、变量多、标准不一的情况。②数学量化法：运用数学方法、运筹学方法等进行定量分析和测算，提出数据结果，供策划者加以权衡和选择。③场景模拟法：通过设立模型来揭示事物的性质、特点和功能，并进行模拟寻找最佳方案或对方案进行修订或调整。

4. 系统选择，方案选优

按照局部利益与整体利益相结合、多级优化和满意性原则等选出最优方案。

5. 跟踪实施，调整方案

预测性策划、实践性检验、适时性调整、务实性修订。

第五节　休闲活动主题构思

活动主题也叫"活动的主题思想"，是对活动内容的高度概括，是策划所要达到具体目的的主要理念，是统领整个活动，连接各个项目、各个步骤的纽带。主题决定活动的质量高低、价值大小、作用强弱。休闲活动要被广大公众接受，就必须选好主题。从体验和文化层面来说，主题是激发人们参与的关键驱动因子。有形象说服力、戏剧性、独创性和感染力的主题，能激发参与者强烈的心灵共鸣，能调动参与者的积极性。

一、主题的创意

休闲活动主题无处不在，无时不有，只要我们有敏锐的察觉眼光、开放的策划意识，那么休闲活动的策划一定会有涌动不竭的生命活力。同时休闲活动必须去寻找不为人们所熟知的方法，使本身具备一定的"神秘气息"，从独特的视角吸引公众的热情和眼球。

"主题"一词源于德国，最初是一个音乐术语，指乐曲中最具特征并处于优越地位的那一段旋律——主旋律。它表现一个完整的音乐思想，是乐曲的核心。后来这个术语才被广泛用于一切文学艺术的创作之中。1933 年，美国芝加哥市第二次举办世博会，并在世博会历史上首次确定主题"一个世纪的进步"。世博会上较为瞩目的展品是航空研究的成就——奥古斯特·皮卡德教授的吊篮气球升到了 48 万英尺的高空。

（一）休闲活动主题的特征

1. 目的性

活动主题的设立依赖于三大因素，即活动目标、信息个性和消费心理。活动主题以服从于活动目标为原则，只有明确了目标，能满足参与者的需求，才能为大众所接受。休闲活动参与者的观念正发生转变，从生理的需求到精神的需求，从有形要素的需求到无形要素的需求，越来越重视格调、风格、个性和象征意义、心理感受、荣誉感、归属感和身份感等。只要关注消费者的动情点，迎合了某种心理诉求，活动主题就不会偏离目标。

2. 客观性

活动主题的产生源于生活，体现生活，具有客观性。任何主题都是对现实生活进行观察、体验和思考后，对素材进行提炼和再创造的思想成果。即便是对未知世界或事物的想象，也总是根据一定客观存在的原型，去进行想象的。陶行知先生说"生活即教育"。生活资源是丰富而鲜活的。休闲活动主题的选择必须抓住人们生活中的关注点，吸引人们的眼球。高尔基说过："文字是巨大而重要的事业，它建立在真实上，它们接触到的一切都要求真实。"意思是坚持以真为本的艺术趣味，并对想象材料进行集中概括加工，这种集中概括的心理过程，正是策划所要经历的过程。

3. 文化性

瑞典哲学家皮普尔认为，休闲是一种思想或高尚的态度，不是外部因素作用的结果，也不是闲暇的结果，更不是游手好闲的结果。它是一种文化的基础，一种精神状态，是灵魂存在的条件。人们对于休闲活动除了娱乐性、趣味性需求，还要求文化的享受，追求活动的文化底蕴和文化含量。休闲活动主题必须突出"文化个性"和"文化品位"，强调文化意义和文化作用，通过休闲活动培养人健全的生活方式与态度，讲求生活品质的提高及文化素养的孕育。

4. 新颖性

作为活动内容的高度概括，休闲活动主题是一种升华了的"个性"，要有新意和深度，不能仅停留在一些表层的概念上。创意就是独创性或是突破性的点子，韦伯斯特词典给出的点子定义是"明确表达的想法或观点"。休闲活动主题要善于从新的角度发现问题，提出问题，找出差别，避免同类活动主题雷同。只有独一无二的新颖主题，才能唤起注意力，给人一种全新的心理感受。人类总是追求谜底和异国情趣，那些遥不可及的地方更令人神往，例如，香格里拉的传说吸引西方探险家到东方，寻找地平线上的失落世界；而迪士尼则以一座座梦幻乐园吸引全世界的儿童寻找童话人物；苹果公司的体验营销，用感情世界取代理性的经济，也深深地吸引着许多的消费者。

（二）主题的心理诉求

1. 快乐

快乐，是人类生活发展到高层次的必然需求，也是现代人类的重要心理现象，没有人愿意生活得痛苦。休闲是让人身体放松、精神愉悦，并且可以从中获得快乐和满足的活动。快乐主题是多层次的，既有身体满足的快乐，也有精神满足的快乐，个人自我实现的快乐。例如，和爱人或亲朋在海边休闲，躺在沙滩上，阳光把你晒成健康的太阳色，清凉的海水滋润着你裸露的皮肤，海风轻拂你的秀发，多么地自由自在，无拘无束！快乐的休闲主题极具诱惑力。

2. 时尚

生活潮流对于人们的心理冲击力很大。时尚的东西，总是新潮的，总是领导着消费。从众心理的驱动下，人们或多或少地表现出一种追求时尚和新颖的状态。青年人乐于接受新鲜事物，总是喜欢特别时髦、前卫、独特的休闲活动方式，比如城市定向、低空跳伞、帆船等，是时尚的先锋。而高收入阶层，更看重休闲活动的身份象征和社会流行样式，而对活动本身的实用价值和价格高低，并不花过多心思考虑。正是这样的情结，使得近年来高尔夫成为白领、精英们的最爱。

低空跳伞在英语中被称为 BASE Jump，BASE 由高楼（Building）、高塔（Antennae）、大桥（Span）和悬崖（Earth）这四个英文单词的首字母组成，而它们就是适合开展这项运动的四种地点。

3. 荣誉

荣誉是一种赞誉性的评价。人们平时在事业上获得成就，对社会做出贡献，总希望得到社会的尊重和赞赏，得到价值上的认可和心理上的满足。这种心理上的满足感，就是一种荣誉感。荣誉感是人类道德、文化、名誉上的精神需要。具有较高社会地位的人士在休闲活动中更渴望这种荣誉感，渴望实现自我超越。极限运动诸如登山、滑翔、潜水，是上层人士的象征。在美国，潜水和登山两项冒险活动的参与率，年收入在 2.5 万美元以下的个人仅为 2.5% 和 2.8%，而年收入在 10 万美元以上的个人是 17.6% 和 6.7%。中国房地产大腕万科老总王石闲暇时间里热衷于登山运动，征服一座座海拔几千米的雪山，甚至珠峰，在这样的休闲活动中得到一种常人难得的成就和荣誉。

4. 经济

高消费只是一部分人的生活，而对于一般百姓，特别是工薪阶层来说，经济实用、价廉物美是普遍的购物标准。对于休闲活动的选择也大多如此。他们更喜欢利用市政公共休闲设施，如免费公园、社区阅览室等参与休闲活动。

5. 体验

有学者指出休闲活动最根本的要素是体验而非结果。休闲活动给人们提供了丰富的参与机会，每个人以个性化的方式参与其中，在参与中获取体验机会，享受提供方所提供的一系列值得记忆的事件。休闲活动主题要使得体验的价值得以表现和延续，并且经久不衰。娱乐体验、教育体验、审美体验都是取之不尽的体验主题。

6. 兴趣

著名的心理学家皮亚杰提出："参与休闲活动的主体是有主动性的人，他们的活动受兴趣和需要的支配，一切有成效的活动必须以某种兴趣做先决条件。"因此休闲活动的主题要从人的兴趣入手，根据日常的观察发现，选取人们喜爱的内容，去渗透人们的情趣、理想和对生活的热爱，产生亲切动人、感人心扉的力量。例如，孩子的心灵是最敏感的，思维是最活跃的，需求是最真实的。于是呈现出一个个灵动活泼的主题：鸟语花香的春天，七彩风筝，放飞美丽的心情；烈日炎炎的夏日，走入清凉，游泳潜水嬉戏；枫红菊黄的秋季，编写童谣，让心情随秋叶一起翩翩起舞；白雪皑皑的冬日，和小雪人一起尽情欢乐。

二、主题策划的方法

主题策划就是创造概念，引领潮流，创造市场。所谓创造概念就是突破常规，突破思维定式，也许是些不相干的元素却奇妙地相容在一块，使活动主题充满创意和情调。

（一）想象力

想象力是人们对客观事物的抽象能力，是休闲活动主题创意的原动力。想象的基础是客观现实，想象的过程是想象力的发挥。思想自由奔放，"浮想联翩"，能生发出无数的思想，爆发出各种灵感，形成各种新思想，因而，能进行无穷创造。

1. 联想创新

联想过程是指从一事物联系到其他事物（类似、关联和对比），从现时联系到过去和将来（未知），从此地联系到彼地，通过思想的生发扩散，推而广之，发现事物间联系的真谛和新的事物。

在奥兰多的迪斯尼乐园当中，出现在爱普卡中心的第一个游乐项目就是"通往想象之旅"。从表面来看这只是给孩子提供娱乐的，因为它的特色就是一个可爱的紫色叫作"虚构"的生物（跟你想象中的虚构事物一样）。紫色的精灵飞来飞去，为孩子们提供娱乐，并带给他们无尽的想象。这就是一种对未知的虚构与联想。

2. 创造性思维

创造性思维并非单一性思路。思维在思路上体现出多维性：有顺向思维、逆向思维、侧向思维。创造性思维主要体现为逆向思维。

逆向思维有三个特点：①逆向性，专门从相反、对立的角度去思考；②批判性，逆向思维由于常常超出惯例，反传统，所以，具有"唱反调"的特点；③离奇性，逆向思维的结果往往给人以荒唐可笑、离奇古怪之感，但是透过这滑稽怪诞的表面，可以发现许多合理因素。

逆向思维的目的就是把人的思维引向事物的隐蔽方面，提醒人们注意那些表面上的不合理事物中隐藏的合理因素。广告设计者们应该注意有意识地从事物的两面性中，去寻找并抓住有创造性的因素。

创新思维要突破心理定势的阻碍。定势是心理活动的一种准备状态或习惯化的倾向。这种倾向容易使人对刺激以某种习惯方式进行反应。在主题创意中，定势常常会起到消极的阻碍作用。

打破定势在于突破已有的、常规的思维方式，防止思维僵化。方法：突破需求障碍的立意，创造需求；突破原有的需求模式；突破认知障碍的立意；突破观念障碍的立意。

（二）共鸣

共鸣创意法即赋予休闲活动相关的含义和象征意义，通过怀旧的主题观念，唤起诉求对象珍贵的、难以忘怀的生活经历、人生体验和感受，建立移情联想，激发其内心深处的回忆，产生与活动的共鸣效果。

1. 思考要点

共鸣策略实质上是一个卖什么的问题，简单说应该是，想把它做成一个什么样主题的活动，或者说想让消费者如何看待、评述的活动。要分析以下因素。

①具体的消费者利益点或活动独有的诱动因素是什么。

②要细分消费群体或者目标市场的定位。

③活动最优化的运作时间（季节、具体的日期）。

④有哪些主要的竞争者（分析竞争者的优劣势）。

2. 策略要点

共鸣策略最适合大众化休闲活动，在拟订活动主题内容前，必须深入理解和掌握目标消费者的价值观念和生活方式。通常选择在诉求对象中盛行的或推崇的生活方式加以模仿。

运用共鸣策略取得成功的关键是要构造一种能与目标对象所珍藏的经历相匹配的氛围或环境，使之能与目标对象真实的或想象的经历连接起来。其侧重的主题内容通常是儿时的回忆、纯真的爱情、温馨的亲情、友情等。

（三）组合

组合创意法指的是以市场定位和活动差异性为基础，赋予散乱无序的材料独特的艺术表现手段，对旧元素进行有目的的重组配置，无论是同质还是异类的元素，形成新的组合，使之转化为具有统一整体功能的创意主题。

（四）强化

强化创意就是要善于捕捉活动的特点、重点，努力挖掘活动的"眼"，也就是活动最精彩之处，深度挖掘活动要素，大胆取舍，重新组合，适度联想，充实内容。活动主题一定要明确清晰，要防止求多求全，面面俱到，避免活动主题的分散化，即主题策划过程中一直不能形成一种集中的明确的中心思想。

1. 智能放大

智能放大是强化法的一种运用。智能放大是指对事物有全面而科学的认识，然后在这种认识的基础上对事物的发展做夸张的设想，运用这种设想对具体项目进行策划。这种策划方法容易引起公众的议论，形成公众舆论焦点，进而很快拓展其知名度。"没有想不到的，只有做不到的"，这是这种策划方法的原则。但是这种策划方法并不是一味地往大处想，而是在现有的客观条件下，合理地考虑公众的心理承受力，这就是说，智能放大法是有一定风险的，过于夸张，容易导致策划向反面发展，从而彻底改变策划的初衷。

2. 传播强化

在一次活动中，不能做所有的事情，只有把当前最值得推广的一个主题，而且也只能是一个主题传达给活动参与主体，正所谓"有所为，有所不为"。要善于从要点强化、突破、放大，甚至要大肆张扬，把这个独特点广泛传播出去，以求获得目标对象的关注、重视，使其产生兴趣和欲望。参加活动的主体寻求的是独特奇异，以差异化为基础的创意联想，具备独特性之时，吸引核就形成了，独特性卖点也就产生了，如此，活动的吸引力才得以形成。

休闲活动的主题强化与罗瑟·瑞夫斯提出的 USP 理论（创意理论）有异曲同工之妙。USP 理论要求向消费者说一个"独特的销售主张"，该主张一定是该品牌独具的，是竞争品牌不能提出或不曾提出的，而且必须具有足够的魅力吸引、感动广大消费者。

（五）现有主题的拓展

对于周期性举办的休闲活动而言，存在着与时俱进的问题。休闲活动主题的常变常新，要求既要随时关注现时消费者需求的新特点，又要考虑活动自身的一致性和延续性。在现有主题的基础上深入挖掘新的元素，通过充实深化、添加附会、联想延伸、剪裁组合等方法，提炼内涵更丰富的活动主题理念。

1. 既有主题横向的扩展

对已经开发出来的主题进行广度的扩展，从各个层面对活动进行拓宽。广泛地涉猎与既定主题相关的领域，进行跨行业、跨学科、跨体系的休闲活动主题设计，扩展主题内容的涵盖面，使休闲活动的策划可以由一个简单的主题扩大到很多的主题，从而使人们更加有参与的欲望。

2. 既有主题纵向的开发

对已经存在的主题进行深度的挖掘，从各个层次对活动进行更进一步的深度开发。把既有主题结合时代进行改进，充分体现出主题的时效性特征。把过去主题中存在的尚未被挖掘出来的内涵进一步开发出来，使旧的主题呈现出新的特征。

三、主题选择问题分析

明确了想要达到的效果，如何衡量创意？挑选出最好的创意并加以实施，这是一件富有挑战性的事情。需要很多的人达成共识，整个过程十分复杂。问题分析有助于提供精确的情况，以确定什么才是一个解决某一特定问题的最好的创意。

（一）问题列表

在很多实例中，这些问题可以用一份问题列表十分清晰地表示出来。

一份问题列表至少要包括以下几点。

①将要被改善的问题的描述，包括定性的和定量的——对有多少决策者会受到最大的影响的定性和定量的分析。

②问题原因的解释——问题推论的描述。

这些问题可以交给几个指定的小组讨论。问题列表对于同时确定几个问题是很有益的，但是它不能确定问题内在的联系。

（二）问题树

另一个方法是从一开始就把这些问题的内在联系建立起来，这被称为"问题树"或者"问题网络"，这种方法对于复杂的项目显著地具有可靠性。

1. 建立一个问题树

对问题结构的分析的目的在于以下几点。

①对于显示问题不同方面的联系的现状给出一个总体的看法。

②结合现状从决策者给出的观点中确定最主要的问题。

③将这些问题之间的关系形象化为因果关系的网络。

④将其作为目标网络发展成体系的基础。

要建立一个问题树，让小组里的每一个人把他们认为的项目核心问题写在卡片上，每张卡片上只能有一种观点，然后把它们全部贴在一面墙上，以便于整个小组可以对它们进行讨论。

问题树中的层次是各自相关的：其中的某一个问题既是产生另外一个问题的原因，也是某一个问题的结果。按照因果关系将它们排列起来。你可以通过把各个主要的矛盾分别写在一张纸或者一张卡片上来确定这些问题。

你的问题树可以通过将所有卡片有层次地排列起来所呈现出来（就像树根那样）。那些最初的问题产生的原因排列在它下面，而最初的问题导致的结果排列在它上面。所有的问题都是同等重要的，不同层次中的不同位置并不能说明问题的重要性。花费在构造、完善问题树上的时间是值得的，只有当问题树中所有的联系都非常清晰时才能达到最好的状态。

2. 问题分析程序

一旦你画出了单一的问题树，通常将进入确定冗长和交叠部分（问题树中）的讨论的时期。对事实进行确定：你是否有足够的资源或者专门技术去解决它？你可以因此确定将会在你的项目核心处部分发生的问题的开端。一旦你确定了问题的开端，从墙上拿掉其他卡片，并且向小组成员提问："你们认为什么才是这个问题的直接原因？"

如果能注意以下几点，将简化问题的分析。

①从认可最初的问题开始。

②从确认导致最初的问题的直接原因开始进行。

③确认每一个原因的直接原因。

④从确认最初的问题所导致的结果进行。

⑤每一个处于更高一层位置上的问题都有更多的原因。

认真分析上述问题，把握问题之间的复杂联系，才能做得更好。

四、创意评估方法

休闲活动策划中存在很多评估新创意的技巧。这些不同的评估方法可以在你独自一个人的时候使用，也可以在整个团队当中使用。

（一）"六顶思考帽"评估技巧

"六顶思考帽"技巧是由爱德华·德·波诺发明的。他是创造性思维以及思维训练领域里最有名的学者之一。这个技巧可以帮助你快速评估几乎所有的创意。

使用这个技巧的时候，一个创意被放进一顶想象中的彩色帽子当中，然后由评估者进行试戴。每一种颜色的帽子代表评估创意的一种思考模式，或者是一种观点。每一个想出的创意都需要放进每一顶帽子当中进行试戴。你每次只能依靠一顶帽子来判断和决定。

蓝帽子：这顶帽子是用来控制评估过程、选择最好的路径的。问问自己：下一步该做什么？到目前为止我做得怎么样？各种颜色的帽子应该以何种顺序使用？

黄帽子：用这顶帽子提升正面思考的能力。问问自己：这个创意哪些方面是有效的？这个创意的优点是什么？会带来什么好处？谁将会从中受益？这些益处从何而来？就目前的情况而言，这个创意合适吗？

红帽子：考虑自己的直觉、感觉和情绪。问问自己：我对这个的感觉如何？我有什么样的直觉？这一直觉不需要得到证实，它只是作为一个做决定时的考虑因素。

黑帽子：这顶帽子不但能助你提供一个思考方法，还是关于判断和警示的好帮手（如果需要的话）。问问自己：这个创意的哪些方面是不现实的？存在哪些问题？在评估创意的时候使用这顶帽子能阻止你做出冲动的判断、做出不理智的事情。这个方法的缺陷就是容易过度挑剔或是过分地去分析事物，所以不用过度了。

白帽子：这顶帽子代表需要事实和研究数据之类的数字。问问自己：还需要哪些信息和研究数据？还缺少哪些信息？怎么样才能获得所需的信息？还缺少哪些事实和数字？

绿帽子：这个帽子强调你的创意（垂直思维），鼓励你在原有创意的基础上进行更进一步的改进和扩展。问问自己：我还有什么新的创意吗？还有什么另外的可能性？还有什么可能的想法？

（二）PMI 决策技巧

PMI 决策技巧（正面—负面—关注点，Postive-Minus-Interesting）。你可以用它来衡量一个创意的正负两面以及主要的关注点。

1. 创建一个 PMI 表格使用这个技巧的时候，需要在一张白纸上画一个表格。每一栏的标题包括正面、负面及关注点。在"正面"这一栏里，列出所有实施你的创意所能带来的积极方面。接下来在"负面"一栏里写下所有跟该创意相关的消极方面。最后在"关注点"一栏写下通过实施你的创意可能经历的正面和负面的结果。如表 2-5 所示。

表 2-5　PMI 表格

正面 （积极方面及优点）	相对分数	负面 （消极方面及缺点）	相对分数	关注点

2. 创意评估

这一切都做完之后，重新审视"正面""负面"两栏。哪一栏的列表比较长？是否要实施这个创意就变得显而易见了。如果到这里还不能做出决定的话，给每一栏里的每一点进行评分，分数从 1（最重要，最相关的）到 5（最不重要，最不相关的），每增加一分，重要性和相关性就会增加一点。把每一栏的分数加起来，看看哪一栏的得分比较低。如果"正面"的分数比"负面"的分数低，就意味着你可以继续努力去实施这个创意。当然你的给分是非常主观的，你可能需要更多的意见来帮你做出决定。

五、主题口号

主题口号是活动主题的外在界面和表现形式，它以一句言简意赅、朗朗上口的话概括出主题的核心概念，具有深刻内涵与广泛影响力，是打入活动参与者和社会公众脑海的关键。

（一）主题提炼

活动的主题是多样的，它既可以是一句口号，也可以是陈述式表白。一条有穿透力、有深度、有内涵的活动口号其传播的力量是无穷的，而且往往会成为目标消费者的某种生活信条和生活方式。

1. 描述

首先熟悉活动情况与市场调查的资料，然后用不要超过 20 个字的文字将活动描述下来，这 20 个字要包括活动的特点、功能、目标消费群、精神享受四个方面的内容。

角色扮演可以帮助你从别人的角度来看待问题。扮演潜在客户的角色，思考他们会怎么做、会如何想，在这种思想状态下解决活动描述的问题。它不仅要考虑别人，还需要自己变成别人，独自或在一个团队里模拟出那些场景。如果你正在思考关于休闲活动的主题创意，你可以试着把你自己放在顾客的角度上，成为他们当中的一员，从他们的角度考虑活动的设计和功能。

2. 承诺

提问：应该向活动的参与者承诺什么？这一点很重要，若没有承诺，就没有任何人会参加你的活动。承诺越具体越好，不要写下连你自己都不能相信的承诺，你的承诺靠什么有保证，需要在文案中描述清楚。

3. 创意

确定一个核心创意，也叫大点子、大创意。这个核心创意一是简洁，二是可延伸成系列口号的能力很强，三是原创性，可以震醒许多漠不关心、漠然视之的消费者。

创意语言要新颖，就要注意从生活中提炼警句、名言，使广告词既幽默又有哲理性，寓含人情味、寓含心意。此外，表现手法也要新颖，要有新的艺术构思、格调和形式。例如，概念的创新，从传播的角度来讲，创新性的"概念"设计只有通俗易懂才能最大限度地降低传播成本，在众多的传播中引起关注，形成和消费者真正深层次的沟通。

例如，运用了拟人的手法，把活动做得更人性化，创意相当生动。逆向思维，别人总是说自己是老大，如果你承认自己是老二，就不同凡响，别人说"红"，你却说"黑"，往往就会出人意料；借助热点话题、新闻，效果就会非同凡响，妙不可言；利用比喻、象征、联想等手法，将某一特点与某一物象或其他事物相比，往往会出现比较惊人的效果。

（二）语言技巧

主题口号看似简单，但设计难度很大，它既要虚拟、拔高，又不能空谈概念和玩弄文字游戏，或口号化，必须贴近受众心理。

1. 深刻

深刻的思想性，富有哲理的概括和提炼，是对活动主题口号的基本要求。一条高起点的主题口号就是该活动的精神和思想，内涵相当深刻，与通俗化并不矛盾，它所主张和诉求的价值理念与目标消费者的价值理念是高度和谐与对称的。

2. 新颖

主题口号要创造自己独特的新意，要用一种富有个性的视角，对活动所传达的信息进行重新组合，在吸引受众"眼球"的同时，引起受众的心理感应，并唤起一定的愉悦情感。

3. 鲜明

活动主题必须观点明确、概念清楚、重点突出。主题口号应单一、简洁、集中，避免因传达的信息量过大而造成主题扩散化，使人不得要领。从某种意义上讲，主题口号的确定，单纯就是鲜明。诉求方向上集中在品牌的主张、承诺或对消费者的利益点层面。

4. 刺激

主题口号要有一种冲击力、感染力、感召力，让人感觉新意扑面，对感官有一种强烈的刺激作用，在情感上产生共鸣。这种刺激来自主题的一种内在气势，来自新奇的用语，来自活动主题与消费者个人的利益关系。

5. 简单

好的主题口号是易于传播的，简单、精练、易读、易记。字数以7~10个字为宜，无生僻字、易发音、无不良歧义、具有流行语潜质。精选一些人们喜闻乐见的"大白话"，如"我运动、我快乐、我健康"，往往能亲切、自然地突出要点，诉求相当明确。主题口号要注意信息的简洁性，卖点太多，语句太长，都不便于记忆和传播。

复习与思考

一、单项选择题

1. 策划的方法有哪几个维度？（　　　）

A. 点、线、面　　　B. 点、线、面、体　　　C. 线、面、体　　　D. 点、面、体

2. 点子的作用是（　　　）。

A. 点子共享、提升名望、表现自己、获得回报

B. 点子共享、身心放松、表现自己、获得回报

C. 身心放松、提升名望、表现自己、获得回报

D. 点子共享、提升名望、表现自己、身心放松

3. 辩证思维强调策划工作过程中必须（　　　）制宜。

A. 人气、地气、才气、天气

B. 昨天、今天、明天、后天

C. 因时、因地、因事、因人

D. 个性、心态、品行、脾气

4. 策划是针对未来要发生的事物做当前的（　　　）。

A. 决策　　　B. 计划　　　C. 评估　　　D. 反馈

5. 运用名人效应当然要根据活动性质和项目特色邀请合适的（　　　）来做宣传。

A. 美女　　　B. 媒体　　　C. 赞助者　　　D. 名人

二、多项选择题

1. 休闲策划的特征有哪些？（　　　　）

A. 目的明确性　　　B. 方法系统性　　　C. 背景清晰性

D. 执行流畅性　　　E. 主体新颖性

2. 下面哪些属于整体策划方法？（　　　　）

A. 系统分析法　　　B. 罗列分解法　　　C. 重点强化法

D. 借势增值法　　　E. 头脑风暴法

3. 下面哪些属于主题策划方法？（　　　　）

A. 想象　　　B. 共鸣　　　C. 组合　　　D. 强化

4. 下面哪些属于主题的心理诉求？（　　　　）

A. 快乐　　　B. 时尚　　　C. 荣誉　　　D. 经济　　　E. 体验

5. 下面哪些属于休闲活动主题特征？（　　　　）

A. 目的性　　　B. 文化性　　　C. 客观性　　　D. 娱乐性

三、简答题

1. 什么是策划？如何理解策划是实现战略的一种系统工程？
2. 共鸣理论的主要内容是什么？在休闲活动主题策划中如何运用？
3. 请举例说明书中介绍的休闲活动策划方法的实际运用。
4. 请设计不同主题的户外休闲活动，并提出富有创意的主题口号。

四、实训

选择某个城市或者国家，搜集你喜欢的当地旅游地主题口号，并说明你为什么喜欢它，它好在哪里。

第三章 节庆活动策划与组织

学习要点与目标

了解中国传统节庆、现代节庆的相关知识，掌握休闲节庆活动策划的基本要领，能集体或个人策划一个简单的节庆活动方案，要求主题明确，结构清晰，有一定创意，活动安排合理，具有一定的可执行性。

节庆活动是人们休闲生活的重要组成部分，如果没有节庆活动，休闲生活势必缺少许多"精彩"，可以说现代生活因各类庆典活动而更加丰富多彩！节庆活动策划也成为我们休闲活动策划的重要内容。

第一节 节庆活动概述

一、节庆活动的含义

节庆，是节日庆典活动的简称，是通过一定仪式展现的庆祝纪念活动。节日和庆典本质上是相同的，主要区别是"节庆"的重点在"庆"，更注重节日氛围的营造；"庆典"的重点则在"典"，更注重"典礼"仪式和程序安排。一些教科书还把节日和事件联系在一起，合并称为"节事活动"，实际上把各种赛事也包括进去了，无论是节庆活动策划，还是节事活动策划，或是庆典仪式策划，其基本原理都是相通的，我们所说的节庆活动策划，主要指节日、庆典活动的仪式、程序安排，因此我们要更多地考虑"典礼"策划，其中"典礼"仪式正是典礼活动策划的核心，"节"更大程度上则是指社会公众共同参与的市民庆祝活动。

庆典活动无处不在，大到国家节日如国庆节、春节、元宵节，小到婚礼、寿宴、生日等，我们都可以统称为"节庆"，奥运会、世博会、世界杯等标志性事件，对一个国家和地区来说更像是过节。为庆祝中华人民共和国成立六十周年举行的国庆观礼和阅兵式，热烈而隆重，大大增强了中国人民的自豪感和自信心，提高了中华民族在世界的威望。社会组织、机关团体、厂矿企业乃至家庭、个人举行的节庆活动，如公司年会、商场周年庆、学校校庆、大楼落成、国道开通、大桥通车以及婚丧嫁娶和生日庆典活动等，与我们的日常生活正越来越密切相关。

二、节庆活动的起源与发展

（一）节庆活动的起源

节庆活动的源头可以追溯到原始社会。在原始社会即已产生节庆的萌芽，氏族部落每逢节日集会、作物丰收等常常举行集体舞蹈活动以示庆祝。这便是节庆的原始形态。

节日和庆典的发展经历了自发和自觉的不同阶段。

原始社会的节庆活动，完全是一种自发的形式，人们在收获粮食、猎取禽兽之后，或是婚姻、祭祀时，兴之所至，或载歌载舞以示欢庆，或通过一定的仪式来表示纪念。在原始社会，由于人类认识和把握物质世界的水平较低，人们对于一些自然现象无法解释，便归之于神的力量，产生了神灵崇拜，有些对于神灵的敬祝仪式、活动固定下来，形成较为稳定的节庆活动。随着人类征服改造自然的能力不断强化，人们开始为自己的力量感到骄傲，也为自身的胜利举行庆祝活动，有些也以节庆的形式固定下来，节庆活动的内容不断丰富、形式日益多样，古代的节庆活动逐渐发展成有一定仪式、程序的庆祝活动，相比于原始的兴致所至的庆祝活动有了长足发展，逐渐形成具有庆祝与纪念意义并具备一定仪式、程序的"典礼"活动。

真正自觉意义上的节庆活动是随着人类社会的发展逐渐产生的，人们开始有目的、有秩序地组织节庆活动。节庆活动的范围大大扩展了。随着阶级社会的到来，一些具有政治意义的节庆活动也相应产生，如帝王登基庆典、战争胜利庆典等等。我国商周时期的盘庚迁都、武王伐纣均曾举行过盛大的典礼。从春秋时代开始，天子狩猎、祭祀活动、诸侯会盟，乃至平民百姓的弱冠结婚等，都要举行隆重的庆典活动。当工商业、手工业出现后，节庆这种仪式也随之进入工商业、手工业中，开张、落成典礼成为一种十分普遍的仪式。至今，无论大小公司、商店开业，举行节庆活动仍是必不可少的项目。随着人类社会生活内容的不断丰富，节庆活动的内容和形式也极大地丰富了，人们要对节庆活动进行组织与筹划，以保证其圆满完成并达到预期目的，这便产生了早期的节庆策划。

（二）节庆活动的发展

发展到当代社会，节庆活动更成为十分普遍的社会活动。它深入整个社会的方方面面：各个国家、民族都有自己的节日、纪念日，每当节日到来之际，就会举行不同规模的节庆活动；一个国家的开国大典及国庆大典往往格外隆重，一个国家或社会组织有贵宾到来时，也会举行迎宾庆典；其他如各种开业庆典、揭幕庆典、奠基庆典、厂庆、校庆、店庆、婚庆等，不胜枚举。当代庆典活动对于社会组织的意义已经不仅是单纯的庆祝纪念意义，更重要的是，它可以树立组织形象、扩大组织影响、提高组织声誉，所以成功而出色地举办节庆活动对于当代社会组织来说十分重要，对节庆活动精心策划也显得非常必要了。

三、节庆活动策划的演变

节庆活动策划晚于节庆产生。原始的节庆活动是为了庆祝作物丰收、婚丧嫁娶、节日集会等，形式比较自由。大家边歌边舞以示庆贺，没有人专门为庆典活动筹划安排。但是随着庆典的发展，人们的庆祝方式丰富起来，对节庆进行策划自然地发展起来。节庆活动策划的发展同节庆本身的发展一样，也经历了由自发到自觉的阶段。最初的节庆活动策划完全是出于一种希望节庆活动顺利圆满完成、皆大欢喜的考虑。人们为节庆活动出的主意、想的办法是分散的、不成系统的。节庆策划真正变得自觉，是以出现节庆活动专职筹划机构为标志的，公关公司、创意机构、广告人、策划人的出现，意味着节庆活动策划开始成为一项专门活动，节庆活动策划已经进入系统阶段。

以中国传统的春节为例，唐朝时，从岁前到正月十五，开封府前御街西廊下，有奇术异能、歌舞百戏，还有击丸、蹴鞠、踏索上竿等盛况，可见那时的节庆活动已经相当多。此时的节庆活动早已不局限于集体舞蹈庆祝，而明显地经过人们的精心策划安排，变得十分自觉。到了清朝，更是热闹非常，除夕之夜，处处张灯结彩、鞭炮齐鸣，彻夜不息。

从过去的"年"到现在的春节，形成了很多风俗，这些风俗在很大程度上是节庆策划成果的积累与展示。起初人们举行的春节活动是较为简单的，随着社会的发展，人们越来越不满足于从前单调的庆祝仪式和活动了。于是由官方到民间、从组织到个人，为了把春节活动搞得隆重盛大而积极地投入节庆策划中去，不断推陈出新，一些成功的策划被大家所赏识，得以流传下来，一些有独创性的策划得以发展，一些富有生活情趣和积极意义的庆祝活动盛行至今，除夕守岁、贴春联、贴年画、放爆竹、舞龙、舞狮、吃年糕、尝年粽等活动得到了传承和发扬。

中国民间节日还有很多，如元宵节、端午节、中秋节、中元节等，以及许多民族传统节日、盛会，各有自己的庆祝仪式、活动。在众多的节庆活动中，我们可以看到节庆活动策划发展的轨迹。

到了近代和现代，国人过"洋节"也开始盛行起来，西方情人节大受我国年轻人的追捧。其实，只要精心策划，许多中国的传统节日也可以推出既有民族特色又具时代气息的节庆活动，既可以继承和发扬传统文化，陶冶人的情操，丰富现代人的生活，又可以给社会组织、团体带来意想不到的收益。

四、节庆活动的分类

节庆活动是在固定或不固定的日期内，以特定的主题活动方式展开的一种社会活动。节庆活动发展至当代，可以说是五花八门、异彩纷呈。众多的节庆活动令人目不暇接。

（一）节日的分类

节日与节日庆典联系十分紧密，没有节日也就没有节日庆典，要了解节庆活动的分类首先要了解节日的分类，但是节日并不等于节庆——只有那些值得庆祝、纪念、祭祀并有相应典礼仪式的传统的、现代的、中国的、外国的节日庆典活动才叫节庆，否则只能叫过节。按照节日的不同时段或节气可做如下分类。

1. 法定节假日

星期六、星期日、国际妇女节、清明节、国际劳动节、端午节、国际儿童节、中秋节、国庆节、元旦、春节等，其中国际妇女节、国际儿童节只允许妇女、儿童放假。

2. 特殊纪念日

二七大罢工纪念日、黄花岗起义纪念日（4月27日）、五四运动纪念日、七一建党纪念日、八一建军节纪念日、辛亥革命纪念日（10月10日）、一二九运动纪念日等。

3. 传统节日

元旦、春节、元宵节、龙抬头节、清明节、端午节、中秋节、七夕节、鬼节、芒种节、夏至节、冬至节、祭灶节，还有西方的情人节、母亲节、圣诞节、万圣节、感恩节等。

4. 民族节日

那达慕大会、赛马节、转山节、雪顿节、沐浴节、芦笙节、姊妹节、龙船节、火把节、花王节、斗牛节、姑娘节、花儿会、收获节、踩山节、午饭节等。

5. 宗教节日

塔尔寺灯节、肉孜节、古尔邦节、观音圣诞节、玉皇蟠桃会、开斋节、平安夜、圣诞节、妈祖节等。

6. 民俗节日

钱江国际观潮节、岳阳国际龙舟节、保定敬老健身节、洛阳牡丹花节、贵州杜鹃花节、大连赏槐会等。

7. 艺术节日

中国藏文化节、中国艺术节、上海电视节、四川熊猫节、中国戏剧节、中国吴桥杂技节、潍坊风筝节、西安古文化节、三峡艺术节、天津国际少儿文化艺术、冰雪艺术电影节、曲阜国际孔子文化节、天津中国京剧节等。

8. 文化节日

海南国际椰子节、哈尔滨冰雪节、吉林雾凇冰雪节、北京龙庆峡冰雪节、自贡恐龙节、杭州桂花节、中国丝绸之路节、海南岛欢乐节、湖北三峡文化节等。

9. 经贸节日

海南旅游节、泰山登山节、青岛啤酒节、青岛海洋节、那达慕草原旅游节、绍兴黄酒节、中国豆腐文化节、广州美食节、重庆火锅节、中国广告节、上海茶文化节、大兴西瓜节、景德镇国际陶瓷节、桂林山水旅游节、重庆万盛旅游河流节、嘉峪关国际滑翔节、五台山国际旅游月、上海黄浦旅游节、苏州丝绸旅游节、张家界国际森林节、郑州国际少林武术节、黄山国际旅游节、大连服装节等。

10. 庙会集会

上海城隍庙会、南京夫子庙会、杭州吴山庙会、农村庙会（赶大集）、物资交流会等。

11. 时令节气

立春、雨水、惊蛰、春分、清明、谷雨、立夏、小满、芒种、夏至、小暑、大暑、立秋、处暑、白露、秋分、寒露、霜降、立冬、小雪、大雪、冬至、小寒、大寒等。

（二）庆典的分类

庆典是指节日期间专门策划组织的庆祝典礼仪式，有一定的程式要求，节日期间有庆典仪式的才叫节庆，否则只能叫节日。根据庆典活动目的、内容等的不同，我们可以将丰富多彩的庆典活动分为如下几类。

1. 奠基庆典

奠基庆典是指某社会组织的建筑、工程项目，如车站、码头、桥梁、饭店、酒楼、图书馆、纪念馆等即将开工时举行的一种庆贺性的典礼仪式。奠基庆典通常由专门的公关机构组织策划，由组织的负责人出面主持，邀请政府有关部门的领导、董事会或股东人士，社会各界知名人士以及社会公众来参加，一般邀请来宾中的重要人士挥锹动土为组织的建设或工程项目奠基，借以象征日后根基雄厚、强盛发达。奠基庆典一般要准备奠基石，并将奠基石及奠基工具用红色丝绸缎带包扎起来。在一些规模较大的建筑、工程，如机场、车站、酒店、俱乐部、图书城、工业城等项目动工之前，均宜举行奠基庆典。北京亚运村、东城区少年宫新馆动工前，都举行了奠基庆典。奠基庆典在项目开工之前就为将要兴建的工程扩大社会影响力、提高知名度打下了基础，通过新闻媒介的报道，可以让公众对项目有一个大致的了解，为日后的成名与成功"奠基"。

2. 通车、通航庆典

此类庆典是在公路、铁路竣工通车或新航线开辟通航时举行的庆祝活动。一般由组织的负责人出面主持，邀请政府领导、社会名流及社区公众参加，有时要举行剪彩仪式。1994年5月，英法海底隧道通车时曾举行通车庆典；中国国际航空公司在开辟新航线时也会举行通航庆典活动。通车和通航庆典具有较强的庆祝和纪念意义。

3. 命名、更名庆典

命名、更名庆典是在组织、团体命名、更名时举行的庆典仪式。

4. 表彰、庆功典礼

当社会组织受到表彰、取得成功，或社会组织为表彰其成员做出的贡献而举行的庆典活动就是表彰、庆功典礼。如美国IBM一年一度的为表彰做出突出贡献的企业员工的"金环庆典"就是这类庆典。

5. 落成、开幕、开业、开工、开学、开机庆典

这类庆典是庆典活动中最常见、最普遍的。一般的社会组织在成立之初都会举行这类庆典。此外，组织的工程项目完工，运动会等大型活动开始时，工程上马时，公司、商场、饭店、俱乐部、游乐园等开业开放之日，这类庆典都是必不可少的。在这类庆典活动中，为制造隆重、热烈的气氛，应尽量邀请有关方面的重要人士参加，并提前通知宾客。这类庆典活动往往不需花费过多时间，程序也并不复杂。策划的关键是要尽可能地扩大影响，给人留下深刻的印象。一场成功的庆典往往能为组织树立良好的社会形象。

6. 周年志庆典礼

这类庆典活动也十分普遍。比如厂庆、校庆及其他社会组织、团体的成立周年纪念日庆典。周年志庆不仅有利于提高组织的知名度、沟通组织与社会各界的关系，而且可以增强组织内部员工的凝聚力和归属感。周年志庆的庆典活动持续时间要长一些，活动的内容也比较丰富。荣宝斋成立一百周年举办了各种庆祝纪念活动；杭州银泰百货周年庆推出了"满就送"等优惠促销活动，一时间商场内人头攒动，市民疯狂"血拼"，银泰大厦的销售业绩也屡创新高。

7. 节日庆典

节日庆典是为了庆祝节日的到来而举行的表示欢乐或纪念的典礼活动。节日庆典是庆典活动中历史最悠久、庆祝活动最丰富、参与者最多的庆典活动。古今中外的各个国家、民族都有自己的各类节日，像中国的春节、元宵节、端午节、中秋节、重阳节，外国的圣诞节、复活节、情人节、母亲节等等。每当节日来临，各个国家、各族人民都会举行盛大的活动表示庆祝。节日庆典的组织者可以是政府、国家机关，也可以是各社会组织、团体、公司、企业、商场、酒店等，还可以是民间自发形式。这类庆典通常比较隆重。随着社会的发展，由各类组织举办的节日庆典活动日渐丰富起来，节日庆典的规模和形式都发生了变化。为了使节日庆典在公众中保持新鲜感，在策划节日庆典时应注意既不失节日传统，又不要为过节而过节，而且要大胆创意，勇于推陈出新。

8. 迎宾庆典

迎宾庆典一般是一个国家或一个组织为迎接贵宾而举行的庆祝仪式，庄重又隆重。迎宾庆典有比较固定的仪式，如悬挂旗帜、举行宴会等，均有一定的要求。

9. 结婚庆典

结婚庆典是一种广为世间男女所熟悉的庆典活动。几乎在世界的各个角落，每天都有婚庆活动举行。世界各地的婚庆活动各有特色，异彩纷呈，同时，婚庆还因时代、社会制度等诸因素的制约而呈现不同的形式。只要世界上的人类生命得以延续，现在流行的世俗文化没有被彻底抛弃，婚礼进行曲便会一直演奏下去。婚礼策划主要是希望婚礼能够圆满完成，并且为新郎、新娘双方及其家庭、亲友制造惊喜和美好的回忆。婚庆活动应该隆重、典雅，极力营造幸福浪漫的气氛，我们不提倡将婚庆搞得过分铺张浪费。为了避免流俗，不妨追求一些特殊而有纪念意义的形式，以期给将来留下一种特别的回味，给众人留下特别的记忆。在国外有跳伞婚礼、水下婚礼，国内有蝴蝶婚礼、滑轮婚礼等，形式新奇，与众不同。

10. 生日庆典

生日庆典是为个人举行的生日庆祝活动，过去多在家庭范围内，现在渐渐走向朋友圈、组织、团体，而且庆祝活动也变得丰富多彩起来。生日庆典不仅可以给个人留下美好回忆，同时，对一个组织来说，为它的成员举行生日庆祝活动，还可以广结善缘、密切组织与员工的关系。中国民间过生日的习俗是吃长寿面、寿桃点心。西方的习俗是生日主人热情地迎候嘉宾，然后点生日蜡烛，接着来宾向生日主人祝福，并唱"祝你生日快乐"的歌曲，主人致答谢词，并吹熄蜡烛，然后把生日蛋糕切成与出席人数相等的份数，送给每位客人。最后还会安排一些娱乐活动。麦当劳餐厅内设有专门的生日厅，为宾客举行生日庆典活动提供特别服务；肯德基生日聚会尤其适合小朋友、小伙伴们参加。当代人，尤其是年轻人举行生日庆典不妨有所创新，尽情发挥。

11. 其他庆典

由于当代社会生活内容迅猛扩展，人民的物质和精神生活极大丰富，庆典活动也突破了固有的内容和形式，空前活跃起来，产生了一些新兴的庆典活动，如一些专题性的文化节、艺术节、体育节、科技周活动等。像纪念莫扎特逝世 200 周年的全球性文化大典，已不仅仅是一场周年纪念活动，而是一场综合性的文化庆典活动，而大陆与台湾联合祭孔大典则成为联结两岸人民中华情的重要纽带，中华文化的融合成为两岸人民往来的共同平台。

（三）节庆的分类

从节庆的基本概念来看，节庆主要是指"节日庆典"，其形式包括各种传统节日以及在新时期创新策划出来的各种节日。广义的节庆是指节事，泛指各类节日庆典和特殊事件，西方学者常常把节日（festival）和特殊事件（special event）合在一起作为一整体，英文表述为 Festivals Special Events（简称为 FSE），中文译为"节日和特殊事件"，简称"节事"。狭义的节庆仅仅是节日期间举行的各类庆典活动。

1. 按照节庆活动的形式分类

文化庆典：包括节日、狂欢节、宗教事件、大型展演、历史纪念活动等。

文艺娱乐事件：包括音乐会、其他表演、文艺展览、授奖仪式等。

商贸及会展活动：包括展览会/展销会、博览会、会议、广告促销、募捐/筹资活动等。商贸及会展活动又是会展业和会展旅游最重要的组成部分。

体育赛事：包括职业比赛、业余竞赛等。

教育科学事件：包括研讨交流会、专题学术会议、学术讨论会、学术大会、技术发布会等。

旅游休闲娱乐事件：包括旅游节、艺术节、休闲购物节、游戏大赛、趣味运动会等。

政治/政府事件：包括领导就职典礼、授职/授勋仪式、国庆观礼、群众集会等。

私人事件：包括生日晚会、婚嫁庆典、周年纪念、家庭团聚、宗教礼拜等。

社交事件：包括参加招待酒会、过节、同学聚会、亲友联欢会等。

2. 按照节庆活动的特征分类

我国节庆种类繁多，按节庆性质可分为单一性和综合性节庆；按照节庆主题可分为祭祀节庆、纪念节庆、庆贺节庆、商贸节庆、旅游节庆、农事节庆、民俗节庆；按节庆的时代特征可分为传统节庆和现代节庆等，其中每一类节庆又可以分为许多小类。

（1）传统节庆

我国几个重大的传统节庆活动如下。春节：俗称过年，中华民族最隆重的节庆就是一年一度的春节。史载，春节最早源于原始神农时代的"腊祭"。民间称春节为"过年"。春节大致可分为三个阶段：第一阶段是过年准备阶段，从腊月二十三（过小年）到除夕（过大年），主要内容为贴对联、挂年画、拜菩萨（造物主）、祭祖先等，忙着为迎接春节做准备，俗称"腊月忙年"；第二阶段是过年守岁阶段，主要是年三十和正月初一两天，年三十晚上称作除夕，人们有吃团圆饭（北方人包饺子）、坐夜守岁的习惯，正月初一就是新年（春节）；第三阶段是从正月初一到十五，主要是迎财神、走亲访友和游憩、娱乐，如扭秧歌、跑旱船、舞狮子，南方农村流行舞龙灯、办元宵灯会、看戏文等，形式多样，热闹非凡。

元宵节：正月十五为元宵节，又称上元节、灯节。元宵节有张灯的习俗，其始于东汉，盛于唐代，历朝流行。

清明节：亦称鬼节、冥节、踏青节。传统的清明节以扫墓祭祖与踏青为主要内容。清明扫墓还与"寒食节"有关——"寒食节"亦称禁烟节、冷食节、百五节，在夏历冬至后一百零五日，清明节前一二日，是日初为节时，禁烟火，只吃冷食，并在后世的发展中逐渐增加了祭扫、踏青、秋千、蹴鞠、牵勾、斗鸡等风俗，寒食节前后绵延两千余年，曾被称为民间第一大祭日。寒食节是汉族传统节日中唯一以饮食习俗来命名的节日，后来因为寒食和清明离得很近，所以人们把寒食和清明合在一起只过清明节。

端午节：每年农历五月初五，又称端阳节、午日节、五月节等，为国家法定节假日之一，并已被列入世界非物质文化遗产名录。端午节起源于中国，最初是中国人民祛病防疫的节日，吴越之地春秋之前有在农历五月初五以龙舟竞渡形式举行部落图腾祭祀的习俗；后因诗人屈原在这一天不满楚王统治投汨罗江自尽，于是便成了汉族纪念屈原的传统节日。部分地区也有纪念伍子胥、曹娥投江等不同说法。端午节有吃粽子，喝雄黄酒，挂菖蒲、蒿草、艾叶，薰苍术，赛龙舟的习俗。

七夕节：又名乞巧节、七巧节，发源于中国，是华人地区以及部分受汉族文化影响的东亚国家的传统节日，农历七月七日夜或七月六日夜妇女在庭院向织女星乞求智巧，故称为"乞巧"。其起源于对大自然的崇拜及妇女穿针乞巧，后被赋予了牛郎织女的美丽传说使其成为象征爱情的节日。2006 年 5 月 20 日，七夕节被中华人民共和国国务院列入第一批国家非物质文化遗产名录，现被认为"中国情人节"。

中秋节：农历八月十五为中秋节，是因为位居秋天的三个月之中而得名。中秋节又称月夕、秋节、仲秋节、八月节、八月会、追月节、玩月节、拜月节、女儿节、团圆节，是流行于中国众多民族与东亚诸国中的传统文化节日。中秋节始于唐朝初年，盛行于宋朝，至明清时，已与元旦齐名而成为中国最主要的节日之一。受中华文化的影响，中秋节也是东亚和东南亚一些国家尤其是当地的华人华侨的传统节日。中秋节有吃月饼的习俗，也是中国三大灯节之一。

重阳节：又称重九节、晒秋节、踏秋节，汉族传统节日。每年的农历九月初九重阳节一般会包括出游赏秋、登高远眺、观赏菊花、遍插茱萸、吃重阳糕、饮菊花酒等活动，重阳节也是中国传统四大祭祖的节日。

冬至节：俗称冬节、长至节、亚岁，是中国农历中一个重要的节气，也是中华民族的一个传统节日，与清明节一样，民间开展的活动主要是祭祖。

（2）祭祀活动

祭祀活动是以传统农事祭祀为特征的节庆活动。我国古代祭祀活动种类繁多，民间祭祀活动层出不穷。

祀先代帝王：主要是祭祀远古时代的三皇五帝和大禹等。远古时代的三皇是指燧人氏（天皇）、伏羲氏（人皇）、神农氏（地皇），也有说三皇为伏羲、女娲、神农氏的；五帝是指少昊、颛顼、帝喾、尧、舜，也有说轩辕黄帝、颛顼、帝喾、帝尧、帝舜的。三皇五帝，并不是真正的帝王，指的是原始社会中后期出现的为人类做出卓越贡献的部落首领或部落联盟首领，后人追尊他们为"皇"或"帝"。古代许多帝皇都曾去泰山"封禅"，"封禅"即祭天帝，是专门属于帝皇的祭祀活动。现代社会民间则有祭大禹陵、黄帝陵等大型祭祀活动，并得到国家相关部门的高度重视。

祀先圣先师：祭祀先圣先师是立学之礼，礼经并未实举其人。汉魏以后，逐渐以周公为先圣，孔子为先师。唐代开始以孔子为先圣，颜回为先师，历代帝王封爵赠谥号，直至用天子之礼乐优加尊崇，祭祀典礼极为隆重，直至现代尊孔祭孔再次兴盛起来。

籍田与享祀先农之礼：《礼记》有"天子为籍千亩""天子亲耕于南郊，以供斋盛"的记载，"藉"或作"籍"就是祭祀农神、祈求丰收的礼仪；农神，也称田祖，又称为先啬，汉以后通称先农，认为就是教民耕作的神农氏。受此影响现代民间仍然有祭神农活动。

亲桑与享祀先蚕之礼：天子籍田，皇后就去采桑养蚕，礼经有仲春"后率外内命妇始蚕于北郊"的记载，皇后率领公、卿、列侯夫人到东郊苑中采桑，并以中牢羊、豕祭祀蚕神。民间桑麻产地也有祭蚕神活动。

（3）农事节庆

我国农耕社会历史悠久，地方物产丰富，各类农事节庆活动十分丰富，主要结合农林土特产品策划组织丰富多彩的农事节庆活动。

果蔬类节庆：如枇杷节、杨梅节、葡萄节、荔枝节、石榴节、番茄节等。

花卉类节庆：如桃花节、梅花节、梨花节、油菜花节、槐树花节、玫瑰花节、牡丹花节、菊花节、山花节等。

水产类节庆：捕鱼节、垂钓节等。

茶叶类节庆：如开采节、茶文化节、茶业博览会等。

织物类节庆：丝绸节、服装节、购物节、女工节等。

生态类节庆：如萤火虫节、蝌蚪节、丰收节等。

（4）旅游节庆

旅游节庆活动层出不穷，是现代旅游的主要亮点。

自然景观类：如露营文化节、蒙顶山登山节、新桥海涂节等。

文化艺术类：如读书节、剪纸艺术节等。

地方物产类：如枇杷节、竹笋节、桑果节、杨梅节、葡萄节、柑橘节、西瓜节等。

民俗风情类：如三月三乌饭节、山歌节、民俗文化节、地方特色美食节、苗族文化艺术节等。

科技体育类：如科技文化周、海岛休闲文化节、渔民运动会等。

综合类节庆：如中国开渔节、象山海鲜节、休闲购物节、千岛湖秀水节、国际动漫节等。

（5）商贸节庆

商贸节庆与旅游休闲紧密相关很难区分，两者有相同的地方也有差异性，仅从规模和旅游动机来看，旅游购物是规模小且没有明确动机的；而商贸节庆不但规模大，而且有明确的目的。举办商贸节庆活动要利用本地优越的条件进行策划和组织。

办节形式：如河南洛阳牡丹节、陕西临潼石榴节、海南椰子节、吐鲁番葡萄节、贵州国际名酒节、大连服装节、潍坊风筝节、青岛国际啤酒节等。

办会办展形式：如广州进出口商品交易会、华东进出口商品交易会、中国义乌国际小商品博览会以及博鳌论坛、太湖论坛、千岛湖论坛、世界互联网大会、G20 大会等，规模空前，影响力很大。

办赛办演形式：如举办国际性、全国性、地方性赛事或大型演出，包括奥运会、亚运会、全运会、世界小姐比赛、国际旅游小姐比赛、新丝路模特大赛、文艺晚会、大型慈善义演义卖活动等。

第二节　节庆活动策划

各类节日是客观存在的，是不以人们的意志为转移的，节日庆典则体现了人的主观意志。为了把策划人和组织者的主观能动性渗透到各类节日当中，使得节庆活动更加丰富、更加具有吸引力，这就需要节庆活动策划。

一、节庆活动策划的含义

节庆活动策划是指对节庆活动进行完整的、系统的事先谋划。策划作为一种思维活动，早已被人类社会广泛应用。简单地说，凡是出主意、想办法，都可称之为策划。从这个角度讲，只要是为节庆活动出谋划策就可以叫作节庆策划。策划是找出事物的因果关系，衡量可采取的途径，作为目前决策的依据。即策划是预先决定做什么、何时做、何处做、谁来做、如何做。策划如同一座桥，它连接着我们目前之地与我们未来要到达之处。现代意义上的策划，指的是完整系统地对节庆活动的全过程进行筹划、组织、安排，以达到预期目的，那种零散的、不成系统的策划行为不属于本教材所说的节庆活动策划。

麦当劳餐厅由公关部邀请广告公司负责策划本餐厅的各类节庆活动。餐厅的开业庆典、周年志庆、节日庆典等活动，都经过了公关部门和广告公司的精心策划。例如"六一"儿童节来临之际，餐厅会组织由公司赞助的有奖就餐活动，并把活动的高潮设计在"六一"当天，麦当劳还为儿童量身打造"生日派对"，让小客人留下终生难忘的印象。麦当劳餐厅的营销行为，就是节庆策划。所以麦当劳老板有一句名言很值得我们琢磨："不，我们不是餐饮业，我们是娱乐业。"麦当劳的宗旨就是让来宾过得更加幸福和快乐！

二、节庆活动策划步骤

节庆策划的活动不是杂乱无章地进行的，而是按照一定的步骤、程式来完成的。节庆活动策划的程序是指节庆活动策划工作进行的先后次序。节庆活动策划的一般程序有以下几个步骤。

（一）节庆活动主题策划

一个节庆活动的类别本身就已经给节庆活动限定了一定的主题意义，每次节庆活动似乎都因此有了名目，这就是举行节庆活动的缘由。但这仅仅是形式上的主题，节庆活动策划的第一步，需要在明确活动主题（如周年纪念庆典）的前提下，根据组织的目标和公众的需要进行精心设计，最好有意识地做一些调查，了解组织及公众的兴趣点，这样可以使节庆活动有一条主线贯穿。

在活动主题确定之后，再围绕主题来穿插相关的活动内容和活动形式。节庆活动都具有庆祝纪念意义。古代节庆活动的动机基本上就是为了庆贺与纪念，而如今节庆活动的目的多不仅于此。比如一个公司的开业庆典，不仅要达到庆祝效果，更重要的是借以扩大公司的社会影响力，在开业第一天就给公众留下一个良好的印象。所以公司的开业庆典要尽量吸引公众注意，给公众留下深刻的印象。

节庆活动对社会组织的作用不可低估。首先，可以利用节庆来树立组织形象，扩大组织的知名度，例如宣传组织的性质、特点，宣传组织的历史和对社会的贡献，宣传组织的产品和服务等。节庆活动的喜庆气氛和主题特点，可以使这种宣传较为间接、隐蔽和巧妙，不易引起公众反感，于不知不觉中影响公众心理。

（二）节庆活动内容和形式策划

在确定了节庆活动的目的及主题之后，需要围绕主题选择、设计节庆活动的内容和形式。节庆活动可供选择的形式很多，例如周年纪念庆典可举行职工大会、周年纪念酒会、表彰大会、联欢会、文艺汇演、回顾展等。

节庆活动的内容和形式策划，首先要围绕节庆活动的宗旨和主题来安排。例如周年志庆活动如果重在表彰员工，增强组织内部的凝聚力，就适宜召开员工表彰庆功大会；如果期望密切组织与社会各界的交流，扩大企业在公众中的影响力，那么举办回顾展览、向公众开放参观、组织联欢晚会更为合适。总之，节庆活动需要大胆创新，不应墨守成规。

节庆活动的内容和形式多种多样，既可以从民族传统文化中汲取养分，又可以借鉴国外成功节庆的经验。只要节庆活动的策划者能够围绕主题精心设计、大胆创意、不断创新，一定可以推出出色的节庆活动，赢得"大满贯、大满足、大满意"，皆大欢喜。

（三）合理安排节庆活动的程序

在确定了节庆的主题、内容和形式之后，要想使盛大的活动有条不紊、忙而不乱，就要合理安排节庆活动的程序。节庆无论大小，都需要明确先后次序。节庆活动的一般仪式分为如下步骤。

①安排专门的主持人宣布节庆活动开始。一般负责这项工作的是组织的负责人，或是邀请知名人士或其他人士充当主持人、司仪。

②介绍重要来宾，由组织负责人讲话，由领导及重要来宾致简短贺词或讲话。

③有些活动需要安排剪彩和开放参观活动及来宾留言和题词等事宜。

④组织一些制造气氛和促进理解的活动，举行盛大的庆祝活动和娱乐活动。

⑤组织宴会、便餐、座谈会、参观组织设施及馈赠礼品等。

⑥进行新闻报道，扩大庆典活动的社会传播面及影响面。

⑦活动结束时，不可虎头蛇尾，做好来宾的送别和其他善后工作。

以上只是节庆活动的一个基本流程，实际的节庆活动越来越复杂多样。节庆活动一般有相对固定的程式，但在具体安排节庆活动程序时不必过于拘泥，可以根据节庆活动的整体方案加以调整，使整个庆典成为一个融会贯通的整体。

（四）拟订邀请来宾名单及各项工作负责人名单

节庆活动的策划应该十分周密。拟订需邀请参加节庆活动人员的名单必不可少。一般地，节庆活动应邀请与组织有关的政府领导、行政上级、知名人士、社会公众代表、同行业的代表、组织内部员工及新闻记者等参加。参加节庆活动的人员名单并非一件可有可无的事，这关系到组织的节庆活动能否取得完满的结局。如果一个企业或单位的节庆活动忽略了某一方面的宾客，比如合作伙伴，那么即使庆典本身搞得非常红火热闹、盛大隆重，也难以弥补日后由此带来的损失。

此外，节庆活动的目的是让更多的公众认识了解组织，扩大影响，所以在策划时必须抓住公众的心理，引人注意。在节庆活动中邀请知名人士参加能较好地引起公众的兴趣和注意。当然，由于种种原因的限制，节庆活动不可能面面俱到，所以选择邀请来宾也是一门学问，既要照顾到整体，尽可能八面玲珑，又要有轻重缓急和适当取舍。

拟订好需邀请出席节庆活动的来宾名单之后，需准备印刷、填写精确无误的请柬，或以其他形式（如新闻媒介、广告宣传）邀请来宾。请柬需提前3天交至嘉宾，以便对方及早做出安排，也便于组织有条不紊地做好准备工作。

节庆活动一般都比较盛大，需要各部门有关人员密切配合，共同完成繁重的任务。所以要提前确定司仪人员，按照有关活动内容将任务落实到人。尤其是后勤工作和组织工作一定要有专人负责，如签到、接待、摄影、录像、音响、现场布置等。

（五）对节庆活动做详细的准备工作

一个节庆活动的成功要照顾到各个环节，任何一点细微的差错都可能引起全局的失败。"一着出错，满盘皆输"的警训应该牢记。比如一家商场的开业庆典，其他活动准备得很好，唯独音响出了毛病，事先没有调试，结果导致庆典难以顺利进行，延误了时间，造成了不良影响。20世纪80年代初，浙江金华曾组织元宵节大型舞龙灯活动，可以说是中国现代最早复兴的节庆活动之一，对现代庆典活动的发展具有指标性意义，但由于活动治安保卫工作不周，导致秩序混乱，拥挤不堪，造成了恶劣影响，从此浙江金华元宵灯会一蹶不振，至今也没有再举办过类似的大型节庆活动。而在世纪交替之初恢复举办的杭州西湖国际博览会，由于保障措施到位，十多年来从未出过疏忽，如今杭州西湖国际博览会越办越大，其中西湖国际烟花主会场从西湖转移到了钱塘江，参观人数超过100万人。

所以在节庆策划过程中切不可忽视细节，环境、场地、照明、音响、后勤、保卫、新闻媒介、来宾接待、签到、剪彩、休息、座谈等都应充分照顾到。对节庆活动现场的音响设备、音像设备、文具、电源等都应提前测试安装；奠基活动要准备好奠基石及工具；剪彩活动要有彩绸带，需要宣传品、标语、灯笼、鞭炮、乐器乐队、礼品等，要提前准备好新闻通稿，需要各界协助的，要提前联系好，诸如此类的细节问题都要准备周密，确保万无一失。

对节庆活动的准备，最好由组织的专门机构开会讨论，广泛听取各方面的意见。必要时可以服务外包，委托专业公司或专门机构进行，例如舞台的搭建，专业的演出搭建公司比一般的搭建公司要强过百倍！但是即使全面委托，主办方也不能有丝毫松懈，责任人和责任部门必须自始至终跟进、监督、检查、落实。

（六）制定应急措施

节庆活动的规模一般都比较盛大，在活动中随时都可能有意想不到的情况发生，所以节庆活动的全部方案应留有余地，以便应付临时事件的发生。比如万一邀请奠基、剪彩的嘉宾生病未到，应该如何应变等问题，要提前有所准备。

（七）进行经济预算和效果预测

当一个节庆活动的基本内容策划完毕，还应进行经济预算，根据经济能力适当增删计划，调整节庆内容。节庆活动无论规模大小，都应避免浪费，应该使人力、财力、物力发挥最佳效果。节庆策划者还应在庆典活动进行之前，进行效果预测，并对既定方案做适当调整。有条件的还应进行一定范围的模拟演练。

三、节庆活动的时机策划

节庆活动的成功需要天时、地利、人和三方面的条件。所谓天时，指的是节庆活动的时机。在一般人看来是日复一日、年复一年的流逝光阴，其实是天天有新意、年年有奇想，是大有文章可做的。世界上每一天都有特殊事件可供纪念，历史上任何事件都有它的一周年、十周年等，从这个角度讲，举办节庆活动的时机是很多的。但也正因为举办节庆活动的时机很多，我们才需要有所选择，在最佳时机推出节庆活动，以期取得最佳效果。

首先，一个组织的节庆活动不宜过于频繁，过于频繁的节庆活动不但消耗会大量人力、物力、财力，而且容易引起组织内部员工和社会公众的反感，失去节庆活动的吸引力。即使一个组织频繁推出的每一台节庆活动都富有新意、精彩纷呈，也会因节庆活动的频率过密而失去光彩。应该切记，节庆活动宜少而精，这样才能保证节庆的吸引力。例如有的商场逢年过节举行各种展销、酬宾、特价周及其他各种庆祝活动，结果不但未能吸引顾客，反而引起顾客反感，使商场的各项活动都失去了吸引力。

其次，节庆活动不宜凑热闹。节庆活动是一种既古老又普遍的庆祝活动。如果只把它当作一个走过场的程序，那就失去了意义。当代的节庆活动对于沟通信息、联络感情、营销促销、扩大影响等具有不可小视的作用，所以应该发挥节庆活动的独特魅力，应该热烈隆重又独具特色。当代节庆呼唤高雅情调和文化气氛，那种赶潮凑热闹的庆典活动不宜提倡。在节庆活动过于频繁的时间、地区，不宜举行节庆活动，而应该在社区公众都感到"寂寞"的时候不失时机地推出独具特色的节庆活动。

最后，节庆活动要在有意义的时间举办，不应为节庆而节庆。以下一些特殊时刻就是举办节庆活动（尤其是庆典活动）的最佳时机。

①组织开业或创办之机。组织在开业或创办之际举行庆典活动是必不可少的。"良好的开端等于成功的一半。"

②某工程奠基落成之时。组织在工程奠基、落成之时举行节庆，不仅表明组织对工程予以足够的关注和期望，同时也扩大了组织及工程的影响力。

③组织的周年纪念日。组织的周年纪念日节庆可以协调组织内部、外部的人际关系，是一个对外扩大影响力、对内增强员工归属感和凝聚力的好机会。

④社会活动中的节日。节日庆典是节庆活动中十分普遍的一类。当代社会中由各类组织主办的节日庆典活动越来越多。

⑤新产品投产或新的服务项目推出之际。如"红牛之夜"文艺晚会、"红石梁"啤酒狂欢节等，都是为了宣传自己的新产品，这类活动尤其适合企业产品推介。

⑥组织的生产额或营销额达到一个大的规模时。如北京饭店在它的房客达到1亿人次时举行了庆典活动。

⑦组织更名、合并合资之际。如北京邮电学院更名为北京邮电大学时举行的庆典活动。

⑧组织或个人获得荣誉之时。如美国IBM公司一年一度的"金环"表彰庆典活动。

⑨生日、婚礼。生日如婴儿满月酒、周岁生日，老人寿宴；家庭婚礼如西式婚礼、中式婚礼，集体婚礼如大红鹰玫瑰婚典等。

⑩社会重要活动举办之际。如抗日战争胜利70周年纪念、中华人民共和国成立70周年大规模庆典活动等。

以上我们列举了举办庆典活动的一般时机，还有一些机会是转瞬即逝、需要捕捉的特别时刻，例如"联合国××日"，需要组织特别把握，不可轻易错过。

节庆活动策划有一条很重要的技巧，就是利用名人效应来为节庆活动增光添彩。有时候名人可以提前邀请，有时则要靠机会（要看名人的档期）。这样的机会比较难得，稍纵即逝，这就需要节庆策划人员开动脑筋，抓住时机。

四、节庆活动的场地策划

节庆活动的成功需要天时、地利、人和三方面因素互相配合。地利，就是指节庆活动的场地选择要利于节庆活动的举行。同时，节庆活动的场地策划还包括节庆活动的场地安排和场地布置等。节庆活动的场地安排与节庆活动的效果有很大关系。这就好比一台戏，戏本身再精彩，没有一个合适的舞台，便不能得到充分展现。

节庆活动的场地策划包括以下几个方面。

（一）节庆活动场地的选择

一个组织的节庆活动在什么地方举行，这个问题常常被组织忽视。一般的组织都认为节庆活动理所当然地要在"家门口"举行。这并非没有道理，对于大多数组织的节庆活动，在"家门口"举行便于安排管理，不必过分消耗精力。况且，像奠基典礼、开业典礼等是非在现场举办不可的。但是也有相当多的节庆活动是需要在场地的选择上动一番脑筋的，像节日庆典、迎宾庆典、广场活动、街舞表演等节庆活动，都需要对场地进行认真选择。

在选择场地时，要考虑节庆活动的各项内容是否能在所选场地中顺利进行。比如婚庆活动，在确定了婚庆的具体形式之后，就要考虑在何处举行，是在家中还是到饭店？是在室内还是户外？婚庆中的各项活动分别在何处举行？这些都是不可小视的问题，否则临时抱佛脚，往往使节庆活动纰漏很多，不尽如人意。在选择场地时，除了确定各项活动能否顺利完成之外，还要照顾到公众。很多节庆活动都希望吸引更多的公众参加，那么在选择场地时就要充分考虑到是否有利于公众参加。

先导案例中，开国大典场地在选择天安门还是西苑机场的问题上，就考虑到了是否有利于群众参加的问题。不仅像开国大典这样格外盛大隆重、庄严的节庆活动需要进行场地的选择，其他各种组织举行的规模不等的节庆活动，也都存在着选择场地的问题。例如北京的城郊经常在正月十五元宵节举办花会，花会是在公园中举行还是在主干道上举行？在公园举行，环境比较拥挤，指挥调度存在诸多不便，而且较偏僻，不易吸引更多观众，所以花会一般选在宽阔的主干道上举行，这样可以吸引更多观众，又不至于过于拥挤混乱。

庆典活动的场地选择还应注意到水源、电源、治安、交通及各项设施是否便利齐全，同时还应考虑到是否有利于媒体的报道。例如有些工厂举行的节庆活动，就应该尽量避免在工作地点举行，而应选择易于营造喜庆气氛，给参加者以舒适优雅感受的地点举行。这一点美国IBM公司十分注意，该公司一年一度的"金环"表彰庆典通常选择在风景宜人的地方举办，如百慕大或马霍卡岛等地。

（二）节庆活动场地的安排布置

在选择了适当的场地之后，就需要对场地进行安排布置。场地的安排，主要是指从功能上对场地进行分配；场地的布置，主要是指对场地进行庆典氛围的营造，对场地的装饰。举例来说，一个商场举行开业庆典，选择的场地是商场内部及店门外的空地。场地的安排是指决定在何处招待来宾、在何处剪彩、在何处举行座谈会等内容；而场地的布置则是指为营造节庆活动的喜庆气氛，对整个商场内外进行形象设计及各种装饰，如悬挂贺联、摆放花篮、安插彩旗等。

场地的安排要井井有条，一定要提前安排，早做打算，不要临时安排。庆典的场地布置应注意以下几个问题。

1.场地的布置应围绕一定的主题

当代的节庆活动纷繁复杂，各类组织都十分重视节庆活动，有很多组织愿意在节庆的场地、环境布置上花费大量财力、物力和人力。有很多节庆活动确实充满了喜庆气氛，令参加者眼花缭乱。但这未必是成功的策划，没有主题的场地布置会造成人力、财力、物力的浪费。无论是开张庆典、周年志庆，还是节日庆典、婚庆寿宴，都不应只图一时热闹，而应选择一定的主题。围绕主题进行场地布置的方法之一就是设立庆典活动的标志、徽记等，并通过雕塑、旗帜及其他物品反映出来。场地布置过于凌乱会引起公众的厌倦及视觉疲劳，而围绕一定主题对节庆活动场地进行"众星捧月"式的布置往往能收到良好效果。

2. 节庆活动场地的风格和氛围

一个组织需要有自己的风格、特色，同样，节庆活动场地的布置也应有自己的风格。节庆活动的风格应提前进行设计，或热情大方或高贵典雅或清新活泼或浓重深情，应根据主题及社会取向选定节庆活动的风格。如一家火锅城的开业庆典，就适宜突出民族风格。以彩旗、大红灯笼、红色装饰物及富有民族特色的摆设进行布置比较适宜。因为火锅本身代表的是民族特色，庆典场地布置"欧化"会给人不伦不类的感觉，容易引起公众反感。相反，若是西式餐厅的开业庆典，就应该大胆借鉴西方布置的经验，以欧陆风格的场地布置为宜。

3. 节庆活动场地布置视觉效果

场地布置应具有整体效果，忌条块分割。人们往往容易受色彩的感染，为突出节庆活动的热闹、喜庆气氛，宜选用暖色调。中国人以红色、黄色表示喜庆、吉祥和幸福的传统由来已久，所以在庆典布置时可以充分利用其视觉效果。此外，为营造浪漫梦幻的气氛，也可利用紫色、粉色、橙色、蓝色等颜色。尤其是较有现代感的庆典更需要充分利用色彩的搭配来表现风格。

4. 节庆活动场地布置的现代感

随着时代的发展，人们的审美取向发生了很大变化，那些保守的、流俗的场地布置已经不再吸引公众，这就对当代节庆的场地布置提出了新的要求。当代节庆除了在形式上不断推陈出新之外，在场地的布置上也要体现出时代感。

第三节　节庆活动组织

我国庆典活动策划的大发展是在进入 20 世纪 80 年代以后，随着商品经济的迅速发展，现代科技和文明的进步，世俗文化、大众心理的不断拓展，庆典活动策划有了巨大的飞跃。庆典这种古老的庆祝方式与新兴的经济文化找到了一个契合点，庆典活动开始为各种社会组织所普遍青睐。在当代社会，很少有一个组织不利用庆典活动来确立其社会地位、社会形象，提高其知名度和美誉度。进入现代社会，庆典活动成为社会公共关系的一种重要手段，于是出现了许多专门的公关公司、广告公司、策划公司、品牌推广机构，各大企业、社会团体也纷纷设立公关部、广告部、策划部，庆典活动策划随之蓬勃发展。

一、节庆活动的可持续性

很多人认为节庆就是一个仪式，仪式完毕节庆也就结束了。其实，真正有影响的节庆活动，绝不仅仅是功在当时，它可以给人留下深刻的印象。从节庆策划的角度出发，不应把节庆活动只搞成一场热热闹闹、轰轰烈烈的仪式，而应该从长计议，想办法将节庆活动搞得意味深长、余音袅袅，给人回味无穷、意犹未尽的感觉。这就需要节庆活动策划者精心构思，充分发挥想象力。

节庆活动策划要做长远打算是由举行节庆活动的目的、动机决定的，庆典活动策划者不能以将节庆活动搞得热闹非凡为满足，仅仅营造出喜庆气氛还远远不够，还要实现节庆活动深层次的目的，如宣传和树立组织形象、扩大组织的影响、提高组织的威望等。节庆活动可持续发展的技巧就是设计有延续性、周期性的节庆活动，为节庆活动的连续举办埋下伏笔。

二、节庆活动的气氛营造

节庆活动是隆重热烈的庆祝典礼活动，所以营造热烈气氛对于庆典活动来说十分重要。营造热烈隆重的气氛是节庆活动吸引公众、扩大影响力的重要方法。如果节庆活动搞得冷冷清清、悄无声息，不但会失去节庆活动的意义，还会损害组织的形象，令公众敬而远之，宣传效果更无从谈起。

如何营造热烈隆重的气氛？首先，可以充分利用具有喜庆和热烈气氛的装饰物来增添节庆活动的气氛。例如公司的开业庆典可以运用氢气球、彩带、灯笼、花篮、宣传条幅、鞭炮焰火等来营造节日喜庆的气氛（如果占用道路、广场、街头等公共场合事先还需要得到政府有关部门的审批）；其次，可以播放富有喜庆气氛的音乐，请鼓号队等乐队来助威，有条件的还可以请歌唱演员作为特邀嘉宾；再次，参加节庆活动的人员穿戴干净整齐，服务人员及各专职人员应着富有喜庆气氛的节日盛装；最后，可以邀请知名度较高的社会名流、演员、歌手等来增加喜庆气氛。此外，还可以树立节庆活动的标志物，发放小礼品、纪念品，举行增添喜庆气氛的热场活动，如模特走秀、街舞表演等，这些都有助于营造现场气氛。

三、节庆活动的人本理念

节庆策划要考虑到参与者的"感情"归属。当代社会生活节奏快，人们普遍感到人情淡漠，在这种情况下，如果节庆活动能充分照顾到"感情"，以情动人，坚持以人为本，就可以收到更好的效果。

首先要消除节庆活动组织者与参与者之间的距离感，让节庆活动参与者有宾至如归的感觉，还可以"反客为主"，令宾客感到自己就是节庆活动的主人。这样的庆典活动容易博取公众好感。庆典活动还可以搞一些人情味十足的活动，内容安排应生动活泼，尽可能让宾客参与，不要过于死板。

让节庆活动富有人情味并不是一件令人绞尽脑汁的事情，只要策划者开动脑筋，调动参与者的积极性，让参与者感受到自己是节庆活动的主人，并且设计一些生动活泼的活动，就可以策划出具有浓厚的人情味的节庆活动。

四、节庆活动的借冕增誉

节庆活动的成功秘诀，一是要热烈而隆重，具有节庆活动气氛；二是要通过节庆活动间接地实现各种既定的主题和目标。要成功举办节庆活动，可以利用多种技巧，其中利用名人效应进行宣传、扩大影响是节庆活动策划的重要技巧之一，名人效应已经被广泛地运用到各种公关宣传、营销推广中。

名人效应，指借助名人在公众中的地位和影响制造轰动性影响，借以增强活动项目的号召力和感染力，从而为节庆活动升誉增辉，以实现树立组织形象、扩大组织影响力、提高组织知名度和美誉度等目的。

利用名人效应大有文章可做。随着组织公关活动的空前活跃，各社会组织已将名人效应广泛应用到各种广告、宣传、专题活动中，亦广泛应用到节庆活动中。将名人效应运用到节庆活动中，要注意以下几点。

一是要对名人有所选择。有一定影响力的名人很多，但并不是任何一位名人都可以给节庆活动带来巨大的影响力，节庆活动应选择那些对活动最有影响力的名人。

二是在选择名人时应与节庆活动的主题和内容联系起来。例如一个主要对象群是京剧爱好者的庆典活动，邀请著名京剧演员做节庆活动的嘉宾可以取得良好效果，而对于一个主要对象群是青少年摇滚乐爱好者的节庆活动就不合适；大型工程项目奠基或剪彩活动，适合邀请与项目有关联的上级主要领导剪彩，而邀请文艺界名人反倒会给人不够庄重的感觉。

三是组织在请名人参加节庆活动时，不应只把名人当摆设，不参与节庆仪式的具体活动，这样往往分散大众精力，而掩盖了节庆活动的意义，应该让名人参与到节庆活动中来，尤其是公益性活动，最好能和公众有较密切的接触，消除距离感。利用名人效应还应照顾大众热点，把握恰当的时机。在同一个节庆活动中不宜邀请过多名人，避免哗众取宠、喧宾夺主。

五、节庆活动的实质内容

节庆活动有时候容易被架空，徒有空洞的形式，过后无论对组织还是对公众都不会留下什么印象，也不会产生更大的影响。所以节庆活动的组织者应该想方设法令节庆活动具体实在，这样才容易感染参加者。节庆活动的终极对象是人，而非活动本身，这是节庆策划者应该注意的问题，节庆活动策划更需要从参与者出发，为参与者"量身定做"。

常有这样的情况，在朋友的婚礼上，人们感到无所适从，被"晒"在一边。这样的婚庆就不够圆满，婚庆的策划者应该充分调动每一位来宾的热情，营造热烈气氛，令每位宾客都感受到婚礼的热情浪漫，参与到婚庆活动中。

六、节庆活动的礼品发放

节庆活动要搞得生动、活泼，富有喜庆气氛，并博取公众好感，有时候制作并赠送一些小礼物给节庆活动的参加者，会收到意想不到的效果。有一句话："送人玫瑰之手，历久犹有余香。"对节庆活动来说也是如此。节庆活动向参加者赠送的礼物不在贵重，而在其纪念意义，在于它给公众带来的惊喜和欢乐。配合节庆活动的赠品，要与节庆宣传活动相联系，应有纪念标志和组织标志，由此还可以进行更广泛的宣传。节庆活动的赠品应该精巧美观，便于活跃节庆气氛。

组织在举行节庆活动时，量力而行，制作一些带有纪念标志的小礼物馈赠公众，无形之中营造了节庆活动的气氛，扩大了组织影响力，也能充分博取大众好感。

七、节庆活动的借势造势

搞节庆活动的时机很多，但节庆活动不宜搞得过滥，否则会使节庆失去新意，也会使公众失去兴趣，节庆的组织者也会因忙于接连不断的节庆活动而疲惫不堪。节庆活动应该选取最有意义的时机，精心策划。举行节庆的机会有些是比较普遍的，有些却是突发的，需要组织者去寻觅、去捕捉、去把握。机不可失，时不再来，放过绝好的机会，无形中就会造成损失。组织如能捕捉住一些良好的时机举行节庆活动，往往可以给公众留下更完整、更美好的印象。例如，广州花园酒店就根据中国改革开放以后人们在思想意识、精神观念上的转变以及对于人间真情的渴望，首先将西方的"母亲节"介绍到广州，与广州妇联联合举办"母亲节征文比赛"和"表扬模范母亲活动"，从而给公众留下了花园酒店热心推动精神文明建设、热衷于中西方文化交流事业的良好形象。广州花园酒店十分善于发现和捕捉时机，它选取了大陆第一个"母亲节"这样一个独特的机会举行节庆活动，达到了特定的宣传企业形象的目的，比单纯的周年庆典活动效果更好。

八、节庆活动的媒体传播

报刊、广播、电视等各种新闻媒介越来越深入当代人的生活当中，与大众的生活息息相关，密不可分。大众通过媒体获取各种信息，了解社会动态。媒体是连接大众与社会政治、经济、科学、文化、娱乐等的重要纽带，几乎成为当代人与社会沟通最重要的工具。

利用媒体对节庆活动进行宣传、介绍以及让其直接参与节庆活动，可以说是当代节庆活动得天独厚的条件。媒体大大加快了信息的传播节奏，扩展了信息的覆盖面。当代较有影响力的节庆活动几乎都离不开媒体的宣传。媒体对于增加节庆活动的气氛，实现节庆活动的"焦点放大"，扩大节庆活动组织者的影响力起到了推波助澜的作用。

节庆活动如何利用媒体呢？第一，在节庆活动举办之前，可以通过媒体获取对节庆活动有价值的信息；第二，在节庆活动确定之后，可以通过媒体进行预告；第三，可以通过媒体对节庆活动进行现场报道或实况报道；第四，可以制作一些通过媒体与受众沟通的节庆专题节目，作为节庆活动的组成部分。我们要充分利用多种媒体，发挥各自优势，从不同角度感染受众，扩大影响力。在举办节庆活动前应与媒体，如电视台、广播电台、报社、门户网站等进行联系，邀请记者参与到活动中来，应向媒体详细介绍节庆活动的来龙去脉，以便媒体有重点、有计划地进行报道。

九、节庆活动的出奇制胜

策划活动是一种智力竞技。策划者的具体任务是负责活动的创新与安排。节庆活动策划的生命力源于创造，需要策划者运用创造性思维，大胆独创，发挥丰富的想象力，运用综合、灵活的方法策划出富有新意的节庆活动。节庆活动只有通过新鲜招数，抓住公众的好奇心理，才能刺激参与者的兴趣，实现节庆活动的深层意义。要使节庆活动具有新意，出奇制胜，需要组织者积极地参与、投入，做好充分的准备。

十、节庆活动的特色提炼

人们大概会注意到这样一个事实：那些有个性的人、有个性的商品、有特色的活动往往备受青睐，节庆活动也不例外，那些个性独具、富有特色的节庆活动尤其惹人注目。所以在策划节庆活动时，既要考虑到符合节庆活动的一般规律性，又要注意突出自己的特色。如婚庆活动，随着时代的发展、观念的更新，越来越多的年轻人希望自己的婚礼有更丰富、更深刻、更独特的内涵，婚礼"大吃大喝""大操大办"的现象正在减少。有些婚庆服务机构瞄准这一点，不失时机地推出了一系列的特色服务，如"水上婚礼""古装婚礼""蝴蝶婚礼"等，追求一种浓厚的文化内蕴，既继承发扬了传统婚姻文化中积极向上的一面，又充分汲取了国外婚姻文化的精华，创造出一种既富时代精神，又有民族特色的崭新形式，吸引着越来越多的年轻人。

十一、节庆活动策划与组织实例

××高校建校 50 周年校庆期间活动安排

金秋时节将迎来我校建校 50 周年庆典。学校定于 10 月 12 至 11 月 12 日为校庆月、11 月 3-12 日为校庆周、11 月 11 日为校庆日。

为迎接母校寿辰，特拟校庆期间活动安排。请各校庆工作机构及各二级单位校庆筹备办公室本着热烈、隆重、喜庆、节俭的原则，群策群力，以饱满的热情迎接母校 50 周年诞辰。望全校师生员工将昂扬的斗志投入工作和学习中，以优良的业绩为母校建校 50 周年献礼！

（一）校庆月

1. 校报于 10 月 15 日出校庆专版，包括校友事迹和校庆活动预告等内容，10 月 30 日出版全彩校庆专刊，集中介绍学校发展与成就、校庆活动专题、领导贺词、校领导寄语、校友风采等内容（校报）。

2. 广播台每日播放校歌，让校歌的旋律及歌词深入人心；以专题形式讲述校庆活动的动态消息，介绍杰出校友的奋斗事迹，鼓励学生们勤奋学习，做一个有益于社会的人（校广播台）。

3. 各学院在宣传栏出校庆相关内容海报，扩大学院知名度，为校庆贡献力量（各学院）。

（二）科技文化艺术活动（暨社团活动月）

1. 迎接 50 周年校庆"自爱者在行动"特别活动月启动（团委、学生会、学生自律委员会）。

2. 校庆志愿者公开招募大行动（团委、学生会）。

3. "畅想学校未来"领导讲坛系列（团委）。

4. 首席教授讲坛系列（医学求益社）。

5. "挑战杯"项目计划公开答辩会（团委、学生会、研究生会）。

6. 学生课外科技活动回顾展（团委、学生会、研究生会）。

7. 社团活动 20 年回顾展（社团联合会）。

8. 母校 50 年"口述历史"特别行动（团委、学生会、求是学社等社团）。

9. 学生会 50 年历程回顾展（学生会）。

10. 首届校园美食节（学生会、烹饪协会）——母校 50 华诞蛋糕 DIY 设计大赛、母校 50 华诞宴会菜肴烹饪大赛、母校 50 华诞宴会鸡尾酒调制比赛。

11. "迎接校庆，放飞祝愿"风筝设计及放风筝比赛（异域风情协会）。

12. "我与母校"英语演讲比赛暨第二届英语才艺大赛（英语协会）。

13. 校歌 Flash MTV 创作大赛（计算机协会）。

14. 传统服装展示晚会暨校园模特大赛（中国风协会、公关礼仪协会）。

15. "我的大学"诗歌大赛及诗集出版（蓝草坛文学社）。

16. 年度校园歌手大赛（学生会）。

17. 母校 50 华诞贺卡、书签、纪念章设计大赛（学生会）。

（三）校庆周

1. 在宣传栏及广播中加大校庆宣传的力度，为喜庆、热闹地办好校庆做最后的冲刺（各学院、校广播台）。

2. 博物馆校史厅进行预展（博物馆）。

3. 师生校友摄影、墨宝展览组（校工会）。

4. 知名校友论坛，学生与校友座谈会（团委、学生会）。

5. 第四届中国广州国际中医药学术会议暨第三届国际中医药教育研讨会开幕式、特别演讲及论文演讲（外事处、科研处、高教研究所）。

6. "庆五十华诞师生同乐"大型游园晚会（团委、学生会、研究生会、各学生社团）。

（四）校庆日

1. 博物馆校史厅正式接待海内外校友及嘉宾（博物馆）。

2. "跨越梦想"庆祝建校五十周年大型文艺晚会（全校师生）。

复习与思考

一、单项选择题

1. 某车站、码头即将开工时举行一种庆贺性的典礼仪式为（　　　）。

A. 奠基庆典　　　B. 通车、通航庆典　　　C. 庆功庆典　　　D. 开幕庆典

2. 节庆活动起源于（　　　）。

A. 原始社会　　B. 春秋　　　C. 秦朝　　　D. 唐朝

3. 国庆期间北京天安门广场国旗飘扬、花团锦簇、游人如织，这类庆典活动为（　　　）。

A. 迎宾庆典　　　B. 周年庆典　　　C. 生日庆典　　　D. 节日庆典

4. 节庆活动开幕式现场策划主要是（　　　）。

A. 主题策划　　　B. 形式策划　　　C. 场地策划　　　D. 氛围策划

5. 节庆活动周期性举办，主要表现了庆典活动的（　　　）。

A. 可持续性　　　B. 可循环性　　　C. 可发展性　　　D. 可营利性

6. 节庆活动策划要考虑到参与者的"感情"归属，主要表现了庆典活动的（　　　）。

A. 和谐理念　　　B. 人本理念　　　C. 动感理念　　　D. 发展理念

7. 邀请名人为节庆活动形象小姐，策划手法上属于（　　　）。

A. 名人效应　　　B. 借冕增誉　　　C. 借势造势　　　D. 媒体传播

二、简答题

1. 我国有哪些主要传统节庆活动？
2. 结合实例，谈谈现代节庆活动的主要功能。
3. 节庆活动的策划应该遵循哪些原则？
4. 结合实例，谈谈节庆活动方案制定的基本要求和主要流程。
5. 节庆活动现场热烈隆重的气氛如何营造？

三、实训

联系实际，策划一个别具一格、特色鲜明的婚礼庆典或生日庆典方案。

第四章　演出活动概述及组织

学习要点与目标

通过本章的学习，能够了解和掌握演出活动的含义、分类、名称确定、主题确定、时间安排、地点安排、演出节目内容编排、演出团体和阵容安排、演出形式和风格确定、演出经费预算，演出活动的广告宣传等。

第一节　演出活动概述

一、演出活动的含义

演出，是指演员通过一定的演技，把戏剧、舞蹈、音乐、曲艺、杂技等表演给观众欣赏，演出通常以"晚会""联欢会""汇演""音乐会"等文艺形式出现。一场高水平的演出不仅能够使观众触摸时代主题，认识理解社会，而且能够愉悦身心，得到美的享受，它极大地丰富了人们的精神生活。要把一场主题鲜明、内容丰富、表演精湛的演出奉献给观众，使演出达到预期的目的，收到良好的效果，满足广大观众精神生活的需要，关键在于演出的策划和组织。

二、各类休闲活动的配套演出

相比于正式的专门的文艺演出活动，本教材所讲的"演出活动"，主要是指与休闲活动相配套的开幕式演出或与主体活动相配套的演出活动，如世博会、奥运会等大型活动的开幕式演出，国际动漫节期间的"COSPLAY超级盛典"、国际旅游节期间的"彩车狂欢游行"等主题演出，以及机关企事业单位结合新年联欢会、表彰大会而举行的文艺演出等。演出活动大多作为休闲活动的助兴、热场节目，在整个活动过程中起着画龙点睛的作用。因此，我们所说的"演出"，主要以非专业性、非商业性的演出活动为主，包括群众性、文体性、民俗性的演出活动，如开幕式前的舞龙、舞狮、时装秀、模特秀等热场活动，我们都可以按"演出活动"来策划。对于活动策划人员来讲，演出活动是休闲活动的配套策划，重点是休闲主体活动与休闲辅助活动之间的组织、衔接、协调问题，目的是要把休闲活动的环境和气氛营造出来。当然，一台气氛热烈、明星阵容强大、舞美灯光一流、演员服装华丽的正规演出，本身也是大家十分向往和喜爱的休闲活动，策划组织得好可以起到先声夺人、事半功倍的效果。除了休闲活动配套演出策划外，诸如剧目公演、文艺汇演、戏剧调演、明星演出、歌舞晚会等专业性、商业性演出，一般可以委托专业演出公司或演出团体进行，活动主办方主要做好组织、配合、协调工作。

三、演出活动的分类

（一）按演出内容分类

1. 综合演出

综合演出是指包括各种演出节目的演出，如中央电视台的春节联欢晚会。综合演出内容丰富多样，多种形式的节目按顺序轮流交替上演，演员上场、下场频繁，导演临阵指挥，大型综合演出出场顺序（包括音乐、灯光）完全实行电脑控制，要求演出时间准确到"秒"，以保证演出效果的连贯性。

综合演出的节目一般包括戏剧、舞蹈、音乐、曲艺、杂技等多种艺术表现形式。在综合演出中，各种艺术形式受演出时间的限制不可能全部一一展开，哪怕是明星大腕也只能演出某一种文艺形式的精华部分，我们所看到的春节联欢晚会节目，其实都是"浓缩"的"精华"部分。"浓缩"和"精华"必须根据演出的宗旨和主题，按时间比例和内容交叉组合，最终成为综合演出。

综合演出中的戏剧包括话剧和戏曲两部分，话剧常以话剧片段、小品、电影电视对白的形式出现，诗朗诵、配乐诗朗诵等可归入此类。

戏曲是我国传统戏剧形式，因我国历史悠久、地域辽阔、民族众多，所以剧种丰富，流派繁多。但无论是哪个剧种，参加综合演出都必须以短小精悍的一场（包括文戏和武戏）或一唱段（包括彩唱和清唱）等形式出场。

舞蹈，是通过演员的形体动作表现主题的。从舞蹈的源流和地域上讲，可以是来自外域的芭蕾舞、宫廷舞、交谊舞、民族民间舞，也可以是本民族的各种舞蹈；从表演舞蹈的人数来讲，可以是集体舞、双人舞或独舞；从舞蹈产生的时代来讲可以是传统舞、现代舞。

音乐包括声乐和器乐。声乐从表演的人数上可以是大合唱、小合唱，也可以是二重唱或独唱；从演唱方法上可以是美声、民族和通俗唱法。器乐在演出中主要是指器乐演奏。器乐演奏从乐器的源流和地域来看可分为西洋乐器的演奏和民族乐器的演奏；从演奏的人数和声部的多少上看，演奏可以是大合奏、小合奏，也可以是二重奏和独奏。

在综合演出中常有曲艺节目，曲艺包括相声、小品、快板、双簧、大鼓、评弹、哑剧等多种曲艺形式。杂技也是综合演出经常涉猎的内容，包括魔术、马戏、车技、口技、顶碗、走钢丝、空中飞人、狮子舞等内容，以其新、奇、难、险而为观众所称道。

综合演出中除涉及以上几种艺术形式外，根据演出的需要还可以增加一些其他形式的表演，例如观众最喜欢的小品。综合演出一般以歌舞、小品、相声为主要节目内容，歌舞、小品、相声等是中央电视台春节联欢晚会、公安部文艺晚会、中秋文艺晚会等的重要的担纲节目。

2.专场演出

专场演出是指在一场演出中专门演出同一类型的若干节目，如话剧演出、越剧演出、歌剧演出、小品相声晚会、专场音乐会等。或者在同一场演出中安排不同类型的专场演出，如新年音乐会里面安排民族乐器演奏、西洋乐器演奏；春节京剧晚会安排外国喜剧专场；曲艺晚会安排小品、相声、杂技专场等。专场演出虽然节目内容比较单一，但能使某一种艺术形式的节目得到较为充分的展示，使观众或对全部的情节有较完整的把握，或对某人的作品及演唱有多角度的认识，在众多节目中观赏自己最喜欢的一种艺术形式。

（二）按演出性质分类

1.有偿演出

有偿演出是指演职人员以取得报酬、出场费为目的的演出，包括以营利为目的的商业演出、义演和由单位或个人出资为某一行业或团体进行的演出。

（1）商业演出

商业演出简称"商演"，是指演出单位以营利为目的的演出，是演出公司和主办方按市场化运作的一种经营性行为，一般通过公开售票、企业赞助、明星代言、广告发布等多种形式赚取演出收入，所得款项由演出主办方、演出场馆方、演出团体和演职人员根据事先达成的协议按比例分配，这种演出一般由著名导演、"大腕"明星组成强大的演出阵容，或者是以红极一时的某个大牌明星为主的个人演唱会等，商业氛围浓厚，门票价格较高，演出场面盛大，演出条件良好，演出设备精良，如周杰伦个人演唱会、李宇春个人演唱会等。

（2）义务演出

义务演出简称"义演"。顾名思义，"义演"就是艺人不以营利为目的，从事的是具有人道主义性质的义务演出，是为个人或某一事业筹款而进行的演出活动，一般是指为公益事业（例如赈灾）而举行的筹款性演出。按照"义演"的性质，又可以把"义演"分为演职人员有报酬（适当支取劳务费）的义演和演职人员没有报酬的义演。但无论演职人员有没有领取报酬，这类演出都以筹款为目的，筹款的来源包括门票、企业赞助、个人捐助等，只不过是把这些收入用在了公益事业或慈善事业上，因此，义务演出并不是无偿演出，本质上还是属于有偿演出。尤其是对演职人员没有任何报酬的义演也不能认为是"无偿演出"，只不过是演职人员把自己或多或少或无的"报酬"都"捐"给了公益事业或慈善事业，真正体现了演职人员无私、高尚的品格。

由此可以推导出"义演"的两层含义，一层是人道主义性质，也就是说"义演"必须出于纯粹的公益目的（如救灾、扶贫、帮困、助学等），不能有营业性收入，更不能以"义演"为名从事营业性演出活动。另一层含义是演出具有义务性，一方面，"义演"具有私文艺关系的单方义务性，参加"义演"者不享有因演出行为而获取任何对价的权利；另一方面，"义演"又具有社会义务性，必须接受社会监督，尤其在遇到灾害或者灾难时，艺人必须承担通过文艺演出来实施社会救助的义务。因此，从"义演"的含义来看，演艺机构或者文化人从事文化艺术行为具有获取报酬、取得收入的权利，同时还要履行关注社会、关爱他人、救助生命的义务。

"零成本"义演，是指参加演出的各方，包括音响、灯光、舞台工程和策划、导演、演员以及具体工作人员均不拿任何报酬，是一场群星云集、规模空前的慈善活动，众多知名演员、导演、歌手演出的所有收入和捐款都通过中国红十字总会送往受灾地区。中央电视台名牌栏目"同一首歌"往往也会配合有关部门开展赈灾义演，基于"同一首歌"栏目的知名度，刘欢、张柏芝、阿杜、谭咏麟、郭富城、古巨基等港台与内地歌手都会纷纷响应，多数新人更是以能参加"同一首歌"义演为荣。同样的例子从中央电视台春节联欢晚会也可以看到，从演出性质来看，中央电视台春节联欢晚会是全国最大规模的"义演"（演员只领取少量劳务费），不过，中央电视台通过成功的商业运作（如企业赞助、植入广告等），把春节联欢晚会打造成了一台中国最"赚"钱的文艺演出——赚取利润靠的不是演出而是广告收入。这是中央电视台利用自身媒体优势，通过商业化运作成功策划的大型演出活动，一方面推动了我国广播电视事业的发展，另一方面众多著名演员甘愿"义演"，性质上仍然属于为"公益事业"（广播电视事业发展）筹款演出的范畴。

"明星义演""明星义捐"早已成为文艺人文艺活动的演出惯例。明星"大腕"放弃"商演"去"义演"，已成为社会公众衡量他们是否具有高尚情操的道德标准，一个热衷于公益事业、具有，"爱心"的明星"义演"走"秀"活动，往往比参加商业演出拿几万、几十万出场费更让人钦佩。明星最缺的不是"钱"而是良好的公众形象和亲和力。

"义演"虽然也以营利为目的，但与"商演"的本质区别是，把门票等演出收入用来捐赠某项事业或是救济社会灾民。义演一般具有良好的社会效益，能够得到社会和公众的普遍赞扬和认可，还能拉到数额较大的企业赞助和广告费，因而同样具有显著的经济效益。

（3）出资演出

出资演出简称"出演"，是由单位或个人出资为某一行业或特殊团体进行的演出，一般以丰富本单位或团体职工业余文化生活为目的，是为开展某项重大纪念活动而进行的演出活动，例如企业的周年庆、厂商的新产品发布会、农村为庆祝老寿星邀请戏班子演出等。出资演出多数是出资方邀请专业演出团体到本单位或指定场所演出，演出一般以发票或组织观众免费入场的方式进行。"出演"的显著特征是演出费用有人"买单"，观众或其他参与者无需支付任何费用。显然出资演出的目的是获取人们和社会公众对自己的认同，实质上是单位或个人面向社会公众或特定人群的一项公共关系活动。

2. 无偿演出

无偿演出是指道义上不索取任何报酬的演出，包括送戏下乡、慰问演出、友情演出。

（1）送戏下乡

这是以建设社会主义新农村为宗旨，以丰富农村业余文化生活为目的，围绕社会主义精神文明建设而开展的"倡导文明新风尚、共建和谐新家园"的主题活动。相对于城市来说，农村文化生活比较贫乏，农村居民的精神文化生活更需要给予关怀，在这种形势下，党中央、国务院提出了"文化下乡""送戏下乡""家电下乡"等活动，各级人民政府和文化艺术团体积极组织、踊跃参加，在全国各地掀起了一股"送戏下乡"热潮。这些活动成为加强农村社会主义精神文明教育的一项重要工作，极大地丰富了农村的精神文化生活，对解决"三农"问题具有十分重要的意义。"送戏下乡"一般在农闲时间和节假日进行，演出团体组织优秀演员，自带演出器材、生活用品下乡公益性演出，不收取任何报酬，演出经费主要由演出团体自行解决，或申请政府一定的文艺演出经费资助解决。以此类推，还有演出团体去社区、厂矿、部队、学校、监狱演出。凡是下基层演出并且是无偿的，我们都可以统称为"送戏下乡"。

（2）慰问演出

慰问演出是指为生活和工作在艰苦环境或做出重大贡献、突出成绩的行业、团体所进行的演出。如为边防战士进行的慰问演出，为井下煤矿工人进行的慰问演出，为老少边穷地区人民进行的慰问演出，战时深入前线慰问前方将士的演出，为抗洪、抗台、抗震做出突出贡献的解放军、救援团体进行的慰问演出等。随着公益休闲活动的开展，这些年来一些影视明星也开始到孤儿院、敬老院、儿童福利院等地进行演出，真正体现了人性的呼唤、真情的回归。

（3）友情演出

友情演出是指演出团体或演出团体中的演员与某单位或某团体建立了长期合作关系，或因某事建立了真挚的友谊，遇某单位或团体举办重大活动时，演出团体或演出团体中的演员到有长期合作或建立友谊关系的单位或社团进行演出。友情演出又分两种情况，一种是演出团体为单位或某团体组织一整场演出；另一种是演出单位的演员参加该单位和团体自己组织的演出，为其演出增光添彩。本行业、本系统、本单位的文艺骨干以丰富业余文化生活，展现本行业、本系统的精神风貌，展现企业文化、社区文化等为目的所组织并参与的演出统称为"友情演出"，这类演出不仅没有报酬，甚至还要倒贴或者牺牲大量业余时间。

第二节　演出活动组织

一场演出从筹划到实施直至演出的结束，是一个完整的组织过程，中间环节较多，并有一定的规律性，就演出的整体框架结构而言，大致包括演出名称、演出主题、演出时间、演出地点、演出宣传口号、演出主办单位、演出协办单位、演出承办单位、演出赞助单位、演出组委会成员、演出节目安排、演出阵容组织、演出形式、观众构成、演出性质、演出经费预算及经费来源、演出电视转播等内容。

一、演出活动名称确定

每一场演出都有其名称，并以各种形式在演出中得到体现。演出名称一般高度概括了演出宗旨和演出内容。有的演出名称直接体现演出内容和演出宗旨。

二、演出活动主题确定

主题是演出活动的灵魂，是演出项目的核心和关键。演出主题体现演出目的和意图。任何演出都有其主观目的和意图，演出的宗旨和主题都应该是积极健康的，以弘扬社会主义新风尚为主旋律，有利于社会的繁荣与稳定、改革与发展，而不能与国家安全和社会稳定唱反调。

演出主题的确定，应该反映社会新气象、揭示时代主旋律、弘扬时代新精神、丰富人民新生活。特别是与活动相配套的演出，在强调大众化、通俗化的同时，要注意不能庸俗、低俗，甚至恶俗，坚决贯彻中央关于反对"三俗"的精神。文艺演出要符合绝大多数人的审美观、价值观和道德情操，演出内容要以丰富人民群众业余文化生活为目的，为社会主义精神文明建设做出新贡献。

以行业系统职工为主的演出主题诉求，要反映行业系统的工作性质和特点，体现行业系统职工的精神风貌，促进本行业系统进一步繁荣发展；以学校学生为主的演出主题诉求，要反映校园文化、展现学生风采，促进学生身心健康；以部队官兵为主的演出主题诉求，要有利于激发官兵的爱国热情，使其增强组织纪律观念，树立无私奉献精神，树立保家卫国的责任感和使命感；机关企事业单位小范围的演出主题诉求，气氛则可以适当宽松一些，一般以增进友谊、加深了解、加强团结，活跃气氛，培养集体主义、团队精神为主，必要时可以与单位年终奖励、游戏活动、现场抽奖结合起来；外事活动的演出主题诉求，则应从展现民族精神、民族文化、民族尊严、国家形象、社会风貌、友好交流、促进和平等理念寻找灵感。

三、演出活动时间安排

演出时间是指演出的时间点、时间段，是时间范围的概念，而不仅仅是指什么时间演出开始。广义上的演出时间包括演出活动的筹备、开始、介绍、后续时间，在会展活动策划中统称为时间进度计划（可以利用"甘特图"来表示），尤其是演出时间要求准确到"秒"，演出音响、灯光、动画、特效、场景等要求电脑合成、自动控制。

演出时间进度计划要根据演出准备情况、演出场地日程安排等进行具体准确的设定，一般应有年、月、日、时、分、秒的时间进度安排。演出时间进度计划一旦确定，一般情况下不能更改，尤其是演出开始到结束的时间不能改变，防止演出冷场、爆场，以免给观众带来不必要的麻烦和损失。演出预告一经新闻报道、广告宣传或者售票活动开始，并明确演出内容、时间的，就不能更改，除非是不可抗力因素的影响，但也必须及时向观众说明原因，争取观众的谅解和支持，并做好退票补偿处理。

在确定演出时间尤其是重大演出时间时，还要把彩排时间计算在内。彩排是正式演出前的必要演习，是对演出前各项准备工作的全面检查，因而彩排时间的确定也很重要。而且为了有时间解决彩排中出现的问题，最好使彩排时间与正式演出时间有一定的间隔。对于巡回演出应确定总体准备时间，前面的演出要求确定到日，后面的演出可先确定到年、月。

四、演出活动地点安排

演出场地的确定是根据演出规模、演出节目类型、演出预算安排、演出物质条件和设施情况以及演出的预期效果等因素进行比较后确定的。一般可设在影剧院、音乐厅、宾馆饭店、茶苑酒楼、体育馆、体育场、大会堂、露天广场等地举行。演出场地选择还要考虑音响、灯光、场景、道具、舞美效果，无论在什么地方演出，都需要演出专业音响，一般来说会议音响是不能用来演出的。夜晚演出还需要进行舞台灯光和照明设计，利用舞台灯光效果更加能够表现演出艺术和手法。舞台搭建、演出道具、观众看台一定要考虑安全因素，尤其是对承重量要留有足够余地。

五、演出活动宣传口号

宣传口号响亮、好记，生动、直截了当地反映演出主题（故又称"主题口号"），具有很强的鼓动效果，可以强化观众视听，使演出主题深入人心，拓展演出活动的社会效益。一般来说，活动的主题口号可以直接作为演出的宣传口号，如2008年北京奥运会主题口号是"同一个世界，同一个梦想（One World，One Dream）"，当然也是2008年北京奥运会开幕式的宣传口号。开幕式当晚盛大的演出活动，尤其是著名歌星刘欢、莎拉·布莱曼合唱的《我和你》主题曲，更将开幕式文艺晚会推向了高潮！但是，在多数情况下活动主题还不能直接用来做宣传口号，尤其是活动主题设定不够简洁、明了的情况下，更需要通过发挥我们的聪明才智，开发策划出更加具有震撼力、吸引力的宣传口号。

六、演出活动举办单位

主办单位是演出的主要发起者、领导者和组织者。多数由具有广泛影响力和良好信誉的政府机关如文化和旅游部、文化局等，文艺团体、新闻机构如电台、电视台、报社、杂志社等，群众团体或企业作为主办者。主办单位一般应具有较强的社会号召力，并具有较为雄厚的人力、物力和财力条件，为演出的成功举办提供可靠而有效的保证。主办单位可以是独家主办，也可以是多家联合主办，以壮大声势，扩大影响。

协办单位是协助主办单位完成演出的单位。协办单位一般应在人、财、物方面给主办单位以部分支持或承担部分演出任务，并能借助演出提高单位的社会知名度。演出可以是一家协办，也可以是多家协办。

承办单位是指承接、承担或承包主办单位的演出任务，对演出进行具体筹划和组织实施的单位。承办单位应具备比较充分的演出承办条件，并接受主办单位和演出组委会的领导、指导和监督，向主办单位和组委会负责，演出可以是独家承办，也可以是多家承办。

赞助单位是指以实物、资金、义卖、义工等形式资助演出的单位。赞助单位多为经济实体型，有较为雄厚的资金基础，赞助的目的是获取更大的回报。赞助回报的方式主要有冠名赞助、合作单位、指定产品、指定代理等，根据不同的赞助金额给予不同的回报政策。赞助单位也可以以协办单位或支持单位名义出现。

赞助者一般以资助的方式赞助演出，一方面表明赞助者对演出的关心与支持，

追求社会效益；另一方面以资助为条件，要求演出为其产品或商品做广告，或请单位负责人或产品在演出中与观众见面，从而提高单位或产品的知名度，追求经济效益。赞助单位有时也参与演出的组织筹划，具有一定的决策权。演出可以是独家赞助，也可以是多家赞助。中央电视台春节联欢晚会的成功之处就是吸引了大量的企业赞助商参与赞助，而中央电视台给赞助商最大的回报就是现场广告（包括植入广告）和春节联欢晚会的贵宾入场券。

在演出中，主办单位是必不可少的角色，而协办单位、承办单位、赞助单位的有无可根据演出的实际需要而定。演出如不出现承办单位，则演出的具体筹划和组织实施可由主办单位筹建项目班子具体落实。

七、演出活动组织机构

组委会是专门为演出而设立的组织领导机构，规模盛大的演出一般成立组委会，演出组委会成员单位多数是与演出活动紧密相关的单位或部门，组委会委员则由成员单位的主要负责人组成。规模较小的演出可以设立演出领导小组或不设。组委会的主要职责：负责直接领导、指导或监督演出的全过程，负责演出总体计划的编制，确定演出活动的宗旨、主题和原则。

演出组委会是演出的指挥机构和决策者，是演出组织的核心，组委会的正确领导、各部门的密切配合和勤奋工作是演出取得成功的前提和保证。组委会下设办公室，作为演出活动的协调和执行机构，负责演出的具体工作。根据演出策划工作需要，组委会下还可以设立公关部、会务部、节目部、安全部等机构，配合办公室完成演出筹办任务。相关部门职责如下。

（一）办公室职责

办公室职责主要包括：①在组委会的领导下，全面负责演出活动的实施；②统筹、协调组委会各部门工作；③负责与演出有关的一切法律事务；④负责演出的一切财务工作；⑤负责演出有关文件的起草、文书档案的管理；⑥及时向组委会汇报演出各项工作进程。

（二）公关部职责

公关部职责主要包括：①负责演出视觉形象（VI）的设计；②负责演出总体宣传计划的制订和实施；③负责演出全部宣传品纪念品的设计制作；④负责全部赞助条例、赞助者权益的计划和实施；⑤负责演出现场的环境氛围设计；⑥负责演出新闻报道和媒体记者的邀请；⑦负责演出节目单的设计和制作。

（三）会务部职责

会务部职责主要包括：①负责演出总体计划安排，落实演出所需场所；②负责演出座席、资料发放等全部后勤工作；③负责重要嘉宾的邀请和有关领导、演职人员和其他人员的接待工作。

（四）节目部职责

节目部职责主要包括：①提出演出的总体构想；②负责演职人员人选的确定和联系；③负责节目的排练及演出；④负责节目的舞美、灯光、音响设计及实施；⑤负责电视转播的具体安排。

（五）安全部职责

安全部职责主要包括：①负责演出活动期间（包括彩排）的安全事务；②负责观众入场、退场的正常次序；③提出应急计划，防止意外事件发生。

八、演出节目内容编排

节目内容是演出的核心部分，是演出主题的直接体现。节目内容质量的高低直接影响到演出水平和演出效果。节目内容需要组织者依据演出主题和演出风格、特点、演出场地条件进行认真、严格的选择，并按一定次序编排后依次演出。另外，节目内容容量的大小决定演出时限的长短。演出时限应根据观众看演出时间的承受能力来定，不宜过长也不宜过短，过短会使观众感到不尽兴，过长则会使观众产生疲劳，从而影响演出效果。节目内容的长短一般以两个小时左右为宜。

九、演出阵容的安排与组织

演出阵容是节目内容的表演者的集合，包括演出团体、专业演员、业余演员和主持人等共同组成。大型的综合性演出，演员阵容强大完整，演出团体多为国家或世界级水平的演出团体，演员也多为演艺界的明星大腕，所演节目也多是拿手或保留节目。中小型演出演员相对较弱，一般由业余文艺团体或业余演员组成，但中间可以穿插一些著名演员的助兴节目，保证演出高潮迭起，取得很好的演出效果。专场演出阵容与综合演出阵容组织思路基本类似。

主持人（又称"司仪"）既是演出阵容的重要组成部分，同时也是演出阵容的核心人物，演出节目和演员台前的衔接和组合主要靠主持人。主持人的主要任务是向观众报告演出开始、演出顺序、演出结束，通过主持词或即兴发挥，介绍主要来宾、演出内容和演员，在演出中间串接演出节目，以调动、调整观众的现场情绪。主持人可以说是演出场内的灵魂。水平高、有经验的主持人可以使演出轻松活跃、气氛热烈，而且可以灵活机动地掩饰演出中偶尔出现的冷场和疏漏。

十、演出形式和风格确定

成功的演出不仅取决于节目精彩程度，还取决于形式的新颖、风格的独特。如大型舞蹈史诗《东方红》就是主持人以诗朗诵的形式连缀历史画面，使演出具有史诗般的风格的。再如大型音乐会《奥林匹克魂》，其演出形式和风格就是以"交响史诗的风格"演出，特点：①以演唱、演奏历届奥运会主题歌曲为主的大型音乐会；②每个国家的主题歌曲演奏前有该主题歌曲的背景情况介绍；③演奏前用中文和主办国语言朗诵该主题歌歌词；④晚会将重奏奥林匹克运动会永久会歌作为结束，全体观众起立，手拉手，共同创造出全人类和平、团结、奋进的气氛，把晚会推向高潮。由此可见，《奥林匹克魂》的演出在创意设计、调动观众、体现宗旨等方面的精心策划，达到了形式新颖、风格独特的要求。

十一、演出观众组织与构成

观看演出的观众一般由特殊观众和普通观众构成。特殊观众主要指各级领导、重要来宾、劳模、英雄等特殊人物。普通观众又可以分为自由观众和团体观众等。

邀请特殊观众，即邀请领导、重要来宾和劳模等观看演出的意义如下。

第一，引起领导和社会各界的高度重视，得到领导和社会各界的大力支持。第二，扩大演出的影响，强化演出效果，渲染演出气氛，打造强烈的新闻效果。演出需邀请哪一级领导和哪一类特殊人群，应根据演出的主题、规模、级别而定。

来宾主要指贵宾和嘉宾。贵宾多指外国官员和重要领导人，如正在我国访问的外国国家元首或大臣及使馆官员、国外知名人士等。嘉宾多指国内各行各业知名学者，艺术家，民主人士，为演出提供赞助的单位负责人或代表，主办、协办单位等友好协作单位代表，等等。领导和来宾观看演出多以送发请柬的方式邀请，以示尊重。

普通观众的构成分为自由购票和组织团体观众两种情况。一般来说，大型商业性演出多以售票方式组织观众。售票有预订团体票和预售散票两种情况。行业或单位团体的内部演出多以组织固定观众和赠票的形式出现。组织固定观众是通过行政管理单位组织人员观看演出，具有一定的强制性，观众人数、现场次序较易得到保障。赠票是向单位和个人赠送演出票，观众数量不易得到充分保证，持赠票者亦未必全是所赠之人。赠票要从严控制，还要预防倒票事件的发生。商业演出一般没有赠票，一般也不进行电视直播、转播，必要时还会禁止现场摄像录像，以防止知识产权侵权事件发生。

总之，观众是演出的重要组成部分，观众数量的多少、素质的高低，是决定演出效果的重要因素。

十二、演出性质及经费预算

演出的性质主要是指演出是营利性的还是非营利性的。无论是营利性的还是非营利性的演出，都会发生费用，所不同的是营利性演出会有演出收入填补，演出结果可能出现亏本、保本和营利三种情况；非营利性演出并不是不营利，主要是指不是以营利为目的，但是在财务预算的时候经费投入方面更要预算到位，同时也要考虑演出投入的弥补途径，例如是申请政府拨款还是通过企业赞助？是通过部门摊派还是进行商业运作？事先都要周密计划。运作得好，非营利性的演出照样可以赚钱。

任何演出无论其规模大小，都需要有一定的经费投入，演出组织者必须将演出过程中各个环节的可能性经费开支做出预算，并取得可靠性经费来源后组织演出，以保证演出顺利进行。公益性演出的经费来源一般有三种：政府拨款、社会集资或企业赞助、广告招商补偿。商业性演出主要靠门票收入、冠名收入、广告收入等。

十三、演出活动策划与组织实例

宁夏沙坡头《大漠风·长城魂·黄河情》旅游节庆
活动主题演出策划方案

一、策划理念定位

以沙坡头独特的旅游资源为载体，依据"发生学"的原则，建造360°三维空间天然化表演舞台，打造世界上独一无二的表演方式。借天、借地、借山、借河。长城、黄河、大漠都是舞台的场地和背景，在主表演区举行大场面、360°全景式的演出，副表演区进行水上表演、空中表演、沙地表演、草原表演、山岳长城表演、大型视屏展示等，构筑起多视角、多方位的立体表演场景，歌颂、传扬"中华民族精神家园"的神韵，铺洒、叙述中华民族大融合、大团结及人类和平与发展的主题。

二、主题表演内容

表演内容可从"纵向、横向"上构思，将节目分成几大板块。纵向以回溯中华民族几千年的文明史和展望美好未来为主线，横向以中华各民族的地域风情、民族特色表演为脉络。表演形式以歌舞、杂技、曲艺、戏剧、民歌等多种艺术形式为载体。表演采取主表演区和副表演区交替表演，互相呼应的方式。最终以磅礴的气势完美阐释中华民族大融合、大团结，人类和平与发展的主题。

主题表演分四大板块：香山之巅——边关烽火、关城内外——民族融合、黄河河道——运载千秋、黄河北岸——和平发展。

（一）香山之巅——边关烽火

香山位于黄河南岸，山上有秦代的长城，节庆日烽火台上燃狼烟，众多"秦代士兵"摇旗呐喊。

（二）关城内外——民族融合

在香山北侧至黄河的半山坡上，修建一座废弃的关城，

黄河南岸边上修建一座荒芜的广场，以香山的长城烽火和关城为大背景，进行"九州方圆"民族融合的主题表演。主要内容有：开天辟地、逐鹿中原、武王伐纣、六国归一、苏武牧羊、昭君出塞、汉藏和亲、丝路花雨、边塞烽火、弯弓射雕、宝船远航、满汉融合、锦绣中华。

（三）黄河河道——运载千秋

在黄河河道中进行从远古至今各种水上交通工具的大漂流，尤其凸显本地使用的羊皮筏子。以交通工具来展现人类发展的历史进程，也为游客选用各种交通工具做了充分的准备。

（四）黄河北岸——和平发展

黄河北岸是三北防护林带的一部分，岸上是进行草格固沙的腾格里沙漠和火车经常鸣笛而过的包兰铁路，展示了和平与发展的景象。

副表演区还有：县城黄河广场"饮水思源——黄河母亲大型西北民歌竞赛晚会"；大漠北侧的通湖草原"弯弓射雕——成吉思汗大军骑兵军阵表演"和"那达慕大会"；香山

南部的寺口子"壮志凌云——攀岩大赛";北部大漠"飞沙走石——沙漠机动车越野大赛";包兰铁路两侧"绿化家园——防风固沙草方格铺设大赛";黄河黑山峡"浪遏飞舟——黄河激流漂流大赛"。

主、副表演区之间设立电视转播和大型车载电视屏幕相互联系。主表演区和副表演区同时表演,以大型电视屏幕交替展现各表演区的演出场面,借助沙坡头一带、黄河、长城、丝路、大漠的壮丽景色,包兰铁路、宁兰公路往来如梭的车辆,道路两侧草格固沙和治沙林带郁郁葱葱的画面,总体打造和平与发展这个人类历史永恒的主题。

复习与思考

一、单项选择题

1. 根据演出的宗旨和主题,通过( )按时间比例和内容交叉组合,最终合成为综合演出。

A. "浓缩"和"精悍"　　　B. "吸收"和"精华"

C. "浓缩"和"精华"　　　　D. "浓缩"和"精妙"

2. 赞助单位是指以( )等形式资助演出单位。

A. 实物、资金、义卖、人力　　B. 实物、资金、义卖、义工

C. 实物、资金、人力、义工　　D. 实物、人力、义卖、义工

3. 演出组委会不是演出的( )。

A. 指挥机构　　B. 决策者　　C. 领袖　　D. 灵魂

二、多项选择题

1. 以下哪项是演出节目部工作职责( )。

A. 提出演出的总体构想

B. 负责演职人员人选的确定和联系

C. 负责节目的排练及演出

D. 负责节目的舞美、灯光、音响设计及实施

E. 负责电视转播的具体安排

2. 以下哪项是演出会务部工作职责( )。

A. 负责演出总体计划安排,落实演出所需场所

B. 负责演出座席、资料发放等全部后勤工作

C. 负责演出现场的环境氛围设计

D. 负责重要嘉宾的邀请和有关领导、演职人员和其他人员的接待工作

三、简答题

1. 简述演出的实际操作。

2. 简述演出节目内容的编排原则。

四、实训

202×年×月×日×时，某地体育馆将举行×××专场演唱会，请你作为组委会公关部负责广告宣传的员工，参照优秀演出招贴画格式，设计一份×××演唱会宣传画。

第五章　文体活动策划

学习要点与目标

了解文体活动的基本知识，掌握体育比赛、趣味运动会、拓展活动等文体活动策划的流程和方法，通过组建项目小组等形式，力求能够集体策划一个简单的文体活动方案。

第一节　文体活动概述

一、文体活动的含义

文体活动是指所有的文娱和体育性质的活动的总称。其中，文化艺术活动偏向娱乐、欣赏、精神充实方面，体育竞技活动则偏向体能、竞技、强身健体方面。凡是有利于社会成员健康成长的、有利于丰富各阶层人员业余生活的，都可以作为群众性文体活动来组织。

文体活动是群众文化和社会文明的重要组成部分，是具有鲜明的文化多元性和形式多样性的群体活动，既可以满足不同人群精神文化的需要，又体现了多姿多彩、内容丰富的文化氛围，是机关、企业、学校、医院、部队等经常举办的休闲活动。

二、文体活动的特点

（一）群体性

群体性文体活动不同于个人的修身养性，个人的修身养性是社会成员的个体活动，群体性文体活动一般是社会全体成员参与的、声势浩大的群体行为。该活动以群众自发组织、策划、参加为主，活动主体是群体，吸纳大多数人参加。不同季节、不同年龄、不同性别和不同自身条件的人都可以找到适合自己的活动方式，且活动人数体现一定的规模性。

（二）教育性

群体性文体活动以某项具体活动为平台，广大群众既是活动的组织者、参加者，又是受益者；既参加、组织该活动，又在活动中自我学习、自我反省、自我总结、自我提高，实现自我教育、自我教化的目的，从而提高自己的科学文化素质和思想道德水平。

（三）灵活性

文体活动的方式灵活多样，没有固定的模式，往往是由广大群众自己决定，特别是由广大群众根据自己的学习、工作、生活的方式，结合自己的兴趣、爱好、性格，创建和参加的各种活动。

（四）平等性

文体活动具有广泛的群众性、平等性，参与者以平等的身份互相交往，不论职务和地位高低，都按照活动的规则参与比赛。

（五）公益性

群体性文体活动一般都是非营利性的，这是它与商业活动的区别，活动的举办地点一般在街区、广场、体育场等公共场所，可以吸引广大人民群众积极参与。

三、文体活动的意义和作用

（一）有利于身心健康

文体活动具有运动性、娱乐性和趣味性，既能强身健体，又能开阔人的心胸、愉悦身心，还可以释放生理、心理的压力，在调节人的心理、情感，丰富人的文化生活，增进人的健康等方面具有特殊意义。

（二）有利于人们提高综合素质

竞技比赛是各项文体活动的主要内容。人们在参加竞技比赛时，最容易表现出内在的品质和思想作风，而比赛的规则、精神文明规范都制约着活动按照章程进行，无形中可对参赛人员和观众进行有效的教育，而且这种没有教员的教育过程极为自然，是在生动活泼的赛事过程中进行的，其教育效果显而易见，无形中提高了人们的综合素质。

（三）有利于树立团队精神

纵观在市场竞争中驾驭潮流的成功企业，无不在团队建设上精耕细作。对企业来说，文体活动以团体竞赛为载体，以职工普遍参与为重点，可以营造企业团结奋进的氛围，增强职工的团队拼搏意识，大大提高了职工的凝聚力和归属感。以文化为内涵的企业核心竞争力，需要通过文体活动来培育和推广，动员和鼓励职工把比赛中争取好成绩的品质带到技术工作中去。

（四）有利于构建和谐社会

在文体活动中，共同的文化意识能够引起参加者的共鸣，激发强烈的竞争意识，增强团队的荣誉感，会使有一定知识水准的参与者自觉抛开以往的情感纠纷，与团体成员一起为集体的荣誉而努力，从而有效化解个体之间、个体与团体之间、群体与群体之间的社会矛盾，使人际关系朝着积极向上的团结、协调、和谐的方向发展。

四、文体活动的分类

（一）按内容划分

1. 艺术类

（1）歌舞类

如歌咏、舞蹈、迎新晚会、手工制作、儿童拼图比赛，等等。这些活动可以充分发挥家庭或个人的艺术特长，培养和发展群众的兴趣爱好，为走上艺术道路搭建舞台。

（2）才艺类

如书法切磋比赛、围棋赛、象棋赛等。这类活动为书法棋艺类活动爱好者提供了一个展示的空间，同时还能培养参赛选手的竞争意识。

（3）欣赏类

如音乐会、电影、大型活动晚会等。这类活动能让参与者增长见识，领悟到一些深刻的处世哲学和人生道理。

2. 体育类

（1）球类活动

如篮球赛、足球赛、排球赛、网球赛、乒乓球赛等。这些活动可以锻炼身体，增强团队的凝聚力，培养队员的合作意识。

（2）体操比赛

采用自由组合、自编动作、自选音乐等方式自主选择参加健美操、广场舞等竞技比赛，可以引导人们去发现美、欣赏美、创造美，有利于陶冶情操。

（3）田径运动

田径运动是径赛、田赛和全能比赛的统称，由田赛、径赛、公路跑、竞走等项目组成。田径运动具有个体性、广泛的群众性等特点，简易可行，有利于促进身心健康。

（4）趣味运动会

趣味运动会以社区或者工作单位为载体组织趣味运动会，对提高参与者身体素质、创建和谐社区与建设和谐社会很有好处。

3. 体验类

（1）演讲比赛

包括英文或中文演讲比赛。通过演讲比赛，可以培养参与者的口才，使其提高表达能力、增强社会交际和交流能力。

（2）辩论赛

通过辩论赛，可以培养缜密的思维，学会正确观察问题、分析问题、解决问题，树立正确的人生观、世界观和价值观。

（3）知识竞赛

如消防知识竞赛、法律知识竞赛、相关专业知识竞赛等。这类活动能够增长见识，同时还带有一定的趣味性，能够加深参与者对某一领域的理解。

（4）设计类竞赛

包括创意设计、广告设计、网页设计等，这些活动对动手能力和创新精神要求很高，带有市场经济和信息时代的明显烙印，能吸引众多优秀的创意者参与。

（5）志愿服务类

如众多高校开展的支教活动、社会考察活动、节庆志愿者服务等。

4. 学术类

学术活动：如名家报告会、养生系列讲座、家庭理财咨询等活动。这类活动有利于人们认识未知世界、开阔视野、培养兴趣爱好。

科普活动：如开展科普知识竞赛、科普图片展、图文展、模型展等。

知识讲座：如核能知识讲座、建筑艺术与科学讲座、休闲与养生知识讲座等。

科技活动：如航模表演、家庭小发明活动、科技学术作品竞赛、机器人大赛、创意大赛等。

（二）按组织形式划分

1. 政府组织的活动

政府组织的活动一般很正式，以弘扬主旋律为主题，是目前文体活动的主流，如"法律知识竞赛""旅游文化节""运河文化节""艺术节""美食节"等各种纪念庆典活动。

2. 企业组织的活动

企业组织的活动多数是非正式的、在单位范围内举行的，具有很高的灵活性，极少受到各种非硬件因素的干扰，组织方式、内容、形式、时间地点等都可以根据具体情况甚至临时变化而制订和改变。例如一次主题活动、一场球赛、一次郊游、一次趣味运动会都可成为其活动内容。

3. 社团组织的活动

社团组织的活动具有强烈的专业性、专一性和方向性，内容一般与社团组织的宗旨紧密相关。其中学术社团、公益社团、文艺社团和体育社团是活动主体。如登山协会、"驴友"协会、钓鱼协会、书友会、兰花协会等组织开展的活动，可以大大增强会员之间的相互了解。

（三）按时代特点划分

1. 传统型

组织球类比赛、开办知识讲座、举行文艺演出等形式都是高校文体活动传统的形式，其最大特点是通俗易懂、喜闻乐见、广受欢迎。

2. 时尚型

时尚型是指含有当前流行元素的活动，如奥运圣火火炬传递活动、DIY大赛、青春歌手大赛、主持人大赛、旱冰文化节等，这类活动有利于展示青春，张扬个性。

3. 高雅型

高雅型如新年音乐会、交响乐（民乐）专场演出、大合唱、书画大赛等。这类活动品位高雅、群众性广，符合大众的喜好，有利于愉悦身心，陶冶情操。

4. 网络型

网络是现代社会的虚拟化，是青年人的"第二世界"，随之而来的网络型活动应运而生。这类活动传播极其迅速，波及面广，而且不受时间、地点的限制，容易组织和宣传，影响力很强。如网页设计大赛、平面设计大赛、Flash 制作大赛等。现代许多文体活动都是通过网络组织的。

5. 创新型

创新是永恒的主题，创新能力是现代人们不懈的追求，创新型活动伴随着社会发展与时代进步，受到了社会公众的热烈欢迎。许多展会活动成为创意、创新、创造的重要平台，社区也可举办一系列创新性活动，如私房菜系展示暨烹饪大赛、民族服饰文化节、社区邻居节、儿童创意大赛等。

（四）按参与人数划分

1. 大型文体活动

参与人数超过 1000 人，覆盖人数较多的文体活动。大型活动可以充分发掘广大群众的兴趣爱好，充分发挥选手的个人特长，为个性全面发展搭建平台，还可以大大增强集体凝聚力，提高大家的认同感和荣誉感。

2. 中型文体活动

参与人数超过 200 人的专项特色活动，如家庭联欢会、社区运动会等。这些活动可以充分发挥社区的特长，培养社区群众的兴趣爱好。

3. 小型文体活动

参与人数从几十人到一两百人不等，主要是社区、社团等基层组织的内部活动，如钓鱼比赛、象棋比赛、羽毛球比赛等。这些活动可以充分挖掘基层组织的向心力、号召力，激发个人融入集体的强烈意愿。

第二节 趣味运动会策划

一、趣味运动会概述

（一）趣味运动会的起源

趣味运动会是运动会的延伸，在传统的运动会项目中，一般以竞技体育项目为主，对参与者的体能和技巧的要求特别高，需要长时间的训练，才能掌握一定的技巧。这只适合少数专业体育运动者，而不适合全民参与。

为更好地开展全民健身活动，更有针对性地在企业内部开展员工体育活动，在20世纪90年代初，广东省人民政府授权广州体育学院对传统的体育运动项目进行研发和改良，通过修改规则，降低运动项目的体能、竞技要求，达到了锻炼身体、娱乐身心、营造气氛的效果，从而变成了趣味运动项目。后来，在项目设置上融入大量的户外拓展培训项目元素，使项目更能体现团队间的沟通、合作性；在比赛模式上，以田径运动会的形式操作，使活动更具整体性，现场气氛更热烈。

（二）趣味运动会的意义

趣味运动会适合人类所有群体，历史悠久，文化灿烂。游戏是人类的天性，集各种游戏项目为一体的趣味运动会，自然受到机关企事业单位和社会团体的欢迎。举办趣味运动会的意义如下。

①让企业文化更加深入人心，丰富企业文化的内涵。

②运动会的形式新颖，富有吸引力、参与性与趣味性，操作难度不高，区别于传统的运动会方式，让参加者乐于接受。

③达成团队融合的目的——调整团队成员常规心态，增强凝聚力，注入创业激情；活动效果具有震撼力、感染力，并能触动心灵，通过参与的感悟激发其做正面积极的心态调整。

④活动期间提供交流空间，有助于改善公司领导与员工之间的关系，并增强个体与群体之间的凝聚力。

⑤参与人数不受限制，能同时组织上万人的趣味运动会。

⑥相对于其他团体活动来说，趣味运动会成本更低，能为企业节约较大的费用支出，而效果尤其社会效果比其他文体活动更好。

趣味运动是非常适合各企事业单位开展的员工文体活动，比拓展训练更具凝聚力，能更好地把企业文化渗透到每个员工，提高员工对企业的认同感。趣味运动更适合各企业用于开展品牌、产品推广等会员及客户活动，它的竞技性、趣味性及观赏性避免了一般商业活动的冷场，容易使整个活动形成兴奋、热烈、互动的气氛，企业能更巧妙地达到商业目的。

二、趣味运动会的特点

（一）高度安全性

传统竞技体育比赛项目一般竞技性比较强，危险系数比较大，而且在日常活动中，一般的参赛者都是非专业人士，没有经过专业的指导，对器械的安全使用知识缺少了解，再加上自己的动作不规范，参赛过程中很容易造成运动意外事故的发生。而参加趣味运动会则不需要有这样的考虑，趣味运动项目一般都比较简单易学，不需要经过专门的训练，比赛过程中的器材大部分都是充气类、布质类、木质类器材，危险性较低，并且对选手的专业技能也没有特别要求，比赛规则也简单易懂，比赛筹备的时候又充分考虑到了组织安全问题，会有医务人员跟随在侧，从而能够保证每个参赛者的安全。

（二）全面参与性

由于传统竞技体育比赛一般都是单纯强调技能、速度等，比较单调、乏味，很多人都不愿意参加。运动会的举办就起不到组织者想要的效果，既浪费人力物力，又会使员工产生厌烦抵触心理。而趣味运动会则不然，由于组织趣味运动会的目的就是以趣味为中心，把参与者获得快乐体验作为首要的理念，是在充分考虑员工运动的业余性基础之上设计而成的，所以可以吸引更多没有体育基础的员工参与。

（三）丰富互动性

传统竞技体育比赛追求的是更高、更快、更强，是对人类运动极限的挑战。在比赛现场可以看到运动员在赛场上奋力拼搏，观众在场下呐喊助威，虽然一直倡导观众和运动员互动，却很难实现。这样就没有让观众真正参与进来，达不到完美的现场效果。而趣味运动会的比赛项目可以弥补这一点，由于它的比赛规则简单和比赛的安全性，加上我们倡导快乐体育的理念，在比赛过程中参赛者和观众可以进行真正的互动，让他们也真正参与其中，为自己的代表队加油呐喊，让参赛者在大家的鼓励中取得更好的成绩。同时，啦啦队的呐喊助威，也能增强参赛者的集体荣誉感。

（四）观赏共融性

传统竞技体育比赛项目中也具有观赏性的项目，如篮球、足球、网球比赛等，但还是吸引不了那些对篮球和足球不感兴趣的人。中国的体育是举国体制，虽然中国在很多竞技体育项目上是体育强国，但中国的大众体育运动的开展情况不理想，还达不到真正意义上的全民健身。而趣味运动项目新颖，观众不仅能观赏趣味项目比赛，还可以融入他们当中去，既是运动员又是观众。参赛者在比赛过程中"洋相"尽出，整个赛场到处都洋溢着他们愉悦的笑声。

（五）组织便利性

传统体育比赛的发展相对来说比较完善，对场地的要求，对裁判水平的高低，以及比赛规则都有都非常严格的要求，而趣味运动会比赛项目对这方面的要求则非常灵活，对场地的要求、运动员的要求，以及裁判水平的要求都不高，甚至企业员工自己都可以做裁判，组织比较便利。

三、趣味运动会的形式

趣味运动会形式多样，几乎所有的单位团体都会组织各种趣味运动，不过许多趣味运动并不叫"趣味运动会"，而是叫"联欢会""联谊会"等。企业组织体育、健身比赛，尤其是结合年终评比和表彰，都会组织一些趣味类聚会进行纪念，例如周年庆典或年底表彰大会暨趣味运动会。趣味运动会项目不外乎一些传统项目：赛跑、拔河、投篮、套圈等等。随着趣味运动的不断创新，趣味运动会项目也在不断调整。现代趣味运动结合高科技手段，例如真人 CS 野战用上了激光枪，给参与者带来了全新的体验。

（一）水上趣味运动会

水上趣味运动会一般安排在 7、8、9 月份进行，以水为主题或者载体，组织员工体验水文化，参与水狂欢，充分享受水的清凉和惬意。

水上趣味运动会项目包括送子过河、风雨同舟、水底寻宝、精卫填海、水上娶亲、水上排球比赛、水上大营救、速度比赛、游泳比赛等，集趣味性与娱乐性于一体。许多趣味运动并没有特别的规则，只要以注意安全、共同遵守为前提，大部分趣味运动都可以临时制订游戏方法和游戏规则.只要大家"玩"得开心，"玩"得公平就可以了。

例如水中寻宝活动，个人赛项目，设计在水底放置若干个"宝贝"（可用水果代替）、水上漂着一些"宝贝"（可用矿泉水瓶代替），参赛选手潜入水中或在水面上捞取"宝贝"（物品），限时 2 分钟，根据所捞"宝贝"物品多少计算个人成绩，分数最高者获胜。

又如水上大营救活动，团体赛项目，一般 5 个人为一组，其中 1 个人作为落水者，其余 4 位前去营救，营救上来后由教练现场教大家怎么进行岸上急救，使他们学会如何进行人工呼吸等基本急救知识。哪一组救援最快、最好即获胜。

再如水上排球比赛，对抗赛项目，每组 5 人，分 2 组对垒进行，在岸上分别设有 2 个临时球门，分别向对方的球门进行攻击，最终以进球数多的为胜。

（二）陆上趣味运动会

大部分趣味运动会都是在陆地上进行的，陆上趣味运动会方便组织、安全可靠、场地容易安排。以下是某企业某年度趣味运动会的比赛项目，根据需要组织方也可以增加或减少比赛项目。但考虑到运动量和比赛时间，一般来说趣味运动项目为 10 项左右，时间以半天左右为宜。与水上趣味运动会项目一样，陆上趣味运动会比赛规则也可以事先或临时制定。

1. 定点投篮（男子、女子组）

参赛者一分钟投篮。男子组投篮地点在罚球线，女子组投篮地点在罚球线前 1 米处。踩线投中不算。按投中个数录取名次。若投中个数相同，名次并列。取前八名，并计入单位团体总分。若不足 8 人参加，递减一名录取名次。

2. 足球射门（男子、女子组）

参赛者每人 10 个球，起点至球门距离：男子 6 米，女子 5 米。按将球踢进球门个数的多少录取名次。若射中个数相同，名次并列。取前八名，并计入单位团体总分。若不足 8 人参加，递减一名录取名次。

3. 两人二足（男女混合）

参赛者找好伙伴，2 人为一对（必须是一男一女），男女双方的一只脚绑在一起。比赛开始了，2 人从起点向终点走去或跑去，最后哪一对所用的时间最少，哪一对就是获胜队。距离为 30 米。根据参赛者所用时间多少取前八名，并计入单位团体总分。若不足 8 对参加，递减一对录取名次。

4. 背部夹球跑（男、女混合）

将排球放于两人背部之间，2 人为一对（必须是一男一女），两人用背部夹住排球共同行进 30 米。比赛开始了，2 人从起点向终点走去或跑去，最后哪一对所用的时间最少的那一对就是获胜队。在行进过程中，排球不能落地，排球落地将被取消比赛资格。根据参赛者所用时间多少取前八名，并计入单位团体总分。若不足 8 对参加，递减一对录取名次。

5. 踢毽子（个人）

根据参赛者在 1 分钟内踢起毽子的多少取名次。取前八名，若踢的个数相同，名次并列。并计入单位团体总分。若不足 8 人参加，递减一名录取名次。

6. 跳绳（个人）

根据参赛者在 1 分钟内跳绳数量多少取名次。取前八名，若跳绳的个数相同，名次并列。并计入单位团体总分。若不足 8 人参加，递减一名录取名次。

7. 呼啦圈（个人、限女子）

根据参赛者在 1 分钟内转呼啦圈的数量多少录取名次（部位不限）。取前八名，若转的个数相同，名次并列。并计入单位团体总分。若不足 8 人参加，递减一名录取名次。

8. 众人一条心（团体）

参赛者以 8 人（4 男 4 女）为一队，要求 8 人肩搭肩，从起点起跑，不可出现摔倒和放手的现象（出现以上现象者取消比赛资格），手始终在另一个队员的肩上。哪一队所用的时间最少，哪一队就是获胜队。距离为 30 米。根据参赛者所用时间多少取前八名，如时间相同，名次并列。并计入单位团体总分。若不足 8 队参加，递减一队录取名次。

9.50 米迎面接力（团体）

每队必须按要求组织好本队的参赛人员，共 12 人：30 岁以下男女各 2 人，30-40 岁男女各 2 人，40-50 岁男女各 1 人，50 岁以上男女各 1 人。起点和终点各站 6 人（各队自定跑的顺序）。比赛开始，1 人跑到终点时将手中接力棒交给下一名队员，最先跑完的队伍获胜。根据参赛者所用时间的多少取前八名，如时间相同，名次并列。并计入单位团体总分。若不足 8 队参加，递减一队录取名次。

10. 套圈（个人）

在参赛者前面距离 2 米处放 5 排奖品。每人 5 个圈（直径 12 厘米），套时不能踩线，套中都有奖，现场发奖。

11. 羽毛球发球（个人）

参赛者站在发球线后，每人共发 5 个球。将球发到奖品区，即获得该奖品，现场发奖。

（三）联谊趣味运动会

现代社会商业竞争越来越激烈，企业要想在竞争中获胜，仅靠提高内部的生产效益已经远远不够，需要更贴近客户。于是，各种各样的联谊性质的趣味运动会便产生了。联谊会的形式很多，联谊单位可以开展单项运动比赛（例如篮球赛），也可以开展综合运动比赛（例如趣味运动会），当然也可以通过联欢晚会的形式进行（如中间穿插"吹气球""踩气球"等各种游戏节目）。无论采用哪种形式，联谊活动都有利于企业与客户之间的外部沟通，像内部沟通一样和谐、通畅，联谊活动的目的主要是增进友谊，促进了解，让商业往来更加紧密，让客户如供应商、经销商、代理商也像内部员工一样为了一个共同的商业目标共同努力，充分认同该企业的价值观和文化。

此外，按照趣味运动会所诉求的理念，还可以策划邻里趣味运动会、亲子趣味运动会、寻宝趣味运动会、游艺趣味运动会、相亲趣味运动会等。推而广之，还有学生趣味运动会、职工趣味运动会、社区趣味运动会、农村趣味运动会等。

四、趣味运动会的策划

（一）趣味运动会策划流程

一般文体活动都要经历筹备策划阶段、前期准备阶段、正式进行阶段、结尾总结阶段，趣味运动会也不例外。趣味运动会策划工作主要集中在筹备策划阶段、前期准备阶段。各个阶段的工作任务如下。

1. 筹备策划阶段

①确定趣味运动的形式、内容与主题，保证活动形式生动。

②要量力而行，不搞花架子。

③注重民主决策，多听取员工们的意见。

2. 前期准备阶段

①注重宣传发动，发送通知、张贴海报、利用广播宣传。

②利用企业中的专门部门，动员企业员工积极参与，充分准备。

③发送请柬，郑重邀请有关领导和相关部门人员参加。

④发放入场券，精心布置活动场所，注重突出气氛。

⑤认真组织和精心准备活动的内容，编制活动程序或节目单。

3. 正式进行阶段

①趣味运动的进行要有节奏感，跌宕起伏，酝酿好高潮。

②时间安排不宜过长。

③较隆重的活动事先要印好内容说明书，发放给与会者。

④安排好主持人，写好主持词、串联词。

⑤聘请社会专业团体参与演出的，应做好招待及接送工作。

⑥考虑是否安排领导讲话、活动中向获奖者献花等细节。

4. 结尾总结阶段

①要保证以高潮结尾，注意活动的安全和场地的清理。

②注意活动经验的总结，找出不足，以利于以后更好地开展类似活动。

（二）趣味运动会的方案

1. 指导思想

在活动方案中，首先要明确为什么要举办趣味运动会？趣味运动会要达到什么目的？具有什么意义和作用？指导思想和目的意义一般在活动方案开头进行阐明。

一般来说，指导思想和目的意义，主要是通过趣味运动培养员工的团队意识、竞争意识；使其提高交流能力和创造能力，丰富业余生活，激发其工作热情，鼓励其实现自我，促进其全面健康发展。让趣味运动会成为张扬个性的平台和构建和谐关系的乐园。

2. 活动主题

这是趣味运动会活动方案的核心和灵魂。主题策划的方法要结合活动的实际，经过深入的调查研究和自下而上的充分讨论决定，而且每一届趣味运动会的主题不能简单重复，而应当有所侧重。例如一个大范围的、全社会参与的大型趣味运动会，主题可以设定为全民健身、共同参与；一个小范围的或者单位内部员工参与的小型趣味运动会，主题可以设定为团结协作、共同进退；两个单位联合组织的联谊性质的趣味运动会，主题可以设定为增进友谊、促进交流；社区组织的亲子趣味运动会，主题则可以设定为亲亲家园、和谐社区。

3. 组织领导

趣味运动会是一项群众性运动，光靠一两个人或某个部门是不行的，有必要建立趣味运动会组委会或领导小组类似的机构，由主要领导担任组委会主任或领导小组组长，组委会或领导小组下设办公室（秘书处或项目班子），负责具体工作落实。经验表明，强有力的组织领导和项目团队是群众性活动顺利举行的重要保证。

4. 活动时间

与会展活动时间类似，趣味运动会的活动时间并不是时间"点"的概念，而是时间"段"的概念，包括什么时间报名、什么时间截止、什么时间开始、什么时间结束等，尤其计时比赛项目更不能马虎。重要的时间进度计划（例如开幕式）要求准确到分、秒。

5. 参加人员

趣味运动会比赛，比的是兴趣，是爱好，一般来说参加的人数越多越好，事实上很多单位都要求全体参加（关键是各级领导要带头），"人人参与，皆大欢喜"。但是如果报名人数过多，也可以设定一定的"门槛"或者经过初赛阶段进行选拔。奖品人人有份，都有机会得到奖金，这是吸引大家踊跃参与的良好手段。例如杭州某高校曾组织全校师生去西湖苏堤踏青——活动形式简单（一般来说踏青应该去郊外，如野餐聚会），但是活动主办方为参与者准备了纪念品（礼盒装竹纤维毛巾两条），并发放节日补贴（100元/人），结果吸引了全校教职员工，浩浩荡荡的踏青人流一时间成为西湖苏堤的一道景观。

6. 比赛项目

比赛项目是趣味运动会活动方案的主要内容，比如有哪些团体项目？有哪些个人项目？有哪些对抗项目？是否还有其他活动配套？例如与年终表彰、新年晚会、春游秋游、拓展训练等活动结合起来。同时要考虑趣味运动的可行性，包括比赛道具、比赛奖品的准备，比赛人员的集训，比赛场地的布置，比赛裁判人员等都要落到实处。比赛道具最好能够自行制作、简单易行，比赛规则一目了然、容易掌握，所有比赛项目都要方便人们参加，有难度的趣味运动、极限运动，可以鼓励参与者通过体能、技能训练后参加，或者在本届趣味运动会上作为表演项目，下届趣味运动会上再作为正式比赛项目。

7. 参赛方法

事先告知比赛项目和报名须知等，例如活动方案中要列出报名条件如性别要求、年龄要求、健康要求、人数要求、报名时间、截止时间、比赛时间等。参赛方法是主办方编写《参赛须知》或《参赛指南》的重要组成部分。

8. 比赛方法

告诉大家比赛准备、比赛方法、比赛规则、注意事项等方面的内容，比赛方法要尽可能详尽，描述每一项趣味运动。考虑到时间、场地、人数、经费等方面的局限，趣味运动会比赛的项目不宜过多，一般以 10 项左右为宜，既有团体比赛项目，又有个人比赛项目；既可以事先组织准备，又可以现场临时随机组合。一些团体比赛项目也可以结合个人比赛计算个人成绩，以节省活动组织成本，例如袋鼠跳接力可以分组对抗，也可以个人单挑。

比赛规则客观、公正、透明、严密，对参赛者一视同仁，裁判执法严明，经得起检验。

注意：没有规则或者规则不严密，那么游戏就不是游戏而是"儿戏"，以后就没有人来"玩"了。

9. 奖励办法

包括录取名次和奖励办法，必须根据活动预算和经费情况合理设定。经费预算本着"节约、高效"和"精神奖励为主、物质奖励为辅"的原则，在活动方案中通过附件的格式单列出来，供领导审批，采购到位后使用，从"等米下锅"到"看米下锅"，量入为出，以收定支。预算项目要尽可能详细，具体包括道具制作费用、场地布置费用、奖品购置费用、后勤保障费用、奖金发放费用等。费用预算中一般要预留 10% 左右的不可预见费用。

录取名次一般为各单项比赛取前六名，按 6、5、4、3、2、1 计分，不足 6 名减 1 名录取。团体名次取前三名，按各队在所有项目所得名次累积分排列，如总分相等，则以第一名多者列前，以此类推。奖励办法可以是实物也可以是奖金，一些趣味运动如果与奖金挂钩更能吸引大家的参与热情，例如"背夫人比赛"与所背的"夫人"体重挂钩，体重越重奖金越高，更能考验"背"夫人者的意志力、忍耐力。

10. 注意事项

任何活动"安全"都是第一位的，应事先考虑安全防范等方面的应急方案，提出防范措施，并把安全防范措施落实到责任人。现场要有保安人员或志愿者，帮助维护良好秩序，医务人员要在现场看护，发生意外时应及时救治。

五、趣味运动会的组织和管理

（一）趣味运动会的组织

1. 拟订计划

计划就是方案，有的可以用活动方案或策划书的形式，要求尽可能详尽，必要时可附上附件。

①举办趣味运动会的目的和意义。

②确定趣味运动会的理念和主题。

③比赛日程及活动项目设置。

④参加人员范围及组队形式。

⑤组织领导机构。

⑥制定竞赛规程、规则、录取名次和奖励办法。

⑦确定裁判人员。

2. 组织工作

①组织领导机构可由行政领导挂帅，组织各项竞赛的裁判负责人参加。

②组织裁判队伍，学习本次竞赛的规程和所用规则，统一裁判尺度。

③采用文字通知或召开各部门负责人会议的形式，发动企业员工参与竞赛活动，强调参与为主，淡化胜负意识。

3. 场地布置

①整体气氛要热烈，服饰和道具均采取变形手法，让人产生忍俊不禁的喜剧效果。

②领奖台为三个高度的方体道具，最高的尺度以一步能跨上去为宜，第二、三名的领奖台高度依次递减。根据不同高度，写上"1""2""3"的字样。

③运动会成绩公布的大牌一般放置在主席台一边的高处，尽可能让所有观众看到。

④运动场跑道四周可布置一圈色彩缤纷的广告，既可美化场地，又可调节气氛。

4. 竞赛实施

在严密组织的基础上，严格按照计划实施竞赛活动。在竞赛过程中，最重要的是适时进行调控，使竞赛始终按计划进行，处于良性状态。同时，还应注意协调好有关企业或个人与竞赛组织机构的关系，齐心协力搞好竞赛。

5. 会后总结

竞赛结束以后，及时总结经验及教训。整理好与竞赛有关的文件（如竞赛记录、成绩报告单等），在全面总结的基础上，写出文字材料，以备交流、分析，有价值的还要存档。

（二）趣味运动会的管理

趣味运动会的组织和管理也是一项繁重的工作，随着计算机技术的普及，现代的运动会管理也逐渐系统化。有相关学者设计了田径及趣味运动会管理系统。主要按照运动会的自身规律通过"赛前、赛中和赛后"这三部分来实现运动会的竞赛部分的总体管理。

1. 赛前阶段

按照组织单位的目的，进行趣味运动会的策划。将运动会的系列文件生成规章制度。从"生成竞赛规程""打印报名表"到"生成秩序册"被称为"赛前阶段"，赛前阶段主要包括设置竞赛规程、组织报名、文字数据录入、竞赛日程编排、比赛秩序册打印等。

2. 赛中阶段

将秩序册打印完成为赛前阶段的结束，然后将进入"赛中阶段"。该阶段主要包括比赛进行中运动成绩采集、录入以及生成下一赛次，以及打印各种运动会所需表格，表格有两种格式——空表（由裁判自己填写）或带名字的表（往表中添入各运动员的姓名或单位的信息）。

3. 赛后阶段

运动会全部比赛项目的比赛成绩输入完后，就进入"赛后"阶段。在这一阶段中，用户可以查看本届运动会各参赛运动员或单位的成绩，奖牌情况，并根据总分情况发奖。它包括成绩统计、总分统计、奖牌统计、破纪录统计等各不同组合的统计，也可包含破纪录的统计。如条件允许，也可进行犯规的统计等。所有的统计都应当支持打印。

六、趣味运动会策划与组织实例

×× 市趣味运动会活动方案

一、时间

×× 年 × 月 × 日。

二、地点

×××× 体育场。

三、参加对象

全市国有企业、非国有企业负责人与青年员工。

四、具体要求

以企业为单位组队，要求各企业统一着装，自带旗帜，旗帜上标记有企业标志。

五、流程安排

①市委领导致欢迎词；②团市委书记讲话；③运动员代表宣誓；④裁判员代表宣誓；⑤领导宣布趣味运动赛开始；⑥各代表队退场，趣味运动会正式开始。

六、比赛项目

个人赛：花样跳绳、企鹅漫步、自行车慢骑。

集体赛：趣味接力赛。

七、比赛方法

个人赛和集体赛同时进行，9:45 开始进行集体赛。要求各参赛队伍按企业统一着装。

（一）个人赛

1. 花样跳绳

比赛规则：花样分为正跳、倒跳、正编麻花三种，每种单独记成绩。比赛限时 1 分钟，以规定时间内跳的次数多少记成绩，中途停顿可继续进行。分 16 组同时进行。

时间安排：

8：45-9：00，正跳比赛；

9：00-9：15，倒跳比赛；

9：15-9：35，正编麻花比赛。

道具：跳绳（各参赛人员自带）。

裁判：16 人。

现场仲裁（兼计时）：1 人。

2. 企鹅漫步

比赛规则：分 16 组同时进行。参赛者需两腿、两手臂夹 3 个球（气球、排球均可），呈企鹅状在跑道上规定起点、终点间行走，球掉下需夹起球，在掉球的位置继续前行。以最快到达终点者为胜者。

时间安排：

8：45-9：40，比赛。

道具：旗帜 20 幅、球 60 个、秒表 2 只。

裁判：8 人。

现场仲裁：1 人。

3. 自行车慢骑

比赛规则：赛程为 30 米，比赛中脚不能落地，犯规者淘汰出局；以到达终点的耗时最长者为胜者。分两块场地同时进行，每组 8 人同时进行。

时间安排：8：45-9：40，比赛。

道具：自行车（各参赛人员自带自行车）、秒表 2 只。

裁判：8 人，一人负责两道。

现场仲裁：2 人。

三个个人项目共需裁判 32 人，现场仲裁 4 人。

（二）集体赛——趣味接力赛

接力赛总赛程为 400 米，共分 8 个挑战项目，每个项目的比赛距离为 50 米，前一个项目运动员将接力绸带交给下一个项目运动员，下一个项目才能开始。各队以完成比赛的先后顺序计算成绩。

各参赛队伍分成 4 组进行预选赛，每组 8 支队伍，每组取前两名进入决赛，决赛规则同预选赛。

1. 手足情深（弯道）

参赛人员：每队 1 人。

比赛规则：参赛运动员一手握一足，然后用单足跳的方式完成 50 米赛段。

道具：发令枪 1 把。

发令员：1 人。

现场裁判：8 人（全程跟随运动员）。

2. 山路弯弯（弯道）

参加人员：每队 1 人。

比赛规则：参赛运动员在行进中要绕赛道中间的障碍物跑 10 圈，然后继续往前跑，完成 50 米赛段。

道具：凳子 8 把。

现场裁判（维持秩序）：2 人。

3. 宝贝新娘

参加人员：每队 3 人（2 女 1 男）。

比赛规则：比赛开始两名女选手双手交叉搭成"花轿"，一名男选手打扮成女生坐在"花轿"上，完成 50 米赛段。男选手如果落地，在落地处重新坐上"花轿"前进。

现场裁判（维持秩序）：2 人

4. 齐心协力

参赛人员：每队 2 人

比赛规则：两名参赛运动员面对面用身体将一排球夹住，每人双手在背后交握，侧跑完成规定赛段，如果球落地，则要在球离开身体处由裁判重新放球继续赛程。

道具：排球 10 只。

现场裁判（维持秩序）：2 人。

5. 地道英雄（弯道）

参加人员：每队 1 人

比赛规则：参赛运动员在行进中钻过 3 个栏架，完成 50 米赛段。如果栏架翻倒，参赛运动员需扶起栏架并重新钻栏。

道具：踏栏栏架 24 个。

护膝：10 对。

护肘：10 对。

现场裁判（维持秩序）：2 人。

6. 乔丹运球（弯道）

参赛人员：每队 1 人。

比赛规则：参赛运动员后退运篮球完成 50 米赛段。行进途中不得持球跑，也不能双手触球。

道具：篮球 10 只。

现场裁判（维持秩序）：2 人。

7. 过桥袋鼠

参加人员：每队 1 人。

比赛规则：参赛运动员先越过跑道上设置的 2 座独木桥，然后用袋鼠跳跃方式完成后半程。

道具：长凳 2 排各 8 条、麻袋（麻袋上绘制图案）10 个。

现场裁判（维持秩序）：2 人。

8.巨人脚步

参赛人员：10人，其中至少3名女运动员（分在两段）。

比赛规则：分两段，每段25米，每段5人，参赛运动员踩在木板上前进，完成50米赛段。

道具：特制木板8块。

现场裁判（维持秩序）：2人。

注：除第3、8项比赛外，其他项目至少有一项参赛运动员为女性。时间安排：

09：45-10：05，第一组；

10：10-10：35，第二组；

10：40-11：00，第三组；

11：05-11：25，第四组；

11：30-12：00，决赛；

12：00颁奖（集体优胜奖与团体优胜奖）。

八、记分方法

按各企业集体和个人项目得分之和排列总团体名次。集体和个人项目均取前八名，个人分值为9/7/6/5/4/3/2/1，跳绳3个分项的分值为4.5/3.5/3/2.5/2/1.5/1/0.5，集体分值以个人三倍计。

九、奖励方法

大会设总团体优胜奖8个。按集体和个人成绩总和录取前八名，奖励团体冠军、亚军、季军、优胜奖杯。

设集体优胜奖8个。趣味挑战赛取前八名为集体优胜奖，颁发荣誉证书。

花样跳绳的三个项目、企鹅漫步、自行车慢骑各取男、女前三名，给予证书和奖金。

个人优胜奖颁奖在集体赛开赛前进行，集体优胜奖和团体优胜奖颁奖在集体赛结束后进行。

十、仲裁委员会组成

邀请体育运动专家和有关领导、主要裁判组成，对有争议的比赛成绩和奖励方法进行仲裁。仲裁意见对趣味运动比赛结果具有最终约束力。

十一、本方案未尽事宜由组委会赛前或在赛中及时商定。

十二、本方案实施细则由组委会办公室负责解释。

第三节 体育运动会策划

一、体育运动会的起源

体育运动是指为了战胜对手，取得优异的运动成绩，最大限度地挖掘个人、集体在体格、体能、心理及运动能力等方面的潜力所进行的科学的、系统的训练和竞赛。

世界最早的运动会是古希腊的古代奥运会。奥运会的全称是"奥林匹克运动会"，"奥林匹克"一词源于希腊的地名"奥林匹亚"。奥林匹亚位于雅典城西南360千米的阿尔菲斯河山谷，那里风景如画、气候宜人，古希腊人在这里建起了许多神殿。因此，古人把这块土地叫作阿尔菲斯神城，也称"圣地"奥林匹亚，它象征着和平与友谊。

古代希腊和地中海区域其他国家的人们在祭祀和收获的季节，常常举行盛大集会，并进行各种游乐和竞技活动，热闹非凡。最初这项活动分散在各地，也不定期，但以奥林匹亚的集会最为盛大。

公元前884年，古希腊爆发战争，各地战火连绵，瘟疫成灾，农业歉收。希腊平民非常渴望和平，怀念当年的那种庆典活动。于是，奥林匹亚所在的伊利斯城邦国王联络其他几个城邦的国王，达成了一项定期在奥林匹亚举行运动会的协议，并规定在运动会年实行"神圣休战日"。"神圣休战日"期限是3个月。在这期间，即使正在交战的双方，也要放下武器，去奥林匹亚参加运动会。从此，就产生了全希腊性的赛会。到公元前776年，第一次用文字记录下获奖者全名，这就是后人所说的第一届古希腊运动会。之后，这种赛会每四年举行一次。因比赛地点在奥林匹亚，亦称古代奥林匹克运动会，简称古代奥运会。从公元前776年到公元349年，古代奥运会被罗马帝国的皇帝废除为止，古代奥运会一共举行了293届。

二、现代奥林匹克运动

（一）奥林匹克运动的诞生

自19世纪初开始，不断有人尝试恢复奥运会。直到19世纪末，在法国贵族顾拜旦及其他奥运先驱者的努力下，现代奥林匹克运动终于登上历史舞台。1894年6月16日，顾拜旦精心设计和主持的首次"国际体育教育代表大会"在巴黎召开。来自9个国家37个体育组织的78名代表到会，通过决议复兴奥运会，规定此后每隔4年举办一次奥运会；选出由15人组成的国际奥林匹克委员会。顾拜旦起草国际奥委会章程，阐述了奥林匹克运动的哲学基础、教育和美学意义，奠定了奥林匹克运动的理论基础，使奥林匹克运动发展成持久的体育与和平运动。这次大会标志着现代奥林匹克运动的诞生。顾拜旦则被人们誉为"现代奥林匹克之父"。

奥林匹克运动是在奥林匹克主义指导下，以体育运动和四年一度的奥林匹克庆典——奥运会为主要活动内容，旨在促进人的生理、心理和社会道德全面发展，增加各国人民之间的相互了解，在全世界普及奥林匹克主义，维护世界和平的国际社会运动。奥林匹克运动包括以奥林匹克主义为核心的思想体系，以国际奥委会、国际单项体育联合会和各国奥委会为骨干的组织体系和以奥运会为周期的活动体系。一百多年之后的今天，奥运会吸引了202个国家和地区的积极参与，奥运已成为全球最重要的体育盛会和普天同庆的节日。

（二）奥林匹克运动的标识

1. 奥运五色环标识

奥运五色环标识象征着五大洲的团结。其中，蓝色代表欧洲；黄色代表亚洲；黑色代表非洲；绿色代表大洋洲；红色代表美洲。另外，奥林匹克运动还有一系列独特而鲜明的象征性标识，如奥林匹克格言、会旗、会歌、会徽、奖牌、吉祥物等。这些标志有着丰富的文化含义，形象地体现了奥林匹克理想的价值取向和文化内涵。

2. 会旗

奥林匹克会旗于 1913 年由顾拜旦亲自设计，长 3 米，宽 2 米。1914 年为庆祝现代奥林匹克运动恢复 20 周年，在巴黎举行的奥林匹克代表大会上首次升起。1920 年安特卫普奥运会正式采用。奥林匹克会旗上面是蓝、黑、红三环，下面是黄绿两环。五环代表 5 大洲的团结和全世界的运动员在奥林匹克运动会上相聚一堂。

3. 会歌

国际奥委会在 1958 年于东京举行的第 5 次奥运会上确定用《奥林匹克圣歌》（《撒马拉斯颂歌》）作为奥林匹克会歌。其乐谱存放于国际奥委会总部。从此以后，在每届奥运会的开、闭幕式上都能听到这首悠扬的古希腊乐曲。

4. 格言

1920 年，国际奥委会正式确认"更快、更高、更强（Faster，Higher，Stronger）"为奥林匹克格言，在 1920 年安特卫普奥运会上首次使用。此后，奥林匹克格言的拉丁文"Citius，Altius，Fortius"出现在国际奥委会的各种出版物上。奥林匹克格言充分表达了奥林匹克运动所倡导的不断进取、永不满足的奋斗精神。

5. 精神

《奥林匹克宪章》指出，奥林匹克精神就是相互了解、友谊、团结和公平竞争的精神。

6. 宗旨

《奥林匹克宪章》指出，奥林匹克运动的宗旨是"通过没有任何歧视、具有奥林匹克精神——以友谊、团结和公平竞争的精神相互理解的体育活动来教育青年，从而为建立一个和平的、更美好的世界做出贡献。"

7. 奥林匹克日

1948 年 1 月，国际奥委会在第 42 次全体会议上将每年的 6 月 23 日定为奥林匹克日，举行庆祝活动，纪念国际奥委会的诞生，宣传奥林匹克理想和推动普及运动。自 1987 年起，国际奥委会发起了"奥林匹克日长跑"活动。

8. 圣火

奥运圣火首次出现是在 1928 年的阿姆斯特丹奥运会上。当时是顾拜旦提出了这一想法，但仅限于在体育场附近的一个喷泉盛水盘上点燃圣火。奥林匹克火炬起源于古希腊神话中普罗米修斯为人类上天盗取火种的故事，在奥林匹亚宙斯神前，按宗教的仪式在祭坛上点燃火种，然后持火炬跑遍各城邦，传达奥运会即将开始的信息，各城邦必须休战，忘掉仇恨与战争，积极准备参加奥运会的竞技比赛，因此火炬象征着和平、光明、团结与友谊等意义。

9. 吉祥物

在奥运史上，吉祥物第一次出现在 1972 年的慕尼黑奥运会上。此后吉祥物就成为构成一届奥运会形象特征的主要成分。国际奥委会和历届奥运会组委会对吉祥物的设计要求都很高，每一届奥运会吉祥物的揭晓都吸引了世界的关注，成为当届奥运会的亮点。

（三）奥运会的分类

奥林匹克运动会除了夏季奥运会以外，还有以下几项专题奥运会。

1. 残疾人奥运会

残疾人奥林匹克运动会始办于 1960 年，是由国际奥委会和国际残疾人奥林匹克委员会主办的、专为残疾人举行的世界大型综合性运动会，每四年于夏季奥运会后举办一届，迄今已举办过 16 届。

2. 冬季残奥会

自 1976 年举行以来已经举办了 9 届，参赛运动员总人数接近 4000 人。比赛项目有高山滑雪、越野滑雪、冰上雪橇球、轮椅体育舞蹈 4 个大项，每个大项中又包括若干小项。

3. 冬季奥运会

19 世纪末至 20 世纪初，一些冰雪运动在欧美国家逐渐得到普及和发展。在冰雪运动日益普及的情况下，现代奥运会创始人顾拜旦建议单独举办冬季奥运会，但由于 1901 年北欧两项运动在欧洲斯堪的纳维亚半岛的成功举行而被拖延。

此后，1908 年伦敦奥运会上增加了花样滑冰项目。1920 年安特卫普奥运会上，国际奥委会增加了冰球项目。花样滑冰和冰球加入奥运会后引起了观众的极大兴趣，但因天气条件给组织者带来了诸多不便。这两个项目都需要在 4 月进行，但大多数比赛和奥运会的开幕式在 8 月中旬才举行。使一届奥运会要长达 5 个月的时间，在人力、物力上耗费太大。鉴于此，人们倾向于把冰雪项目从奥运会中分离出来，单独进行冰雪项目的奥运会。

正式的冬季奥林匹克运动会始于 1924 年，两年后国际奥委会正式将其更名为第一届冬季奥林匹克运动会。冬季奥运会最初规定每四年举行一次，与夏季奥运会在同年和同一国家举行。从第二届冬奥会——1928 年圣莫里茨冬季奥运会开始，冬季奥运会与夏季奥运会的举办地点改在不同的国家举行。1994 年起，冬奥会与夏奥会以两年为相隔交叉举行。

4. 特殊奥运会

特殊奥林匹克运动是基于奥林匹克精神，专门针对智障人士开展的国际性运动训练和比赛。特殊奥林匹克运动会包括本地、国家、洲际和世界等不同级别。其中，世界特殊奥运会每两年举办一届，夏季和冬季交替举行。到目前为止，国际特奥会共举办过 11 届夏季特殊奥运会、8 届冬季特殊奥运会。中国上海于 2007 年曾举办过特奥会。

5. 听障奥运会

前身为世界聋人运动会，第一届于 1924 年在法国巴黎举行。随后，参赛的国家和人数不断增加，竞技水准也不断提升。2001 年 5 月，国际奥林匹克委员会鉴于在国际聋人体育联合会主导之下的世界聋人运动会办得极具规模且具有聋人文化的特色，决议同意更名为听障奥林匹克运动会，并于 2001 年 7 月意大利罗马第 19 届起实施。中国台北于 2009 年举办了听障奥运会。

6. 青年奥运会

青少年奥林匹克运动会是一项专为年轻人设立的体育赛事，糅合了体育、教育和文化等领域的内容，并为推进这些领域与奥运会的共同发展而发挥着一个催化剂的作用。国际奥委会在 2007 年 7 月 5 日危地马拉城的第 119 次国际奥委会全会上同意创办青少年奥运会，运动员的年龄需在 14-18 岁。中国南京于 2014 年举办了第二届青奥会。

（四）奥运会比赛项目

1896 年第一届现代奥运会只有 9 个比赛项目。此后，随着奥运会的影响力不断扩大，其规模越来越大，比赛项目也越来越多。到 2008 年北京奥运会，比赛项目已增至 28 个。2005 年，国际奥委会在新加坡全会上决定，2012 年伦敦奥运会只设 26 个大项，且今后每届奥运会最多不得超过 28 个大项。

夏季奥运会比赛主要项目：田径、篮球、足球、摔跤、柔道、举重、射击、射箭、击剑、赛艇、马术、手球、网球、棒球、垒球、跆拳道、羽毛球、皮划艇、乒乓球、曲棍球、自行车、帆船帆板、体操、排球、游泳、铁人三项、现代五项、拳击等。

冬季奥运会比赛主要项目：速度滑冰、短跑道速度滑冰、高山滑雪、自由式滑雪、越野滑雪、北欧两项、跳台滑雪、现代冬季两项、雪橇、雪车、花样滑冰、冰壶、冰球、滑板滑雪等。

三、田径运动

（一）田径运动的起源

田径或称田径运动，是径赛、田赛和全能比赛的统称。以高度和距离计算成绩的跳跃、投掷项目叫"田赛"；以时间计算成绩的竞走和跑的项目叫"径赛"。田径比赛由田赛、径赛、公路跑、竞走和越野跑组成，此外还包括部分田赛和径赛项目组成的"十项全能"。

据记载，最早的田径比赛，是公元前 776 年在希腊奥林匹克村举行的第一届古代奥运会上进行的短距离赛跑，跑道为一条直道，长为 192.27 米。到公元前 708 年的第 10 届奥运会上，才正式加入了跳远、铁饼、标枪等田赛项目。当时只准男子参加，女子连观看也不行，违者处以死刑。

最早并没有像现在这样的标准田径场，那时的一些跳跃和投掷项目的比赛，都在一块空着的场地上举行，而一些赛跑的项目，都在一段平坦的道路上举行，"田"和"径"的命名就由此而来。1894年，在英国举行了最早的现代田径运动国际比赛，比赛共分9个项目。真正的大型国际比赛是1896年开始举行的现代奥运会。它沿用古代奥运会每隔4年举行一次的制度，每届奥运会上，田径运动都是主要的比赛项目之一。从1928年第9届奥运会起，才增设了女子田径项目。

田径是世界上最为普及的体育运动之一，也是历史最悠久的运动项目。田径与游泳、射击被视为奥运金牌三大项目，"得田径者得天下"的说法也由此而来。

（二）田径运动的特点

1. 与生活密切相关

走、跑、跳、掷是人类生活的基本技能，是田径运动项目中最基本的运动形式。这些自然动作和技能对学习掌握田径运动各项技术有着十分密切的关系，这些自然动作规范，有助于正确地、较快地掌握田径运动技术。

2. 具有广泛性

田径运动具有个体性，更具有广泛的群众性。田径运动除接力跑外，都是以个人为单位参加比赛的运动项目，团体成绩和名次大都是由个人成绩和名次及接力跑成绩的名次的计分相加决定的。田径运动是体育运动中最大的一个项目，它包括五大类很多单项，是任何大型运动会中比赛项目最多、参赛运动员最多的项目，经常参加田径运动的人也最多。

3. 简易可行

参加田径运动很少受到条件限制。男女老少都可以在平原、田野、草地、小道、公路、河滩、沙地、丘陵、山冈、公园等较安全的地带从事田径运动。基层田径比赛要从实际出发，因地制宜，"任何坚固、均质、可以承受跑鞋鞋钉的地面均可用于田径竞赛"。使用简易的场地器材和设备也可举行基层田径运动会。

4. 促进身心健康

田径运动中各单项和全能项目，对人体形态，主要身体素质水平和心理机能等有不同的要求，运动员要从个人实际和特点出发，选择运动项目，掌握具有个人特点的先进、合理的运动技术。

（三）田径各分项目

1. 短距离跑

短距离跑简称短跑。跑是人类与生俱来的基本能力，自古以来就是一种比赛形式，几乎每个国家的文献中都有描述。据史料记载，短跑是公元前776年古希腊奥运会唯一的竞技项目，距离为192.27米。现代短跑起源于欧洲，最早被列入正式比赛是在1850年的牛津大学运动会上，当时设有10码、330码、440码项目。19世纪末，为规范项目设置，将赛跑距离由码制改为米制。初为职业选手的表演项目，后逐渐扩展到业余运动员。

2. 中距离跑

中距离跑简称中跑。最初项目是 880 码和 1 英里（1 英里 =1.609 千米），从 19 世纪中叶开始，880 码和 1 英里跑项目逐渐被 800 米和 1500 米项目所替代。有的学者认为，中跑项目最早的正式比赛是 1847 年 11 月 1 日在英国伦敦举行的比赛。原为职业选手的表演项目，后逐渐扩展到业余运动员。

3. 长距离跑

长距离跑简称长跑。最初项目为 3 英里、6 英里，从 19 世纪中叶开始，逐渐被 5000 米和 10000 米项目所替代。据记载，现代最早的正式长跑比赛是 1847 年 4 月 5 日在英国伦敦举行的职业比赛。

4. 跨栏跑

跨栏跑起源于英国。由牧羊人跨越羊圈栅栏的游戏演变而来。跨栏跑最早使用的栏架是掩埋在地面上的木支架或栅栏，1900 年出现了可移动的倒 T 形栏架。1935 年有人将 T 形栏架改成 L 形栏架，L 形栏架支脚的另一端朝向运动员的跑进方向，稍加阻力即可向前翻倒，减轻了运动员过栏时的恐惧心理。奥运会比赛项目分男子 110 米跨栏、男子 400 米跨栏、女子 100 米跨栏、女子 400 米跨栏。比赛时，运动员必须跨越 10 个栏架，除故意用手推或用脚踢倒栏架外，身体其他部位碰倒栏架不算犯规。

5. 接力跑

拉力跑是田径运动中唯一的集体项目。以队为单位，每队 4 人，每人跑相同距离。其起源有多种说法，有的认为起源于古代奥运会祭祀仪式中的火炬传递，有的认为与非洲盛行的"搬运木料"或"搬运水坛"游戏有关，也有的认为是从传递信件文书的邮驿演变而来。

奥运会比赛项目分男、女 4×100 米接力和 4×400 米接力。1908 年第 4 届奥运会首次设立接力项目，但 4 名运动员所跑距离不等。1912 年第 5 届奥运会改设 4×100 米接力和 4×400 米接力。女子 4×100 米接力和 4×400 米接力分别于 1928 年、1972 年被列入奥运会比赛项目。接力跑运动员必须持棒跑完各自规定的距离，并且必须在 20 米的接力区内完成传接棒。

6. 障碍跑

障碍跑 19 世纪在英国兴起。最初在野外进行，跨越的障碍是树枝、河沟，各障碍间的距离也长短不一，19 世纪中叶开始在跑道上进行。有研究报告提出，19 世纪时障碍跑的距离不统一，具有很大的随意性，短的 440 码，长的可达 3 英里。

1900 年第 2 届奥运会首次设立障碍跑，分 2500 米和 4000 米两个项目。从 1904 年第 3 届奥运会起将障碍跑的距离确定为 3000 米，并沿用至今。女子障碍跑开展较晚，国际田联 1997 年才开始推广。全程必须跨越 35 次障碍，其中包括 7 次水池。障碍架高 91.1-91.7 厘米，宽 3.96 米，重 80-100 千克。400 米的跑道可摆放 5 个障碍架，各障碍架的间距为 80 米。运动员可跨越障碍架，也可踏上障碍架再跳下，或用手撑越。

7. 马拉松

马拉松原为希腊的一个地名。公元前 490 年，希腊军队在马拉松平原击退波斯军队的入侵。传令兵菲迪皮德斯（Pheidippides）从马拉松跑到雅典城，在报告胜利的消息后，因体力衰竭倒地而亡。1896 年举行首届奥运会时，顾拜旦采纳了历史学家布莱尔以这一史事设立一个比赛项目的建议，并定名为"马拉松"。比赛沿用当年菲迪皮德斯所跑的路线，距离约为 40 千米。此后十几年，马拉松跑的距离一直保持在 40 千米左右。1908 年第 4 届奥运会在伦敦举行时，为方便英国王室人员观看马拉松比赛，特意将起点设在温莎宫的阳台下，终点设在奥林匹克运动场内，起点到终点的距离为 26 英里 385 码，折合为 42.195 千米。国际田联后来将该距离确定为马拉松跑的标准距离。女子马拉松开展较晚，1984 年才被列入第 23 届奥运会。

8. 竞走

竞走起源于英国。19 世纪初，英国出现步行比赛的活动。19 世纪末，部分欧洲国家盛行从一个城市到另一个城市走行旅行。1866 年英国业余体育俱乐部举行首次冠军赛，距离为 7 英里。竞走分场地竞走和公路竞走两种。场地竞走设世界纪录；公路竞走因路面起伏等不可控因素较多，成绩可比性差，故仅设世界最好成绩。运动员行进时，两脚必须与地面保持不间断接触，不准同时腾空，着地的支撑腿膝关节应有一瞬间的伸直，不得弯曲。比赛时，运动员出现腾空或膝关节弯曲，均给予严重警告，受 3 次严重警告即取消比赛资格。1908 年首次进入奥运会，当时的距离是 3500 米和 10 英里。此后几届奥运会距离有所不同，有过 3000 米、10 千米等，从 1956 年奥运会起定为 20 千米（1956 年列入）、50 千米（1932 年列入）。女子竞走于 1992 年才被列入奥运会，距离为 10 千米，2000 年奥运会改为 20 千米。

9. 跳高

跳高（High Jump）起源于古代人类在生活和劳动中越过垂直障碍的活动。现代跳高始于欧洲。18 世纪末苏格兰已有跳高比赛，19 世纪 60 年代开始流行于欧美国家。1827 年 9 月 26 日在英国圣罗兰·博德尔俱乐部举行的首届职业田径比赛中，威尔逊屈膝团身越过 1.575 米，这是第一个有记载的世界跳高成绩。跳高有跨越式、剪式、俯卧式、背越式等过杆技术，现绝大多数运动员都采用背越式。跳高横杆可用玻璃纤维、金属或其他适宜材料制成，长 3.98—4.02 米，最大重量 2 千克。比赛时，运动员必须用单脚起跳，可以在规定的任一起跳高度上试跳，但第一高度只有 3 次试跳机会。男、女跳高分别于 1896 年、1928 年被列为奥运会比赛项目。

10. 撑竿跳高

撑竿跳高（Pole Vault）起源于古代人类利用木棍、长矛等撑越障碍的活动。据记载，公元 554 年爱尔兰就有撑越过河的游戏。撑竿跳高原为体操项目，流行于德国学校。

1789 年德国的布施跳过 1.83 米，这是目前世界上有据可查的最早成绩。撑竿跳高的横杆可用玻璃纤维、金属或其他适宜材料制成，长 4.48—4.52 米，最大重量 2.25 千克。撑竿的长度和直径不限，但表面必须光滑。运动员一般都自带撑竿参加比赛。比赛时，运动员必须将撑竿插在插斗内起跳；起跳离地后，握竿的手不得向上移动；可以在规定的任一起跳高度上试跳，但每一高度只有 3 次试跳机会。男、女撑竿跳高分别于 1896 年和 2000 年被列为奥运会比赛项目。

11. 跳远

跳远（Long Jump）源于人类猎取或逃避野兽时跨越河沟等活动，后成为军事训练的手段。为公元前 708 年古代奥运会五项全能项目之一。现代跳远运动始于英国，1827 年 9 月 26 日在英国圣罗兰·博德尔俱乐部举行的第一次职业田径比赛中，威尔逊越过 5.41 米的远度，这是第一个有记载的世界跳远成绩。跳远的腾空动作有蹲距式、挺身式和走步式。最初运动员是在地面起跳，1886 年开始采用起跳板。起跳板前有起跳线，起跳线前有用于判断运动员起跳是否犯规的橡皮泥显示板或沙台。运动员必须在起跳线后起跳。比赛时，如运动员不足 8 人，每人可试跳 6 次，超过 8 人，则先试跳 3 次，8 名成绩最好的运动员再试跳 3 次。以运动员 6 次试跳的最好成绩排列名次。男、女跳远分别于 1896 年和 1948 年被列为奥运会比赛项目。

12. 三级跳远

三级跳远起源于 18 世纪中叶的苏格兰和爱尔兰，两者跳法不同。苏格兰采用单足跳、跨步跳、跳跃，而爱尔兰用的是单足跳、跳跃。现规定必须使用苏格兰跳法。最早的正式比赛可以追溯到 1826 年 3 月 17 日首次举行的苏格兰地区运动会，比蒂创造了 12.95 米的第一个纪录。比赛时，运动员助跑后应连续做 3 次不同形式的跳跃，第一跳为单足跳，用起跳腿落地；第二跳为跨步跳，用摆动腿落地；第三跳为跳跃，必须用双脚落入沙坑。男子三级跳远于 1896 年被列为首届奥运会比赛项目，女子三级跳远于 20 世纪 80 年代初逐渐广泛开展，1992 年被列为奥运会比赛项目。

13. 推铅球

推铅球起源于古代人类用石块猎取禽兽或防御攻击的活动。现代推铅球运动始于 14 世纪 40 年代欧洲炮兵闲暇期间推掷炮弹的游戏和比赛，后逐渐形成体育运动项目。铅球的制作经历了用铁、铅以及外铁内铅的过程。正式比赛男子铅球的重量为 7.26 千克，直径 11—13 厘米；女子铅球的重量为 4 千克，直径为 9.5—11 厘米。早期推铅球没有固定的方式，可以原地推，也可以助跑推；可以单手推，也可以双手推；还出现过按体重分级别的比赛。比赛时，运动员应在直径 2.135 米的圈内，用单手将球从肩上推出，铅球必须落在落地区角度线以内方为有效。男、女铅球分别于 1896 年和 1948 年被列为奥运会比赛项目。

14. 铁饼

铁饼起源于公元前 12 世纪至公元前 8 世纪希腊人投掷石片的活动。公元前 708 年第 18 届现代奥运会被列为五项全能项目之一。铁饼最初为盘形石块，后逐渐采用铜、铁等金属制作。现代奥运会史上，曾有过双手掷铁饼的比赛项目（左手＋右手）。掷铁饼技术经历过原地投、侧向原地投、侧向旋转投、背向旋转投几个发展过程。铁饼可用木料或其他适宜材料制作，男子铁饼重 2 千克，直径 22 厘米；女子铁饼重 1 千克，直径 18.1 厘米。

比赛时，运动员应该在直径 2.50 米的圈内将饼掷出，铁饼必须落在 40°的角度线内方为有效。男、女铁饼分别于 1896 年和 1928 年被列为奥运会比赛项目。

15. 链球

链球起源于中世纪苏格兰矿工在劳动之余用带木柄的铁锤进行的掷远比赛，后逐渐在英国流行。链球的英语词意即铁锤。19 世纪后期，成为英国牛津大学和剑桥大学运动会的比赛项目。当时使用的器械是带木柄的铁球，后为便于投掷，将木柄改为钢链，链球由此而来。掷链球最初采用原地投，后逐渐改进为侧向投，旋转一圈投、旋转两圈投、旋转三圈投，现运动员多采用旋转四圈投。男子链球重 7.26 千克，总长 117.5-121.5 厘米，女子链球重 4 千克，总长 116.0-119.5 厘米。比赛时，运动员必须在直径 2.135 米的圈内用双手将球掷出，链球必须落在 40°的角度线内方为有效。圈外有 U 形护笼，确保投掷安全。男子链球于 1900 年被列为奥运会比赛项目，女子链球于 2000 年列入奥运会比赛项目。

16. 标枪

标枪起源于古代人类用长矛猎取野兽的活动，后长矛又发展为作战的兵器。公元前 708 年被列为第 18 届古代奥运会五项全能之一。现代标枪运动始于 19 世纪的瑞典、希腊、匈牙利和芬兰等欧洲国家。1792 年瑞典的法隆开始举行标枪比赛。最初运动员使用的木制标枪前后一样粗，20 世纪 50 年代初，美国标枪运动员赫尔德研制出两端细、中间粗的木制标枪，延长了标枪在空中飞行的时间，因而被称为"滑翔标枪"。20 世纪 60 年代瑞典制造出金属标枪，使标枪的滑翔性能更强，大幅度提高了运动成绩。1984 年民主德国运动员霍恩以 104.80 米的成绩打破世界纪录。国际田联为保证看台观众的安全，1986 年将男子标枪重心向枪尖方向前移 4 厘米，以降低飞行性能，1999 年又将女子标枪重心向枪尖方向前移 3 厘米。标枪可用金属或其他适宜的材料制作。男子标枪重 800 克，长 260—270 厘米；女子标枪重 600 克，长 220—230 厘米。比赛时，运动员必须单手将标枪从肩上方掷出，枪尖必须落在投掷区角度线内方为有效。男、女标枪分别于 1908 年和 1932 年被列为奥运会比赛项目。

17. 全能

全能起源于希腊，早在公元前 708 年第 18 届古代奥运会上便设有五项全能，由赛跑、跳远、铁饼、标枪和摔跤项目组成。现代全能运动始于欧洲。女子全能运动 1923 年始于苏联，1948 年得到国际田联的认可，1964 年奥运会将五项全能列为比赛项目，1984 年奥运会改为七项全能。比赛按规定的项目顺序分两天进行。1924 年第八届奥运会取消了男子五项全能，保留了男子十项全能的比赛，并沿用至今。男子十项全能第一天为 100 米、跳远、铅球、跳高、400 米，第二天为 110 米跨栏、铁饼、撑竿跳高、标枪和 1500 米。女子七项全能第一天为 100 米跨栏、跳高、铅球、200 米，第二天为跳远、标枪和 800 米。根据各单项成绩查国际田联制定的全能评分表，以累加总分计算名次。运动员必须参加所有项目的比赛，如某个项目弃权，则不能参加后续项目的比赛，也不计算总分，但如果某个项目因成绩太低或失败，没有得分，仍可计算总分。

四、球类运动

球类运动是以球为基础的游戏或运动。

有许多流行的游戏，涉及某些类型的球。这些游戏可根据它们的总目标分类，表明一个共同的起源或其基本思路：使用球棒，如棒球、高尔夫球及板球等；双个球门，如篮球、足球等；空中击球，如排球及网球；击中指定目标，如保龄球。

世界上流行的球类运动包括：棒球、乒乓球、保龄球、冰球、台球、垒球、手球、排球、沙滩排球、曲棍球、马上曲棍球、板球、橄榄球、水球、篮球、网球、羽毛球、足球等。其中，足球、板球、曲棍球、篮球、网球、排球、乒乓球、棒球、高尔夫、美式橄榄球被列为世界十大球类运动。

五、体育运动会的组织与策划

体育运动会的组织与策划是一项复杂而又系统的工作，下面主要以学校举办的田径运动会为例，介绍体育运动竞赛的组织工作。

（一）举办田径运动会的意义和要求

学校通过举办田径运动会，能够推动全校田径运动的开展，吸引广大学生积极参加到田径运动的活动中来；能够检阅学生参加田径运动锻炼和训练的效果，促使田径运动的普及和提高；能够丰富学校的课余生活，对学生进行思想品德教育，振奋精神，加强团结，使学校学生朝气蓬勃，奋发向上。举办学校运动会，属于群众体育比赛的性质，其要求如下。

第一，田径运动会要有学校自身的特点，要坚持以"团结、奋进、文明、育人"为宗旨。

第二，在制定运动会方案和竞赛规程时，应考虑吸收更多的学生参加比赛，让他们在运动会中当运动员，而不是当观众。

第三，在项目设置上，要从学校和广大学生的体质与体育水平的实际情况出发，把一些《体育教学大纲》和《国家体育锻炼标准》规定的项目作为主要的比赛项目。另外，也可设置一些集体项目和表演项目。

第四，在分组上，要尽量考虑学生年龄和身体发育情况的差异，中学举行运动会时，最好按年级分组进行比赛。

第五，在比赛规则上，也应从学生实际情况出发，适当降低比赛规则的要求，制定符合学生实际并能调动学生积极性的规则。

第六，学校运动会的时间，一般以一天到一天半为宜，以使运动会起到使学生放松休息的作用，不应使学生过度疲劳。

总之，学校举办运动会应有学校自身的特点，要使运动会开得简朴、隆重，有节日气氛，使学生积极参与，从而收到良好的教育效果。

（二）田径运动会的筹备工作

学校举办田径运动会，应成立一个领导小组，负责领导运动会的筹备工作。领导小组讨论决定运动会的组织方案、竞赛规程、组织机构等。

1. 组织方案

组织方案由运动会筹备领导小组根据实际情况制定，它是筹备召开运动会工作的依据。组织方案通常包括以下内容：运动会的名称和目的任务、运动会的日期和地点、运动会的规模（主要应包括参加单位、参加人数、竞赛组别和项目等）、运动会的组织机构（包括组织形式、各工作部门的分工及负责人名单、各工作部门的工作人员名额等内容）、运动会的经费预算、工作步骤等。

2. 竞赛规程

竞赛规程是进行竞赛工作的依据，通常包括以下内容。

①运动会的名称、目的任务与要求，主办单位、比赛日期及地点，参加单位及组别等，根据运动会的组织方案拟订上述内容。

②比赛项目：根据运动会的性质、规模、参加组别、运动员的水平拟定。基层单位举办田径运动会，比赛项目设置一定要注意具有群众性和广泛性。

③参加比赛办法：包括每单位可参加多少人，每人可报几项，每项限报几人，接力项目参加办法以及参加者的资格规定等。

④报名办法：说明报名表格填写方法，规定报名开始和截止日期，明确报名条件以及身体检查规定等。

⑤记分及奖励办法：说明各项录取的名额，个人和集体、全能和破纪录以及团体总分的计算与奖励办法等。

⑥比赛规则：说明采用中国田径协会审定的某年田径竞赛规则和补充规定等。

⑦参加单位注意事项：包括对各单位准备比赛和参加比赛的要求等。

3. 组织机构

机构的形式和规模应根据实际需要决定。通常设三组开展工作。

①宣传组：负责宣传教育、会场布置、开幕式与闭幕式、奖品奖状发放等项工作。

②竞赛组：负责编印次序册、配备与培训裁判员以及竞赛裁判等项工作。

③后勤组：负责场地与器材、奖品奖状、饮水供给和医务人员配备等工作。

（三）田径运动会次序册的编排步骤及注意事项

田径运动会次序册，是举办运动会的关键。科学、合理的比赛次序，能保证运动会的顺利进行，有利于运动员提高成绩，使裁判员和其他工作人员有条不紊地进行工作，还能起保持会场观众情绪高昂的作用。为了编好次序册，编排和记录公告组成员在编排前必须认真学习竞赛规程和比赛规则，了解运动会每单元可安排的比赛时间、组别和项目、参加办法、计分和奖励办法、场地器材条件和裁判员人数与水平等情况，然后进行编排。编排的具体步骤与方法如下。

1. 审查报名表

按照竞赛规程规定的参加办法，对各单位的报名表进行审查。如发现超人、超项等问题，应立即与当事单位联系，及时解决。

2. 编排运动员姓名、号码对照表

在报名单"会编号码"栏中编排运动员号码，然后编写运动员姓名、号码对照表。学校运动会的编号，可与年级、班级对应起来，号码以四位数组成，第一位数代表年级，第二数代表班级，第三、第四位数是运动员的顺序号。

3. 统计各项目参加比赛人数

为了掌握情况，为分组和编排工作做好准备，需要统计各项目参加比赛的人数，然后填入"各项参加比赛人数统计表"以及运动员兼项统计表。

4. 编排各项竞赛分组

由于参加运动会的运动员较多，应按照项目不同，编排各项竞赛分组。

5. 编排竞赛日程

竞赛日程是运动会一切项目比赛的时间依据，它直接影响整个比赛的进行、运动员水平的发挥和赛场的气氛。因此，必须认真细致地做好竞赛日程的编排。

6. 编印秩序册

为了使运动会竞赛和各方面工作协调配合，顺利地进行，并使全体与会人员行动有所遵循，需要印发秩序册。田径运动会的秩序册一般包括开幕式、闭幕式程序；大会主席团、筹备委员会、工作人员、仲裁委员会、裁判员名单；各代表队名单；各代表队运动员、工作人员人数统计表；田径运动最高纪录；竞赛场地平面图等。

（四）田径运动会的其他工作

为了保证运动会的顺利进行，在运动会的组织筹备和进行期间，除了制定好竞赛规程、组织好报名、编排好秩序册和做好竞赛裁判工作外，各组应根据职责与分工，责成专人，在运动会召开前，进行中和结束后，做好下列工作。

1. 运动会召开前的工作

召开领队、教练员会议；组织裁判员学习；准备场地器材；布置好会场等。

2. 运动会进行中的工作

组织好入场和开幕式；根据比赛要求，做好场地布置及器材供应和回收工作；公告组要登记好比赛成绩，及时公布；统计好团体总分名次和破纪录情况；做好比赛成绩宣告与发奖和大会宣传、教育、鼓励工作；加强安全措施，维持好场内、外次序，做好医务工作；根据比赛进程，在必要时调整比赛秩序；组织好闭幕式等。

（五）运动会结束后的工作

运动会结束后，要整理好运动成绩和记录等资料，有条件和有必要时编印成绩册，清理好场地、器材和各种用具，做好运动会工作总结等。

第四节　拓展活动策划

一、拓展训练策划

（一）拓展训练的含义

拓展训练最初是针对海员的，是一种水上生存训练，所以用"离港的船"命名，意指一艘船离开平静的港湾，驶向充满未知和挑战的大海。现代意义上的"拓展训练"，泛指一切面对未知事物、迎接挑战的训练活动。野外生存与拓展训练是"一体两面"，野外生存就是拓展训练，拓展训练就是野外生存。但是从训练的方式和内容上看还是有差别的：野外生存注重个人能力，拓展训练更关注团队合作；野外生存重视"生存"，拓展训练更注重"发展"；野外生存方式相对比较单一，拓展训练方式则可无限扩大。所以，野外生存与拓展训练结合起来，可以收到更加显著的训练效果。

（二）拓展训练的起源

拓展训练的起源一直可以追溯到这种训练的哲学依据的产生，拓展训练的哲学依据是由德国教育家昆塔（Kurt）创立的。昆塔是一位长住英国的德国人，他年轻的时候得了一场大病，经过长期坚持不懈的努力，终于战胜了病魔，就是在这个长期的抗争时期，他不断地在思考一些教育哲学方面的问题。在自己经历长期磨炼具备战胜病魔的能力之后，他在想怎样才能使别的病人具备同样的意志和能力，怎样使正常健康的人也具备同样的能力，怎样在正规的教育体系之外加强一下个人意志方面的训练。于是，昆塔把他的思考总结成了以下两个方面的核心内容。

① Your disability is your opportunity.（你的挫折就是你的机会）

② There is more in you than you think. Each of us has more courage, more strength and more compassion than we would ever have fathomed.（你有很多意想不到的能力。我们中的每一个人身上都有自己所不曾看透的：更多的勇气、更多的力量和更多的同情）

昆塔认为培养学生面对挫折的能力与培养学生的智力同样重要。

昆塔生活在第二次世界大战期间的英国，当时很多英国商船出海时受到德国军舰的袭击，很多人葬身大海，不过每次都有少数人生还。通过对生还者的调查发现，这些生还的人并不是人们想象中的那些年轻力壮的人，而是在困境中最能与人合作、有坚韧的毅力、能够坚持到底的人，是那些求生欲望和求生能力特别强的人。

人在遇到危机时决定你是否能生存的不是你的身体状况，而是你的心理状况。这个重大的发现和昆塔的哲学理论完全吻合。于是，专门训练海员水上生存训练的"阿伯德威海上训练"学校就诞生了。训练专家们模拟一些海难场景，设计了很多训练项目，让学员身临其境去体验，然后获取更多战胜困难的经验，增强求生能力。这种训练收到了很好的效果，并得到广泛的推广。我国从 20 世纪 90 年代中期引入这种模式，随后各种拓展训练营地蓬勃发展，拓展训练取得了巨大成功。

拓展训练以山水自然为背景，让学员在大自然中全身心放松，通过团队集体学习、团队成员之间的相互激励与启发以及培训师的引导和点评，去体验和感悟生活和工作中的一些真谛，然后将这些体验和感悟带到工作和生活中，去创造更大的价值。

（三）拓展训练的特点

拓展训练是一种体验式培训，其着眼于团队精神的熔炼，考验个人意志，个人以及组织可以从中获得多方面的收益。拓展训练作为现代教育的一种新的表现形式，注重从心理发展、人格形成角度等方面对学员进行培训。通过体验式拓展课程，学员可以拥有自信、勇敢等品质，培养领导才能并增强自我管理、互助合作、战胜困难、与人和谐相处的能力。拓展训练主要具有以下特点。投入为先拓展训练的所有项目都以体能活动为引导，引发出认知活动、情感活动、意志活动和交往活动，有明确的操作过程，学员只有全情投入，才能获得最大价值。

挑战自我拓展训练的项目都具有一定的难度，表现在心理素质的考验上，需要学员向自己的能力极限挑战，跨越心理极限。

熔炼团队拓展训练能使学员体验团队的力量，进而增强责任心与参与意识，树立相互配合、相互支持的团队精神和群体合作意识。

高峰体验在克服困难，顺利完成训练项目要求以后，学员能够体会到发自内心的胜利感和自豪感，获得人生难得的高峰体验。

自我教育培训师只会在训练前把课程的内容、目的、要求以及必要的安全注意事项向学员讲清楚，活动中一般不进行讲述，也不参与讨论，充分尊重学员的主体地位和主观能动性。

通过拓展训练，参训者在以下方面有显著的提高：认识自身潜能，增强自信心，改善自身形象；克服心理惰性，磨炼战胜困难的毅力；启发想象力与创造力，提高解决问题的能力；认识群体的作用，增进对集体的参与意识与责任心；改善人际关系，学会关心，更为融洽地与群体合作等。

（四）拓展项目的分类

1. 根据练习环境分类

根据练习环境的不同，我们可以将拓展项目分为室内、场地和野外拓展项目。

（1）室内拓展项目

室内拓展项目是在室内开展的拓展项目。拓展训练学校为了适应市场的需求，将部分拓展项目移到室内进行，并融入了企业内训的一些内容，从而出现了一类不同于场地和野外拓展项目的新形式，在这里我们称之为室内拓展项目。现在开设的室内拓展项目由三类组成：一是本身在室内开展的项目；二是将部分户外的拓展项目改变规则移到室内开展；三是融入了部分具有体验式培训性质的企业内训项目。

（2）场地拓展项目

场地拓展训练依赖一定的专业拓展场地，场地由高空训练组合架和一些地面设施组成。

可以做的拓展项目主要包括"团队破冰""信任背摔""电网""高空断桥""高空单杠""天梯""团队桥""海难逃生"等。现在专业场地的设施越来越完善，可以做的项目越来越多，有些已经可以承担部分水上项目，因此，我们在对拓展项目进行一级分类的基础上，对场地项目进行再次分类，将场地拓展项目分为空中拓展项目、地面拓展项目和水上拓展项目。

场地空中拓展项目：空中拓展项目主要是依托高空训练组合架操作的项目，主要是通过空中这种特殊的环境，对人的心理素质进行强化训练。同时让所有成员通过保护自己、协助伙伴的确保安全的动作来加深自己的社会责任意识。场地空中项目主要包括"高空断桥""高空单杠""高空 V 字桥""天梯""团队桥""缅甸桥""攀岩"等。

场地地面拓展项目：地面拓展项目包括依赖地面设施的项目和不需要专门设施的项目。需要地面设施的项目是在地面上建一些小型的设施，主要有"信任背摔""电网""孤岛求生""海难逃生"等；不需要地面设施的项目对场地的要求很小，只要有一块相对比较宽阔的空地和简单的道具就可以，主要有"解手链""数字传递""生日线""交通阻塞""齐眉棍""女皇圈""穿越 A4 纸""风火轮""蛟龙出海""巧解绳结"等。因为这类项目不受场地的限制，而且操作简单，趣味性较强，因此，非常受拓展培训师的喜爱，常在制定拓展训练方案时作为调节性的项目出现。

场地水上拓展项目：场地内的水上拓展项目主要依赖在场地内建的水上设施。在炎热的夏天，能在水上嬉戏一番，是非常惬意的一件事情，成为众多参训学员的首选项目。但因为水域建在场地内部，因此一般水域面积较小，能做的拓展项目也不多，主要有"同舟共济""轮胎滚滚""龙舟赛""猛龙过江""水上相依""无舟求渡"以及游泳等。

（3）野外拓展项目

野外拓展项目是以户外运动项目为基础，在广袤的野外开展的拓展项目。主要有登山、攀岩、速降、露营等。野外拓展项目又分为三类，即野外空中拓展项目、野外陆地拓展项目和野外水上拓展项目。

野外空中拓展项目：以伞翼滑翔为典型的野外空中拓展运动是近几年在我国兴起的一项运动，从事这项运动就是对自我的一种挑战，将其纳入拓展训练项目，对于丰富拓展训练内容、提高拓展训练效果，是非常有意义的，只是鉴于该项目的经费成本高，目前还不能广泛开展。

野外陆地拓展项目：野外陆地拓展项目指在野外陆地上开展的各种拓展项目，包括登山、攀岩、速降、露营等。野外陆地拓展项目又可以根据海拔的高低分为低海拔拓展项目和高海拔拓展项目两类。高海拔拓展项目是指在海拔高度在雪线以上的地带开展的拓展项目；低海拔拓展项目是指在海拔高度在雪线以下的地带开展的拓展项目。这种分类的依据主要是，在不同的海拔高度对人体的刺激是不同的，高海拔地带由于天气寒冷、空气稀薄等对人的生存能力、意志力等是一个考验。而低海拔地带适合做一些常规的野外拓展训练项目。

野外水上拓展项目：水上拓展项目主要是指依赖河流、湖泊、海洋等面积比较宽广的水域开展的拓展项目。近年来，各拓展训练学校对水上拓展项目的开发力度比较大，开发的水域也由水面发展到水下，比如深呼吸拓展培训学校刚刚推出的潜水拓展训练，因此，可以根据拓展训练是在水面上开展还是在水下开展，将水上拓展项目分为水面拓展项目和潜水拓展项目。水面拓展项目是在河流、湖泊、海洋等宽广水域的水面上开展的拓展训练项目。特别是在炎热的夏天，因为水和陆地有温差比，人们在水中感觉非常清凉，所以深受大众的喜爱。如扎筏泅渡、"抢滩登陆"、漂流、溯溪攀冰等。潜水拓展项目是新兴的一种项目，是拓展项目向水下的拓展。但以下人群不适合潜水：醉酒后，患感冒，有神经过敏病、耳鼻疾病、心脏病、高（低）血压、糖尿病等。

2. 根据体验的形式分类

根据体验的形式，可以将拓展项目分为个人项目和团队项目。在制定拓展训练计划时，个人项目和团队项目排列的顺序，以及两者的比例将影响到培训效果的好坏。

（1）个人项目

个人项目主要是以个人的形式参加体验，是本着体能消耗最佳、心理挑战最大的原则设计，每项活动对受训者的心理承受力都是一次极大的考验。个人项目主要有"高空断桥""高空单杠""缅甸桥""攀岩""速降"等。所谓个人项目其实是相对的，是就一定程度而言，因为即使是个人体验，接受体验的人也在受着团队其他成员的支持，这个因素的影响力在某些情况下所起的作用是很大的。

（2）团队项目

团队项目是以改善受训者的合作意识和受训集体的团队精神为目标的，通过复杂而艰巨的活动项目，促进学员之间的相互信任、理解。因为拓展训练主要是以团队的方式来完成任务的，所以拓展训练项目大多数都是团队项目，我们常见的团队项目有"信任背摔""众志成城""电网""孤岛求生""盲人方阵""海难逃生""天梯""群锣战鼓""一页纸""急速60秒"等。

3. 根据拓展训练本身的目标分类

从训练本身的目标来分，拓展训练主要分为体能拓展、心理拓展和教育拓展三大板块。

4. 体能拓展

可以理解为体能训练，主要目的是提升体能，促进健康和良好生活习惯的形成，培养团队的合作精神，是成员养成积极乐观的人生态度和价值观念。

5. 心理拓展

可以理解为"超越心理边界"的训练，它利用户外自然环境，通过有目的、有针对性地设计户外拓展活动，使参与者在解决问题、应对挑战的过程中，达到"磨炼意志、陶冶情操、完善人格、熔炼团队"的培训目的。

6. 教育拓展

把拓展训练作为教育培训课程，内容包括一些户外项目，比如攀岩、背摔等，也有一些室内的游戏，比如"驿站传输"、七巧板之类的小组游戏，主要用于培养团队意识、促进成员交流，目前国内高校 MBA 课程以及公司高管培训甚至党校干部培训都引入了教育拓展。

（五）常见的拓展训练项目与课程

1.常见的拓展训练项目

（1）毕业墙

项目简介：所有人通过合作，翻越一面4米高的墙。

目的和意义：计划性，明确的分工，沟通与合作。

（2）蜘蛛网

项目简介：每人均需穿越一张大小不一的蜘蛛网。

目的和意义：计划性，明确的分工，信任与合作。

（3）大脚板

项目简介：团队所有成员一起利用两条长板从起点走到终点。

目的和意义：平衡感，沟通与协调。

（4）过河抽板

项目简介：团队所有成员利用若干油桶和木板从起点走到终点。

目的和意义：团队责任及执行力。

（5）泰山绳

项目简介：团队所有成员在规定的区域内转移到指定的另一区域。

目的和意义：尝试与挑战，信任伙伴，合作与支持。

（6）生化危机

项目简介：团队所有成员在规定的时间内安全将"核弹"转移到指定的另一区域。

目的和意义：尝试与挑战，信任伙伴，合作与支持。

（7）拆炸弹

项目简介：团队在规定的时间内将炸弹安全拆除。

目的和意义：团队协调与分工。

（8）孤岛生存

项目简介：珍珠岛的队员在规定的时间内将另外两个岛的队员成功转移到珍珠岛。

目的和意义：角色互换，相互理解。

（9）信任倒

项目简介：每一队员站在离地1.8米高的平台，合起双手，向后直倒下去，下面会有同伴们的手臂将你接住。

目的和意义：信任、承诺，克服恐惧，团体对个人的支持。

（10）生死电网

项目简介：所有队员在规定时间内利用一根竹子成功翻越一张网。

目的和意义：计划性，信任与合作。

（11）同心石

项目简介：所有队员站在一个非常小的平台坚持一段时间。

目的和意义：打破思维定式，团队协作。

（12）怪兽过河

项目简介：团队所有队员创造出一个怪兽并造成一个整体，从 A 点到 B 点。

目的和意义：打破常规思维，领导与配合。

2. 常见的拓展训练课程

（1）新老员工融入团队课程

课程目标：减少新老员工之间不必要的矛盾和磨合成本，有效处理新老员工之间的冲突，提高新老员工之间的信任度，使其认识团队合作的重要性，树立团队概念。

培训对象：企业或组织中的新老员工团队。

项目设置：地面项目＋室内项目。

（2）应届毕业生初入职场训练

课程目标：提高应届毕业生岗前培训质量，帮助毕业生度过"现实震荡期"，有效解决应届毕业生就业流失率高的问题。

培训对象：高校应届毕业生.

项目设置如下。

A 组合：高空项目＋地面项目＋水上项目＋室内项目。

B 组合：高空项目＋地面项目＋室内项目。

C 组合：地面项目＋室内项目＋水上项目。

D 组合：地面项目＋水上项目。

E 组合：地面项目＋室内项目。

F 组合：地面项目。

（3）领导力才能拓展训练营

课程目标：提高领导者的能力，促成团队中的管理层人员在非工作状态下的有效沟通，形成积极协调的组织氛围；树立互相配合、互相支持的团队精神和整体意识；提高时间与任务管理技巧以及分析解决问题的能力；提高领导和协调事务的能力。

课程内容：罐头鞋、盲人方阵、孤岛生存、空中单杠、野战项目等。

（4）团队凝聚力拓展训练课程

课程目标：提高团队的凝聚力，加强团队合作。

培训对象：公司员工、院校学生等。

课程内容：野战项目（丛林夺旗战、斩首行动、歼灭战等）、信任背摔、毕业墙等。

二、拓展训练方案策划实例

××公司团队体验式拓展训练企划书

一、前言

企业飞速发展离不开团队管理的理念，特别是在新的形势下如何把公司的核心理念带给每一位员工显得尤为重要。共同的价值观和理想，共同的团队精神、共同的公司使命，都是成就成功事业的基石。相反，缺乏团队协作意识、缺乏核心理念，团队就如一盘散沙，不能把事业做强做大，同时还会造成人员的流失、整体成本的增加。那么，在此种情况下，如何加强信任，建立沟通渠道，达成共识，创造团队凝聚力以满足现在企业发展的需要就显得尤为重要。

受××公司的委托，太鼎企管特别设计了这套培训课程，希望能够帮助公司点燃员工心中的激情，学会运用团队合作的方法和心态，创造佳绩。

二、课程设计思路

训练对象：公司的员工及部分干部。

训练主题：熔铸激情团队，创造辉煌事业。

训练目标如下：

培养积极向上、奋发进取的心态；重新思考与同事的关系，学会站在对方的角度看问题；培养执行力和纪律性，服从团队统一安排，遵守共同的承诺与约定；学会独立思考，发挥潜能以促进个人能力的突破，创造激情团队，迎接艰巨挑战。

训练时间：一天一夜。

特别安排：如有可能，请老总参加，并在结束时做一次动员演讲，可起到画龙点睛的作用，将训练成效引入高峰。

三、课程设计架构

（一）团队建设篇

1.破冰活动

认识你真好。

2.团队领袖竞选如何展示领袖魅力，让人倾力拥戴？领导者应具有何种素质，才能带领团队达到目标？

3.团队组建

确定队名，"师出有名，战无不胜"；设计团队标识、口号和队歌，打造精神符号；确定队规，构建团队规则；设计"代号"，放下过去，融入现在；搭建精神象征，展示团队风采。

（二）团队行动篇

你能否真正认识团队？如何使你的团队成为训练有素的高效作战团队？团队的成功取决于有强烈荣誉感、责任感并敢于承担责任，能够战胜自我，善于合作的人。

1.团队信任关——信任背摔

五尺高台折射出心中隐而未现的世界，透视到内心隐而未现的心智模式，让你体验到未曾意识和思索到的对自己和他人的认识和理解。信任是一个永恒的主题，充分的沟通与交流是建立信任的平台，而信任是合作的基础。

2.团队融合关——过沼泽

团队成员如何沟通、交流与合作，亲密无间、同舟共济为达到目标而努力？在热烈、紧张的氛围中，你和你的团队在不知不觉中成为紧密的整体，彼此之间默契融合，亲密靠近，

也包括你们的心。要能够接纳别人，让团队成为紧密的整体。

3. 团队组织关——穿越封锁线

面对纵横交错、充满"危险"的"电网"，你和你的团队可能要经历"生命"的考验和无数的挫折，面对看似不可能完成的任务，如何计划与决策？如何共同探讨做事观念和方法，如何调配现有资源？团队中需要不同的角色；任何缺乏组织的行为都可能导致团队任务的失败。

4. 团队执行关——有轨电车

一人不动则全队不动，一令不统则步调不齐，作为团队领袖你要思考团队的执行力如何体现？如何创造行动迅速、整齐划一的团队？

5. 团队勇气关——空中抓杠

站在摇摇晃晃的 7 米圆台，面对前方"遇不可及"的目标，是信心、意志和勇气的较量，是心灵的震荡和感悟。每个人都应能够站在不同角色认识自己，理解他人，并从挑战自我中获得心灵的震荡和感悟。"一个终生向着目标前进的人，整个世界都会为他让路。"

6. 团队共赢与奋进篇——毕业墙

在面临困境时如何求得生存和胜利，使团队中的每一个人都能突出险境？要完成任务，你一个人做不到，而团队可以做到。为达成团队目标，每个人都应奋勇争先，相互支持与合作，共同成功与共赢。没有完美的个人，只有完美的团队。

（三）团队心声篇

拓展奥斯卡盛典：在拓展训练活动后，将举行隆重的结业典礼。经历了一天一夜的洗礼，体会真心英雄的感觉。

中国结：所谓学习是指我们忽然之间明白了原本就知道的道理，只不过是以一种新的方式。在中国结上记下你的感悟，留下你永恒的记忆。

手语舞：感恩的心，人需要有一颗感恩的心。不知道感恩就不能长久，不懂得感恩就不会快乐。以互相感恩为主题，以特别的方式传达激动人心、激荡心灵的效果，让学员久久回忆，不能忘怀。

四、训练流程安排（略）

五、训练保证

训练保证包括训练公司的专业能力、教练队伍，以及训练安全保证、训练基地环境等方面。

第五节　演出活动策划

成功的演出需要精心、周密地统筹与计划。演出统筹与计划完成后便形成了演出可行性方案或者总体框架方案，接着便是按照演出方案进行紧锣密鼓的筹备。演出活动策划的流程包括演出组织机构的成立，演出主题和名称的确立，演出内容与形式的策划，演职人员的邀请与节目排练，演出活动的广告宣传筹划，演出舞台、场景、道具、服装、灯光、音响、氛围等一切物质条件的准备，演出的实际操作等内容。

一、成立演出组织机构

演出组织机构根据演出规模设立演出组委会或演出领导小组，对演出总体负责、总体计划，把握整个演出的原则和主题。具体执行工作由演出组委会办公室或演出领导小组办公室负责，有些演出或活动需要申办，前期工作由演出活动申办领导小组和办公室完成，申办成功后组织机构身份及时转换为演出组委会或演出领导小组以及负责具体工作的办公室，这是目前国内活动组织机构的普遍做法（国外通常会设立活动秘书处，秘书处设秘书长或执行官，机构简练、高效）。健全、完善、得力的组织机构是演出成功的组织保证。特别是大型综合文艺演出，一般都应设组委会，并在组委会下设若干个职能机构，分工合作，协同作战，使整个演出活动有组织、有计划、有步骤地进行。

演出的组织机构因演出需要而设，是一个临时性非常设机构。成员多由与演出密切相关的单位，如上级主管部门，主办、协办、承办、赞助单位，专业团体等单位临时抽调领导、骨干人员组成，在演出期间完成演出的各项任务。如果派出机构领导或骨干人员发生变化应当及时进行替换补充，以免影响整个演出工作。

演出组织机构的设立，一般遵循以下原则：

①为加强对演出各项工作的全面领导，提高演出的社会知名度，使演出所涉及的单位和个人团结协作、密切配合，演出组委会或领导小组的主任或组长应由主要领导担任，可以是上级主管部门领导，也可以是主办单位领导。如需要还可设立名誉主任，聘请更高一级的领导或社会知名人士担任，例如邀请演出组委会主任的上级领导或著名艺术家担任。副主任由与演出相关的单位负责人担任，委员由组委会主任、副主任、职能部门负责人及著名演艺界人士组成。演出组委会或领导小组分管副主任可以兼任办公室主任，参与组委会的决策并且是组委会决策意见的具体执行者、协调者，是演出的直接主要责任人，需要具备组织能力强、业务水平高、协调能力强、精明能干等基本素质。各职能部门负责人需由具有协作精神和开拓精神的人士担任。

②组织机构成立之后，应由组委会主任召集会议，明确工作职责、目标任务，研究演出方案。在筹备过程中经常听取有关准备情况的汇报，检查督促各项工作的落实情况，并提出指导性、建设性的具体意见。

③组委会日常工作由演出组委会办公室或演出领导小组办公室负责协调，一般可以通过办公会议、联席会议、协调会议、专题会议等形式进行，各职能部门之间要加强协作，密切配合。

二、确定演出活动的名称和主题

演出名称要合乎规范，符合演出名称构成的基本要素，方便观众记忆、传播。在演出名称确立之前可以提出多种方案，然后在若干个备选方案中选出最佳名称。演出主题要求鲜明突出，使之成为统帅演出内容与形式的灵魂。成功的演出都是演出主题与演出内容和形式的完美结合。

三、演出活动的内容与形式策划

演出内容主要指节目是高雅艺术还是通俗歌曲？是歌舞晚会还是相声小品？是戏曲会演还是联欢活动？演出内容策划主要体现在对节目内容的选择和编排上。演出形式主要指演出的方式和风格，是室内演出还是露天演出？是夜晚演出还是白天演出？是借助声光电技术还是平常演出？演出形式多种多样，表现的效果千差万别，例如用与不用用灯光，其演出效果是完全不一样的。

（一）演出节目内容的选择

1. 综合性演出的节目内容选择

应考虑到节目内容要适应不同年龄、不同层次观众的需要，使各种类型的节目在演出中均占一定比例。各类节目如歌舞、相声、小品、戏曲等，可以在演出中平均分配，也可以根据需要重点突出某一类节目。同一类型的节目在演出中应以表现内容、风格形式加以区别，避免雷同和单调。另外，选择节目内容时，还应考虑到各类节目风格形式的特点，内容安排应起伏跌宕。

2. 专场演出节目内容的选择

戏剧、小品专场演出应以其所反映的生活内容、社会现象为参照选择节目，针砭时弊，内容健康，发人深省，但不能以取笑、挖苦残疾人和社会弱势人群为乐。戏曲专场演出，如果是综合剧种专场演出应重点考虑各个剧种在演出中的比例；如果是单一剧种专场演出应着重考虑不同风格和流派。音乐会的节目选择，从形式上要考虑合奏、重奏、独奏的比例，从曲目上要考虑曲目的大小和长短，名曲与新曲结合，古典与现代结合。

（二）节目内容的编排

节目内容的编排应根据节目类型、风格特点、节目预期效果按一定顺序编排，一般应体现以下原则。

1. 开头

演出的第一个节目应先声夺人，要求精彩、新颖、热烈，使演出一开始便能抓住观众，造成理想的剧场效果。如中央电视台春节联欢晚会每一年晚会的开头都很新颖、热烈、欢快，或以著名演员率领庞大阵容出场，或以具有浓郁民族特色的大型歌舞、群舞开头，形成欢快祥和、蓬勃向上的热烈场面，从而使观众感受到举国同庆、全家欢乐的喜庆节日气氛。有的演出则根据场景、道具、设备和节目连贯要求，把大节目如大合唱、大合奏、大场面的舞蹈编排放在第一个节目，气贯全场，掌声雷鸣！有的演出特意编排第一个节目用以明确体现演出主题。

2. 结尾

最后的"压轴"节目需将演出推向高潮，给观众留下深刻的印象。一般应选择场面宏大、质量高、效果好、著名演员表演的节目，压轴节目的后面通常安排全体演员或演职人员上场谢幕。有时也将压轴节目同演员谢幕合二为一，形成新颖别致的结尾。

3. 连贯

演出节目必须连贯安排，防止冷场、卡壳。任何演出中的节目内容相对而言都有质量高低、风格相异的区别。因此，在编排节目内容顺序时应按质量高低、风格的不同将节目交替安排，从而使演出避免单调、高潮迭起。

4. 交叉

同一类型的节目应交叉安排，不能鱼贯而出。如一场演出可能出现 3-5 个相声或小品，这样就不能把这一类节目安排在一起演出，而应同其他类型的节目如歌舞、戏曲等交叉安排，使演出不断变幻、错落有致。

（三）演出形式与风格

演出的表现形式和风格多种多样，在演出时，节目内容常常借助舞台灯光、音响、布景效果等辅助形式加以表现，以升华和拓展演出效果。如舞蹈或伴舞服装华丽，常借助释放干冰烘托歌舞气氛，使演员在表演时如在云雾之中轻歌曼舞。在小品或朗诵中配上适当的音乐，可以升华节目的主题，起到摄人心魄的艺术效果。灯光能够制造出各种舞台效果，根据节目内容的需要，可以选择各种灯光效果。

（四）灯光、场景、布景效果

蓝光可以衬托出阴森、恐怖和神秘的场景氛围；自然光可以制造出旭日东升、春光明媚的感觉，也可以制造出日照中天、烈日炎炎的感觉，还可以制造出夕阳西下、黄昏降临的感觉；橘红可以烘托出祥和、喜庆、温暖的气氛。吹泡机吹出的泡泡可以表现如幻的童话世界，雪花可以营造出冰天雪地的感觉，等等。演出策划要根据节目内容需要进行细致合理的灯光、场景设计。

布景指在舞台天幕上展现投影而成的画面，布景的运用可以使观众有身临其境的真实感，现代激光、背投、动画、三维技术已十分发达，通过加大投入，完全可以应用到演出效果中去。舞台效果的运用可以模仿各种自然界的现象，如摇动大张三合板可以模仿闷闷的声音；摇动薄铁板可以模仿惊雷的声音；拨动风车可以模仿刮风的效果；扬洒纸屑可以营造大雪纷飞的天气，等等。

四、演职人员的邀请与节目排练

演职人员的邀请与节目排练由演出组织机构中的节目部具体负责。演员包括在舞台上表演节目的主角和配角、伴奏、伴唱、伴舞、主持人等人员。职员包括导演、副导演、导演助理、舞台监督、灯光师、音响师、剧务等人员。

（一）邀请演职人员

1. 根据节目内容需要邀请演员

在确定节目内容之后，便可邀请演出节目的演员。有的节目已经演出过，可邀请节目的原班人马参加演出；有的节目尚未排演过，可邀请合适的演员进行排练，准备演出。演出组织者在邀请演员时，一定要以礼相待，并讲明演出的主题，尊重演员本人的意愿。邀请集体演出单位，应事先与集体演出单位负责人联系，出具组委会邀请函，并需要具体落实参加演出的要求和条件。

2. 根据邀请演员情况决定节目内容

在不违背演出主题的前提下，演出可以根据演员邀请情况决定节目内容。在实际操作中邀请演员可能与设想方案有较大差距，特别是著名演员，演出任务较多，需要其将档期错开。需要两人以上的表演节目，还要考虑到演员是否均能参加演出。总之，要根据演出或演出单位的实际情况确定节目内容。

3. 邀请演出职员

首先，导演和导演团队的邀请，导演是整场演出的领导者、指挥者，一般在演出组委会成立之后，就要立即确定演出的导演团队。

其次，确定演出的主持人。主持人是整场演出的灵魂人物，导演在幕后，主持人在台前，讲究互相配合、达成默契。演出主持人的确定可以根据演出内容、风格形式的特点，选择不同风格的主持人。如交响音乐会应选择口齿清楚、声音洪亮圆润、仪态端庄大方者担任主持人。联欢晚会应选择经验丰富、头脑灵活、应变能力强、诙谐幽默的人担任节目主持人。

一般演出的节目主持人为一男一女，根据实际需要主持人也可以是两人以上，或由一人主持节目，节目主持人在服饰的选择上一定要与演出内容、风格形式协调相称，否则就显得滑稽可笑。两人以上的（包括两人）男女主持人的服饰的式样、颜色也要互相协调，不能反差太大。

最后，邀请舞美、音响、灯光、舞台监督与剧务人员。

舞美负责舞台的装潢、设计。如演出会徽的设计创作、道具的设计制作、布景的设计制作、舞台整体效果的设计与装饰等。

音响是现代演出必要的辅助表现形式之一，音响人员负责音响设备的安装、调试。如根据演出需要确定音响功率、话筒的准备，所需连接的线路等。演出时音响师需根据演出内容的需要，调节音量大小，控制各路输出，适时放送各种所需音响等。音响师应与导演在演出前共同设计每个演出节目的音响需要。

灯光，也是现代演出必要的辅助表现形式之一。灯光人员负责演出灯光的安装与调试。如面光灯、地排灯等各类各色灯光位置的安装摆放，调光台与灯光的线路连接等。灯光师也须在演出前按照演出要求与导演共同设计每个演出节目的灯光需要。

舞台监督是演出职员中必要的角色，主要负责"叫场"，按照节目顺序提醒演员上、下场，督促剧务人员按时摆放演出所用道具。舞台监督在演出中须与导演保持密切联系，如果导演需要临时调整节目顺序，舞台监督则是具体执行者。舞台监督须对整场演出做到心中有数，并对每个节目的内容、形式了如指掌。这样才能使演出连贯、有序。

剧务，主要负责演出过程中的各种劳务性工作，如运送并在演出时摆放道具、调整话筒、升降幕布、制作效果，配合灯光、音响、舞美工作等。剧务在演出中工作较为繁重，需要由多人完成剧务工作，并分工合作、密切配合。在摆放道具时，为了尽量缩短节目间隔时间，剧务人员需要在舞台监督的具体指导下，迅速准确地摆放好下一个节目所需的道具。

（二）演出节目的排练

演出节目的内容确定之后，导演即按演出总体设想和要求开始组织演员排练节目。

1. 单个节目的排练

在演出准备期间，导演需要对每个节目提出具体意见和要求，并根据演出构想对节目进行排练。现成的节目可以不经排练直接照搬，也可以根据本场演出需要对原有现成节目进行必要的改编加工；新排节目则需由导演组织创作人员、演员、职员对节目进行具体排练。

2. 按节目类型分组排练

导演安排同一类型的节目集中排练。如演出中有 4 个小品节目，或 3 段相声，把几个小品或相声节目安排在一起训练，分别指导，可以使同一类型节目在演出中表现出此类型节目的不同侧面和风格。因时间、场地等客观条件需要可以把不同类型的节目安排在一组进行排练。如将对场地要求较严格的舞蹈、话剧片段、戏曲等安排在一起训练。

3. 彩排

彩排是演出前的预演，演出组织者在个别排练和分组排练的基础上，把演出的所有节目集中进行整体排练。主要是让演员熟悉场地，感受实地效果，使灯光、音响效果、剧务等与节目相合拍，发现问题及时调整。彩排可以根据实际需要进行一次或多次。彩排是对整个演出准备工作的检查。彩排时，演职人员需按正式演出要求把节目按预定顺序预演一遍，即使个别大牌明星不能参加彩排，也要争取让其助理尽可能亲临彩排现场，以便正式演出时协助把握出场次序和演出气氛及节奏。彩排由导演负责统一指挥，组织机构成员应观看彩排，及时发现问题并提出修改意见。彩排时根据要求可以重复排练个别节目，也可以只排练个别节目的开头和结尾。彩排可以根据实际情况对演出预案进行调整或改动。彩排之后便将演出整体框架模式固定下来，正式演出则按彩排后的框架模式顺序进行，因此彩排是演出准备的必要环节。

五、演出活动的广告宣传策划

演出无论是内部演出还是社会公演，都需要有必要的宣传广告，用以吸引观众、扩大影响。

（一）制订详细周密的演出宣传计划

演出宣传计划内容主要包括宣传主题、广告定位、宣传内容、广告进度安排、宣传媒体选择、媒体合作计划、项目招商（赞助）安排等。

（二）按宣传计划设计宣传途径和形式

1. 广告宣传

面向社会的演出一般都在报纸、广播电台、电视台、户外、网络等各种媒体进行广告宣传。广告宣传应包括以下内容：演出名称、演出宗旨、演出主题；演出主办、协办、承办单位；演出节目内容、主要演员介绍；演出时间、地点、场次安排；售票地点、票价；联系人、联系电话等。

2. 海报宣传

海报宣传是指用张贴海报的方式宣传演出，招徕观众。商业性演出的海报多张贴在演出场地门前的广告牌上，内部演出海报多张贴在单位内部的公告栏上。海报内容与登报宣传内容大体相同。

3. 在演出现场宣传

在演出现场宣传是指在演出现场内的显要位置，张贴标语、口号、宣传品，悬挂宣传物品等。

4. 运用宣传品、纪念品宣传演出

宣传品一般指为演出而准备的宣传印刷品，如主要演员的肖像、节目单等。印刷演员肖像可以使观众在演出前观赏演员风采，调动观众观看演出的积极性。

一般较为正式的演出都需印制节目单。节目单有三个作用：①使观众明确演出主题；②使观众了解节目顺序和出场演员；③作为观众观看演出的纪念。

节目单内容包括如下要素：封面设计，演出宗旨，演出节目顺序，出场演员，主办、协办、承办、赞助单位，演出时间、地点，职员表等。节目单的设计应体现以下原则：①封面设计简洁、明快、新颖，体现演出主题；②内容准确、全面；③印刷制作力求精美。

演出还可以设计、印刷一些纪念品，馈赠给观看演出的领导、来宾、演职人员、工作人员及观众。常见的纪念品如徽章、手提袋、领带卡、文化衫等。演出还可以提供饮用水、荧光棒、小气球、节目单，露天演出还要提供望远镜、雨披等。

六、演出的物质条件准备

①演职人员在演出排练及演出期间的食宿行安全。
②特邀嘉宾、贵宾的食宿行安排。
③演出经费的筹集。
④演出所用灯光、音响、道具的调剂、制作准备。

七、演出的实际操作

当演出的一切准备工作完成后，即按演出时间在演出地点进行正式演出。在演出过程中，导演是演出的总指挥，演职人员必须服从导演的调动和指挥。演出前，所有演职人员必须全部到位，并做好各项准备工作。导演应在演出即将开始前检查各项准备工作，如演

员到位情况、灯光、音响、道具准备情况，舞台监督、剧务等人员的到位情况，主持人的准备情况等。当各项准备工作就绪之后，并到达演出开始时间，导演即可下令演出开始，以主持人初次登场亮相为标志。有的演出开始时不是主持人先登场，而是以序幕的形式拉开演出序幕。

演出开始后演职人员应团结协作、密切配合，按预先定好的演出顺序有条不紊地进行。演出中一旦出现意外情况，如演员或道具未准备好，灯光或音响出现意外故障等，需要主持人灵活机智地稳定观众情绪，以免出现尴尬的场面。

演出结束后，在安排演员谢幕时，可事先安排向演员献花，邀请领导或贵宾上台接见演员并同演员合影留念。

在演出中一般应严格执行预先定好的演出程序，但以下特殊情况也可以对预定程序进行适当变更。

①已到达演出开始时间，但观众到达数量不及一半，或主要领导或贵宾尚未到达，可适当推迟演出开始时间。

②演员有特殊情况提出先演或后演，或演员因故未到，可对预定节目顺序进行微调或取消该节目。

③如出现停电、失火等无法抗拒性突发情况时，可立即中断演出，同时做好观众疏散和抢救工作。

复习与思考

一、单项选择题

1. 以下不属于文体活动特点的是（　　　）。

A. 群众性　　　B. 教育性　　　C. 灵活性　　　D. 表演性

2. 几个企业联合，按同等条件参加一个或几个运动项目的比赛叫（　　　）。

A. 表演赛　　　B. 对抗赛　　　C. 巡回赛　　　D. 锦标赛

3. 下列不是拓展训练特点的是（　　　）。

A. 综合训练　　　B. 挑战自我　　　C. 团队合作　　　D. 快乐体验

二、多项选择题

1. 趣味运动会一般需要经过以下（　　　）阶段。

A. 筹备策划　　　B. 前期准备　　　C. 正式进行

D. 结尾总结　　　E. 评估上报

2. 趣味运动会形式多样，按照趣味运动的方式不同，我们可以分为（ ）。

A. 水上趣味运动会 B. 陆上趣味运动会 C. 空中趣味运动会

D. 联谊趣味运动会 E. 极限挑战赛

三、简答题

1. 简述文体活动的主要分类

2. 简述趣味运动会的类型。

3. 趣味运动会有哪些特点？举办趣味运动会有何意义？

4. 谈谈现代奥运会的起源、性质和意义。

5. 田径运动主要有哪些项目？

6. 结合实例，谈谈拓展活动的主要功能。

四、实训

按照"社团活动法"，从丰富校园文化和课余生活角度，结合所在社团的宗旨，策划组织一项主题鲜明的"社团文化节"（如登山协会的"登山活动"、街舞协会的"街舞表演"等）。

第六章　高端休闲活动策划

学习要点与目标

了解高尔夫、海钓、游艇、邮轮等高端休闲活动的基本特点，掌握高尔夫、海钓、游艇、邮轮等高端休闲活动策划的基本要领，能够集体或者单独策划一个简单的高端休闲活动方案。

第一节　高尔夫赛事活动策划

一、高尔夫概述

"高尔夫"是荷兰文 Kolf 的音译，意思是"在绿地和新鲜氧气中的美好生活"。高尔夫球是一种以棒击球入穴的球类运动。如今，高尔夫球运动已经成为贵族运动的代名词，它是一种把享受大自然、体育锻炼和游戏集于一身的运动。

高尔夫球俗称小白球，是用橡胶制成的实心球，表面包一层胶皮线，涂上一层白漆。球的直径为 42.67 毫米，重 46 克。高尔夫运动是一种室外体育运动。个人或团体球员以不同的高尔夫球杆将一颗小球打进果岭的洞内。大部分的比赛有 18 洞，杆数最少的为优胜者。英国公开赛、美国公开赛、美国大师赛和美国职业高尔夫球协会锦标赛是高尔夫球界的四大满贯赛事。

高尔夫球普遍被视为苏格兰人的发明，今日的高尔夫球 18 洞制度亦由苏格兰制定，当地亦有全球历史最悠久的高球会，被视作苏格兰国粹。

二、高尔夫球场与装备

（一）高尔夫球场

高尔夫球场一般设在风景优美的草坪上，中间需要有一些天然或人工设置的障碍，如高地、沙地、树木、灌丛、水坑、小溪等。球场的形状没有统一的标准。高尔夫球场包括会馆、标准球场、练习场及一些附属设施，球场的主要规格有 9 洞和 18 洞，需根据场地和球会要求决定。正规 18 洞球场划分为 18 个大小不一、形状各异的场地，每块场地均由发球台（开球台）、球道、果岭和球洞组成。标准球场的总长为 5943-6400 米，宽度不定，球场四周应有界线，关键地段设有界桩。

1. 会馆

会馆也称高尔夫俱乐部，多设于球场的入口处，是供球员休息、更衣、餐饮的场所。会馆前设有停车场，并且一般常设置可供球员登高远望的观景点，也是满足上层社会社交、娱乐、运动、旅游等需求的场所。

2. 发球台

发球台是每个球道击球的开始，一个球道常包括 3 个远近不同的发球区，分别为女发球区（比男发球区接近果岭 20%）、男发球区及比赛发球区（位于开球区后离果岭最远处），有时也将 3 个发球场合并成一个大的发球区。发球区应高于四周地势，以利于雨天排水。

3. 球道

球道是球场中面积最大的部分，是从发球区到果岭所经过的路段，球道两侧是起伏的地形或树丛，使球道和球道相分离。球道为宽阔的草坪，球员一般能够在发球区看到果岭。根据运动员的击球距离，常在落球区和果岭周围有计划地设置沙坑、水塘、小溪等障碍物，用于惩罚运动员不正确地击球，并提高比赛的刺激性和激烈程度。

4. 果岭

果岭是每个球道的核心，是球洞所在地，球被打入球洞后，也就是该球道的结束。果岭的面积为 111-2545 平方米，形状有圆形、椭圆形等，高度比四周地势高 30-100 厘米。

5. 练习场

练习场是供初学者学习打球的地方，可以设在城市中或高尔夫球场附近。

模拟高尔夫是现代高科技在休闲娱乐领域的一个成功应用项目。它利用计算机图形图像处理技术将国际标准高尔夫球场资料装入系统静态存储器中。当系统运行时，计算机便自动将该球场资料输入系统内部动态存储器，并通过超大屏幕投影仪将球场景观逼真地投射到打球者前面的耐撞击银幕上，使打球者有一种身临球场的感受。打球者根据计算机球童的建议，选择合适的球杆，像在球场上一样，把球打向果岭区的旗杆。球飞出后，测量系统立即将球飞出的速度、角度、旋转方向及转速等数据传递给系统主机，计算机便可计算出球飞行的距离、弹道及落点，并在银幕上将球飞行的轨迹显示出来，然后将画面推进到落点处，让打球者在落点处继续打下一杆，直到将球推入球洞。目前国内最大、最专业的厂商是北京鹰搏蓝天科技有限公司，生产研发、销售以及售后服务已有 10 年的历史。

（二）球童

如果以对打球者的辅助作用为标准判断，球童应该是高尔夫运动中最重要的"装备"，尤其对业余高尔夫爱好者来说。球童是高尔夫球场上运动员成绩的记录者、球员的陪同和辅助以及场的即时维护者。合格的职业球童要经过严格的培训和考核，内容包括：掌握高尔夫运动的技巧和规则，熟悉场地上每一个球洞的长度、通道上障碍区的特点、果岭的地形地势，以及当地的天气、风速等。球童需要帮助来到一片陌生场地的球员尽快地熟悉场地，为球员参谋制订打法和战术，为球员每一杆的决定提出最合理的意见。

（三）球具

高尔夫球具主要包括球杆、球、球杆袋、球鞋、球帽、手套和服装等。最重要的首推球杆。同时高尔夫球具还包含球包。

1. 球杆

球杆由杆头、杆身与握把三部分组成，其长度为 0.91-1.29 米。有 14 种球杆，这 14 种球杆分为：4 根木杆、9 根铁杆和 1 根推杆。

①木杆多以柿木制成。依照其长度和杆夹斜面的角度可分为不同的号。号数越小，长度越长，球也打得更高、更远。木杆多在发球区使用，最常用的有 1、3、4、5 号杆，对初学者而言，3 号木杆较为适用。

②铁杆以软铁制作杆头，比木杆稍薄、小。它主要用来控制短距离打击，铁杆可粗略分为长、中、短三类。长铁杆易于方向性的把握；中铁杆容易挥动，易于上手，适合初学者；短铁杆适用于在困难位置击球。

③推杆杆头也由软铁制成，主要用来推球入洞。推杆可分为 T 形、L 形和 D 形，杆面平直是它们共有的特色。

④一套球杆由 3 支木杆（1、3、5 号）、9 支铁杆（3、4、5、6、7、8、9、P、S）和推杆组成。铁杆一般的情况下为 3 号 190 码、4 号 180 码、5 号 170 码……以此类推。标准的套杆一般都是 13 支，没有 3 号、4 号铁杆。

2. 球、球杆袋和球鞋

19 世纪初的球是用羽毛做芯，皮革做外壳缝制而成，不仅工艺难度大，而且正品率低。19 世纪 50 年代末出现了"橡胶球"，这种球用类似橡胶的杜仲胶制成。初为实心，后以固体物质或液体做芯。现代高尔夫球多用液体做芯，橡胶做外壳制成。白色的橡胶球表面有许多规则排列的"酒窝"式凹陷，以利于飞行和提高准确性。橡胶高尔夫球主要分为英式和美式两种。球的最大重量不超过 50.38 克。美式球的最小直径为 4.26 厘米，供美国国内使用。英式球的最小直径为 4.11 厘米，供英国、加拿大以及国际高尔夫球赛使用。

球杆袋多为皮制，口径约为 8 英寸，好的球杆袋应具有置杆平稳、质感平滑、整体骨架牢固等特点。但目前球包种类增加了多个种类：有 PU、PVC、尼龙布、仿尼龙布、真皮等材质。

球鞋的鞋底有 12 个左右的鞋底钉，可防止滑动，帮助选手挥杆时保持身体平衡。

3. 手套

在高尔夫球运动中，为改善握把效果，球手通常会戴上手套击球，通常右手型选手戴在左手上，左手型选手戴在右手上，而女球手一般左右手都戴。

高尔夫手套首先出现在美国。不过，初期手套并没有被高尔夫球手所接受，他们一直认为佩戴手套是一件画蛇添足的事情，甚至会影响手感。直到英国高尔夫名将亨利·科顿戴上高尔夫手套参加比赛，并 3 次获得英国公开赛的冠军，人们才开始认识到，高尔夫手套可以起到稳定握把的作用，由此开始了戴高尔夫手套的风潮。

高尔夫手套的材质基本上分三类：真皮、PU 材质和布类。其中，真皮又分为绵羊皮、山羊皮和其他皮。实际生产中可能同时利用几种材料。

真皮手套的手感好，可以提供最佳的握杆击球感觉，是高水平选手的选择，缺点是易损耗、难打理，而且价格最贵。PU 材质手套的优点是价格便宜，但透气性和质感稍差。但一些高档 PU 具有部分真皮的性能，它们的柔软性和手感都非常好，部分专利产品的透气性也相当高，甚至可以透过水蒸气。当然这些产品的价格也已直逼真皮类的手套了。无纺布（超细纤维料）和超纤布的手套是最耐磨的，一般价格介于前两种手套之间。其缺点是穿戴时间长了，手套会变形。

三、高尔夫比赛要求

① 高尔夫球比赛是依照规则从发球区开始经一次击球或连续击球将球打入洞内的体育竞技性运动。

②对球施加影响除按照规则行动以外，球员或球童不得有影响球的位置或运动方向的任何行为。

③违反规则球员不得商议排除任何规则的应用或免除已被判决的处罚。

④当比赛进行时，每位选手皆负有使比赛公平公正之责任，并且基于公平竞争的精神，每一位选手应要求自己成为一位遵守规则的裁判。

⑤打高尔夫球最基本的原则就是将一颗球自球台连续打击至其进洞为止，若是拿着球移动，或是利用投掷、滚地等方法，都是违反规则的。待球处于静止状态后，才能继续进行比赛。当球被击出后，不论是在何种状态下行进，都应该等到球处于静止状态后才可继续进行比赛，此乃高尔夫不变的法则，绝对不可触摸或挪动球的位置，亦不能为求便于挥杆而改变周边的环境。

四、比杆赛与比洞赛

根据形式上的差异，高尔夫的比赛形式分为比杆赛及比洞赛两种。无论是职业赛或业余赛，比杆赛的形式较为常见。

① 比杆赛，就是将每一洞的杆数累计起来，待打完一场（18 洞）后，把全部杆数加起来，以总杆数来评定胜负。

② 比洞赛，也是以杆数为基础，不同处在于比洞赛是以每洞之杆数决定该洞之胜负，每场再以累积之胜负洞数来裁定成绩。

③省略进洞之差异。比杆赛规定必须待球被击入球洞后，才可移往下一洞的开球台去开球。而比洞赛是在每一洞就决定胜负，因此只要对方同意就不必坚持球皆需进洞。

④在比杆赛和比洞赛中，选手违反规则所受的处罚也有所不同。一般而言，比杆赛的罚则是罚两杆，而比洞赛的罚则为处罚其该洞输球。

五、打球判断和处理

（一）界外

界外是禁止打球的地区，常以界桩或围篱标示。界外之界限应以界桩（不含支架）或围篱内侧最靠近地面点决定。如在地上以标线标示界外时，界外线垂直向上向下延伸，且线本身即作界外论。

（二）遗失球

遗失球认定：

①球员或其同队或彼队在开始找球后 5 分钟仍找不到球；或是虽已找到，但球员无法辨认是否为其所用之球。

②球员按规则已用另一球当作比赛球，而未寻找其原球。

③球员自以为可能为原球所在地，或较原球位靠球洞之点击出代替球，因此该代替球即成为比赛球。

原球可能在水障碍以外遗失、出界而用代替之球，称为代替球。

（三）水障碍

水障碍是指任何海、湖、池塘、河川、沟渠、地面排水沟或其他露天水渠（不论其中有无积水），以及其他类似者。

凡在水障碍界限内的陆地或水面，均属于水障碍的部分。水障碍的界限垂直向上延伸，用以标明界限所用的界桩、界标皆算在障碍内。

水障碍（除侧面水障碍外）应以黄色界桩或标线标明界限；侧面水障碍则是以红色界桩或标线界定。

水障碍中的球，指向水障碍方向打出的球，是否在障碍以内或障碍以外遗失，是一项涉及事实的问题。如认为系障碍内遗失者，必须有证据证明球确实落入障碍内；如无确定证据时，则应视为遗失球，按规则处理。

如球落入、触及或遗失在水障碍中（不管球是否位于水中），球员要受一杆的处罚。并依下列方法处理。

①尽可能在接近上次击球的原位击打下一杆。

②在原球最后通过该水障碍边缘的一点与球间的直线，于水障碍后方抛球，至于应离水障碍后方多远处抛球并无限制。

③球落入、触及或遗失在侧面水障碍中时，可以选择下列特别措施：在障碍外距原球最后通过的水障碍边缘；或距离球洞相等距离的另一边水障碍边缘；在两支球杆长度以内抛球。球应抛下并停留在不得较原球最后通过水障碍的边缘地点更接近球洞处，按规则，所捡起的球不可擦拭。

六、参加比赛应注意事项

若是与朋友间的比赛迟到，会被列为最不受欢迎的球友；若是正式比赛场合中迟到，轻则受罚，重则丧失比赛资格。

迟到的罚则可依比赛形式分为两种；比杆赛中对迟到者处罚两杆；比洞赛则判第一洞输球。由此可知，比赛迟到是高尔夫参赛者的一大耻辱，应该极力避免。

七、高尔夫赛事方案策划实例

××高尔夫精英赛

车主自愿报名参加，先在各地参加选拔赛。

参赛规则如下。

（一）比赛采用经中国高尔夫球协会审定的，由苏格兰圣安德鲁斯皇家高尔夫俱乐部及美国高尔夫球协会联合颁布的 2008 年版高尔夫规则以及当地比赛规则。

（二）参赛球员应提前 10 分钟到达出发台，在指定时间由 18 洞同时开球。

（三）男子球员在蓝色发球台发球，女子球员在红色发球台发球。

（四）分组表由俱乐部统一编制，参赛球员不得自行调组。

（五）总杆奖项设置实行参赛者不重复获奖原则，以总杆成绩较好名次为主；若名次相同则以总杆名次为准。

（六）赛事如遇平分时，总杆成绩以 18 号洞起，逐洞往前比较，杆数少者名次列前。

（七）球员在球场内任何地方寻找球的时间不得超过 3 分钟。

（八）为不影响比赛速度，当怀疑球遗失或出界时必须打暂定球。

（九）本次比赛不间断进行，球员必须在 4 小时 30 分钟内完成 18 洞的比赛，慢打者取消比赛成绩。

（十）果岭上只可以使用推杆，果岭上不能打 OK 球，必须推球入洞。

（十一）参赛选手迟到 5 分钟以上者取消参赛资格，不统计其比赛成绩；每位参赛球员一张记分卡，记分方法按实际打出的杆数记。

（十二）同组球员需交换记分并由球手、同组球员、球童共同签名，成绩方可有效。

第二节　海钓活动策划

一、海钓的基本概念

海钓是依据海洋中各种鱼类生活的海域环境形态、生活习性、季节与气候因素、觅食习性等情况，以钓具和饵料诱钓的钓鱼方法。海钓在欧美发达国家已有上百年的历史，与高尔夫、马术和网球被共同列入四大贵族运动而备受青睐。

我国海岸线绵延 1800 多千米，海鱼品种众多，常见的有 70 多种，主要钓品有黄鱼、鳄鱼、带鱼、石斑鱼、鳗鱼等。海水鱼类比淡水鱼类更凶猛，见饵即咬，因此比淡水钓更易收获。

海钓既是休闲也是运动。一名优秀的海钓选手，不仅要具备丰富的海钓知识，同时还要熟练掌握攀岩、登山、航海、游泳等技能，还要有负重行走的能力和吃苦耐劳的精神。

按照方式的不同，海钓可分为海洋底钓、海洋浮钓和海洋戏钓。

海洋底钓就是使用组钩，在钓组的尾部挂上铅坠，将钩、饵料直接坠入水底的一种钓法，多用于垂钓底层鱼类。

海钓就是选用重量合适的铅坠，与浮漂的浮力合理配比，能使钩、饵恰好悬浮于水中的钓法。海钓适宜垂钓中上层鱼类，如竹鱼、金色小沙丁鱼等。若风浪较大，宜选择偏重的铅坠，以免钓饵随波逐流。

戏钓如淡水戏钓一样，不必用浮漂与鱼坠，仅用海竿配以饵料或活的小鱼虾，由鱼线拖拉在水面迅速掠动，吸引游速较快的表层海鱼前来捕食。

二、海钓的技法特点

（一）海钓的海洋自然环境

海洋与淡水自然环境差别较大，首先是海洋有暖流、寒流，许多海鱼都有随季节流游动的习性，季节流还会带来大量有机物质和浮游生物，尤其寒暖流相遇之处，更是海鱼觅食的最佳场所。其次，海洋有潮汐的涨落。海水涨潮会把大量的有机物质和鱼带到岸边，此时更有利于垂钓；落潮后，则一般不宜垂钓。另外，早、晚海面相对平静，适宜垂钓。海上白天易起大风浪，甚至会危及垂钓者的安全，不宜垂钓。

潮汐对海钓的影响较大，一般涨潮及落潮期间，海水处于运动状态，此时的海鱼也在四处觅食，所以涨潮和落潮是海钓的最佳时期。特别在涨潮期，鱼儿咬钩频率可增加数十倍。

海风对海钓的影响仅次于潮汐，有风比无风好，有风时，风力搅动潮水运动，也增加了海鱼觅食的频率。风力的大小以三四级为好，连续几天大风之后平息下来，是海钓的好时机，因为海鱼在大风中几天未进食，海风平静下来后会特别饥饿，进食上钩率会成倍提高。

（二）海钓工具的选择

竿的不同是海钓与淡水钓的主要区别之一。海钓竿不论何种质地，都应有较强的硬度，并且都需配备绕线轮。海钓鱼线应稍粗，直径都应在 0.5 毫米以上，线长 60-70 米，分母（主）线、子（脑）线。因海上风浪较大，浮漂的传递信息作用不大，海钓中可省去浮漂，凭手中的颤动感或视觉来直接判断。海钓的钓钩应准备多枚，以适应不同鱼种的需要。

海竿的坠大多为活动式的，鱼吞钩后线自由牵动竿梢，鱼坠宜偏重。海竿中也有用死坠的，各式诱鱼器一般为死坠。

（三）海竿的抛投方法

海竿主要用于海钓，也可用于淡水钓。根据海竿的特点，有以下几种投抛方式。

1. 上投式

两脚分开，脚往前站，身体重心偏至左脚，左手握线、坠。以40°–50°角度，右手挥竿，左手将线坠抛出。采用此法坠、线摆动幅度小，落点准确，简单易学。

2. 斜投式

左脚后退半步，左肩后偏，双手同时握住海竿，竿与水平面呈45°角。左手食指压住鱼线，重心落在右脚，竿梢从右手方往前挥。鱼坠通过头顶时，放开鱼线，使钩坠自然落入水中。此法不易掌握，需多次反复练习，一旦熟练后则可投远，目标准确，操作方便，尤其适合海钓。

除此之外，还有侧投、单臂投、坐投、跪投等多种方式。

（四）海洋钓位的选择

选择好了钓场，还需确定具体的钓位。海洋自然环境更为复杂，考虑钓位应综合多种因素，但有几条普遍适用的原则。

第一，应尽量避免浅滩。浅滩上日光充足，大多数鱼儿都有避光性，一般只有夜间和早晚才在浅滩活动。

第二，在海湾垂钓应选择滞水区。内海中的滞水区，包括河流入海口、生活码头、防波堤等。这些地方水底淤泥或砂石较多，水流缓慢、饵料丰富，一般鱼儿较多。

第三，岩礁垂钓应选拔面向海潮冲击的一面，即通常所说的潮表。潮表能带来丰富的浮游生物，与岩石撞击时又会产生丰富的氧分，所以潮表亦是理想的钓点。

（五）海水船钓的方式

海水船钓有定点钓、放流钓和拖曳钓几种常用方式。

若近海区有人工渔场、海藻区或礁石群等优良钓位，垂钓者可驱船至这些场所，将船抛锚进行定点钓。

定点钓即用一般的垂钓方法，对象主要为近海底栖鱼类，如石斑鱼、黄鱼、海鳗、乌贼、章鱼等。

放流钓就是垂钓者居于船上，任由船随波逐流，鱼饵、鱼钩也在水中漂流，引鱼上钩。主要对象有带鱼、小黄鱼、海鳗等。放流钓可不用钓竿，只用一木质绕线轮即可，鱼饵一般应用活饵，如小鱼、虾、泥鳅等。

拖曳钓适于垂钓游速很快的大型鱼类，如鲨鱼、金枪鱼、鲤鱼、旗鱼等。拖曳钓需速度很高的快艇载着垂钓者，辅以电动绕线轮进行。小艇高速行进时，由垂钓者握钓竿，拖着特制的钓组，粗线、大钩、"飞机"浮漂等，所以称为拖曳钓。

（六）海钓钓饵

活虾是最常用的海水钓饵料，它们形体小，生命力强，易采集和保存，是多种鱼类，尤其是名贵鱼种所喜爱的食物。常作为饵料的活虾有斑节虾、沙栖对虾、沙虾、白虾等，个体大小以10厘米以内为最佳。虾分布在沿海的浅滩上，捕获简单。

捕获活虾时应准备捞虾网，设于海岸边，其间撒上剩饭菜、烂肉渣作钓饵，这样一次可有较多活虾入网。

选用活鱼作钓饵，主要是体形小、体色呈银白色的弹涂鱼等。它们大多易捕捞，易被大鱼发现，也是广大钓鱼爱好者常用的钓饵。

三、海钓产业

海钓作为一项新兴产业，所包容的内涵非常丰富，大致可以从三个方面表现出来。

第一，海钓作为一项旅游休闲项目来说，它倡导的是一种全新的时尚休闲方式。首先，它有别于一般陆上其他类型的游览、观光项目，更多追求的是一种状态与境界，所涵盖的主体追求、心境体验、消费档次、人本文化等不是其他旅游项目所能替代和与之比拟的。其次，海钓作为一项互动、高雅、刺激的海上竞技运动，它的影响力足可与高尔夫、骑马、网球等其他三大贵族运动媲美，广受社会各个层面的推崇。最后，海洋游钓满足了人们渴望了解海洋、保护海洋、亲近海洋、体验海洋的心态，是岛屿旅游向海洋旅游扩展，观光型旅游向体验型、竞技型旅游转变的转型方式，它正引领着一种时代消费的新时尚。

第二，海钓正在成为海洋资源型旅游城市的一个经济增长新热点。它伴随的是整个地区性的海洋产业革命，世界性的海洋开发已经被提到各国的国家战略高度。在海洋游钓、潜水、游艇三大海洋休闲高端产品中，海钓最受热捧。海洋游钓摆脱了传统意义上的游玩，形成了"吃、住、行、游、购、娱"六大要素综合消费、多种资源整合利用、逗留时间长、重复出入频率极高的旅游产业链，对沿海城市的海洋旅游产品进一步调整结构、拉动产业链、完善产品体系等起着重要的影响作用。

第三，海钓成为沿海资源型城市一个很好的宣传平台和旅游产品的新亮点。海钓业的发展必定带来旅游和其他各个经济领域的开放，对目的地城市的经济、技术、文化交流将产生一定的影响。从我国目前大连、舟山、象山、宁德、厦门、珠海等城市争抢各类海钓节庆赛事的举办权来看已足以证明这一点。当然，海钓作为活动，还具有较强的聚焦功能，是宣传沿海资源型城市旅游产品和城市形象的有效手段。

第三节　游艇俱乐部的管理与设计

一、游艇概述

游艇是一种水上高级耐用消费品，它集航海、运动、娱乐、休闲等功能于一体，能满足个人及家庭享受生活的需要。在发达国家，游艇像轿车一样多为私人拥有；而在发展中国家，游艇多作为公园、旅游景点的经营项目供人们消费，少量也作为港监、公安、边防的工作手段。游艇是一种娱乐工具这一本质特征，使它区别于作为运输工具的高速船和旅游客船。

按照游艇的功能，游艇可分为运动型游艇、休闲艇、钓鱼艇、商务艇、缉私艇、公安巡逻艇、港监艇等种类。严格地讲，后三种与游艇的性质相悖，但从建造规模、技术上讲与游艇相同，因此，有人也把它们归入游艇类。

运动型游艇一般为小型游艇，此类游艇一般设计时将速度作为卖点，而且价格较低，所以在年轻人中间非常有市场。

休闲型游艇大多为家庭购买，作为家庭度假所用。一般以 30 英尺到 45 英尺的游艇为主，设计时也是考虑到家庭使用的方便性，装潢时也以烘托家庭氛围为卖点，市场上游艇的种类也是以此类为主。

商务游艇一般都是大尺寸的游艇，里面装潢豪华，也可以说是豪华游艇，大多被用于商务会议、公司聚会、小型晚会等。

按照档次分，游艇有高档豪华游艇、家庭型豪华游艇、中档普通游艇及廉价游艇等。高档豪华游艇，艇长在 35 米以上，艇上装备有最现代化的通信和导航等系统。

二、游艇俱乐部的创建

（一）游艇俱乐部概述

游艇俱乐部兴起于 18 世纪的英国，早期是为达官显贵中的船舶爱好者提供的一个船只停泊、修缮、补给的小船坞。随着工业文明的发展，小船坞的规模不断扩大，逐渐演变成一个社会上层人士的聚集地。原有的简单功能已经不能满足他们日益增长的娱乐、社交、商务等多方面的需要。于是，一个集餐饮、娱乐、住宿、商务、船只停泊、维修保养、补给、驾驶训练等多功能于一体的游艇俱乐部雏形应运而生。游艇俱乐部于"二战"后在西方发达国家蓬勃发展起来。

（二）游艇俱乐部的种类

1. 运动娱乐型游艇俱乐部

运动娱乐型游艇俱乐部的游艇多为中小型游艇，这类游艇将速度作为卖点，而且价格较低，主要满足运动娱乐的需要，因此对年轻人很有吸引力。俱乐部的经营以团体包租、按时收费为模式，中国台湾地区许多的游艇俱乐部就是这样，通过吸引会员加入娱乐休闲服务活动开展业务，提供的活动包括水上训练、游艇驾照培训、公司年会、生日派对、朋友聚会等。

2. 休闲型游艇俱乐部

面向家庭市场，为家庭度假、聚会、垂钓休闲等提供服务。游艇长度一般以 30 英尺（1 英尺 =0.305 米）到 45 英尺左右为主，这类游艇以烘托家庭氛围为卖点。由于许多家庭拥有自己的游艇，所以其服务模式将提供配套服务作为主要内容，如代为管理游艇泊位、加油、海面救援、办理船舶证照、游艇翻新和修理等。在中国香港地区，许多游艇俱乐部船主兼会员，平时雇用长期看顾船的水手，或者聘用船长代为驾船并负责日常维修、保养、联络工作。每到假日，全家大小、呼朋唤友上游艇到外海休闲，选择平静水域停船下锚，放下小艇、摩托艇，或是戏水，或是上岸游玩用餐。

3.商务型游艇俱乐部

商务型游艇俱乐部主要面向公司法人、高层白领、社会显贵阶层服务，一般提供综合性较强的娱乐休闲设施，包括豪华酒店、高尔夫球场、健身房、温泉等。绝大多数的豪华游艇俱乐部只对会员开放，而要想成为会员，需要先缴纳会费。俱乐部提供专业船长、日常保养、高档餐饮、娱乐等服务。这类游艇一般都是大尺寸的游艇，艇内装潢豪华、设施考究、服务精细，属于豪华档次游艇，一般供中上阶层人士、企业集团董事、富豪购买或租用，满足商务、会议、谈判、高层聚会、小型派对等需要。

（三）创办游艇俱乐部的条件

1.便利的区位条件

游艇俱乐部选址方面，要求具有便利的交通条件。一般来说，距离城市中心的车程最好在1-2小时之内。其地点多在海岸线、港湾、湖滨，那些拥有国际航线和进出口岸通道的港口，更方便周围城市的游艇爱好者进出。

2.较好的环境条件

游艇俱乐部要求周围的环境十分优美，既要求俱乐部内部有幽美的环境，也要求周围的风景绿化、景观配置、休闲氛围达到极佳水准。所以，海湾屏蔽、海面平静度、海潮区域、风力等条件适宜与否是建立游艇俱乐部的重要因素。

3.上佳的水体条件

水缓浪低、水质清澈，拥有上佳的水位条件。在风浪、海浪较大的地方要求筑有防波堤。防波堤内要求港池平静，水域宽阔。

4.设施条件

基本设施：海上设施包括码头泊位、防波堤（甚至包含邮轮和客班轮停靠码头），各式游艇、帆船和娱乐船等。游艇泊位基地要求能为出入基地的游艇提供加油、海面救援、办理船舶证照等多方位的服务。

配套设施：陆上配套设施包括会所大楼、酒店大楼、酒店别墅、口岸联检楼、游艇维修仓、露天游泳池、室内高尔夫球馆和网球运动场所、船舶驾驶操作培训基地、停车场等。

因此，游艇俱乐部提供的功能多种多样，大致包括：会所功能、餐饮一会议一健身功能、娱乐功能、水上运动培训功能、游艇停泊维护保养功能、休闲度假功能、商务功能、星级酒店功能，甚至还包括团体（或个体）旅游活动策划功能、水上生活功能、口岸联检功能等，具体的配套项目及其提供的服务功能，往往要根据俱乐部本身的市场定位（会员对象、种类、经营特色等）进行确定。

（四）创办游艇俱乐部的流程

第一，基地选择与开发可行性研究。首先根据所在地的水域、陆域等条件确定游艇俱乐部的基地；然后调查当地社会高档消费群体的经济收入、休闲娱乐需求状况，进行项目开发的可行性研究，形成可行性分析报告。

第二，游艇码头规划与设计。咨询码头规划设计专家，根据可行性报告的内容，着手游艇码头的规划设计，确定码头的结构样式、泊位数量、各类设施的功能布局以及投入资金数量等。

第三，政府相关手续办理。通过公安部、交通运输部、海关等政府部门的批准，国际游艇俱乐部要求会所内设公安、海关、边检等窗口直接为游艇会员办理通关手续。

第四，工程施工的核算与计量。待码头规划设计完毕并通过政府批准审定，即进入工程施工与建造阶段。通过工程与施工的具体核算，确保码头按照预期投资预算和规划所要求达到的功能、质量以及效果进行建造。

第五，游艇码头的经营与管理。码头工程施工完成并交付验收后，方可进入营运阶段。

三、游艇俱乐部的经营与管理

（一）游艇俱乐部的经营

游艇俱乐部的经营模式较为普遍的是通过会员制手段吸引会员加入，以维持正常稳定的消费群体，主要涉及以下事项。

第一，确定游艇俱乐部所属的经营类型。俱乐部主要面向哪一类人群服务，一般有游艇爱好者俱乐部、商务型俱乐部、家庭休闲型俱乐部等类型。

第二，确定俱乐部营运的范围。俱乐部可以拥有多种多样的综合服务设施，从度假村、豪华商务会议酒店、游艇驾照培训基地到健身馆、高尔夫球场等，产生收入的来源很多。具体根据俱乐部的经营宗旨、市场定位而定。

第三，确定俱乐部如何开展活动。俱乐部可以举办各种各样的娱乐活动、大型国际赛事，根据季节、活动内容、活动空间等设计不同的航程和线路。

（二）游艇俱乐部的管理

要做好游艇俱乐部的管理，应该做好以下几个方面的工作。

第一，制定本俱乐部会员章程，明确申请入会条件、会员享受的福利、会员类型等内容。

第二，确定收费标准、可以享受的服务内容。

第三，设立管理部门的运行架构，包括建立人力资源部、市场部、工程部、发展部、财务部、船务部、会员部等部门，并明确各部门的职责、权限等。

第四，制定俱乐部营运期间有关营销、公司发展等方面的管理措施。

四、游艇俱乐部的设计

（一）码头选址

码头的选址应该根据码头停泊的船型、地形、地质、水文、水域、陆域条件等综合情况进行全盘的考虑。码头适宜选择在地质条件好、岸坡稳定的河段、滨江或滨海地带；水域水流要平顺，要有足够胡水深；陆域要有足够的岸线长度与纵深，留有足够空间以布置前方作业区域，包括干仓（游艇陆上停放仓库）道路、会所功能区、维修和保养场地等。码头一般不宜选在桥头或河岸嘴下游易发淤积的区域，以免抬高项目投资费用，造成通航不便。

（二）码头结构

较大型的游艇码头需要固定桩柱、支撑设施、引桥及护岸。码头一般采用玻璃纤维增强塑料整体成型，按图纸要求组合各种形状，再用槽钢串联固定。对于水位变化不大的水域，可用浮码头结构设计，使之随水位涨落而升降，码头前沿的泊位甲板与水面间的距离基本保持不变。码头采用的设备包括系船设备（如系船柱、系船环）、防冲设备（如护木、橡胶防冲设备）、安全设备（备用装置、消防用品、应急物质），水电供应装置等。常用的泊船码头形式有驳岸式、伸出式、浮船式等。

（三）建设规模

游艇俱乐部的建设规模主要通过泊位数目和占地面积来确定。游艇泊位的数目，一般根据码头的专业性质、航线及设计船型（游艇、快艇、帆船、双体船、房船等）进行核算；占地规模主要涉及会所功能区面积、干仓维修和保养场面积，游艇上下水的吊装或拖车斜坡道面积，油料供应仓库面积等。40英尺（12米）以下的为小型游艇，介于40-60英尺（12-18米）的为中型游艇，60-80英尺（18-24米）的为大型游艇，而超过80英尺（24米）的就是超级游艇，或称豪华游艇。

（四）锚地的选择与布置

锚地的选择需考虑以下因素。

锚地底质：以泥质及泥砂质为宜，不宜选在走砂、淤砂严重的河段。

锚地水域：水流平缓、风浪小，有适宜水深。

锚地位置：应尽量靠近游艇码头区，但不应占用主航道或影响船舶作业，锚地与桥梁、闸坝、水底过江管线应保持一定的距离。

（五）功能设施

游艇俱乐部提供的功能多种多样，一般包含餐饮功能、会议功能、健身功能、娱乐功能、水上运动培训功能、游艇停泊维护保养功能、休闲度假功能、商务功能、星级酒店功能以及团体旅游活动策划功能、水上生活功能、口岸联检功能等，具体的配套项目及其提供的服务功能，往往要根据俱乐部本身的市场定位加以确定。

（六）防波堤

为确保游艇停靠区安全，有效抵御风浪侵袭，在游艇俱乐部的外围一般要建造半包围式防护堤，同时预留进出口航道。防波堤的主要建造材料为乱石或水泥预制件，按梯形截面斜角投放成型，高度一般为测得的最高水位加1.5-3米。

第四节　邮轮旅游与邮轮中心建设

一、邮轮和邮轮旅游

古代邮轮是邮政部门专用的运输邮件的交通工具之一，并且同样运送旅客，但一般的邮轮均具有游览性质。

在邮递服务的初期，洲际的邮递服务都是依靠邮务轮船将信件和包裹由此岸送到彼岸的，这些英国轮船往往需要悬挂英国皇家邮政的信号旗。1850 年以后，英国皇家邮政允许私营船务公司以合约形式，帮助其运输信件和包裹。这个转变，令一些原本只是载客船务公司旗下的载客远洋轮船，摇身一变成为悬挂信号旗的载客远洋邮务轮船，"远洋邮轮"一词便因此诞生。

由于后来喷气式民航客机的出现，远洋邮轮渐渐丧失了它的载客、载货的功能和竞争力；远洋邮轮的角色，亦由邮轮演变为只供游乐的游轮。所以严格来说，现在一些旅程或长或短的玩乐式邮轮，由于丧失了运输信件和包裹的功能，只能称为游轮，而不是邮轮。

跟远洋邮轮不同的是，游轮通常不会横渡海洋，而是以最普遍的绕圈方式行驶，起点和终点港口通常是同一港口，旅程通常较短，少则 1-2 天，多则 1-2 星期。游轮旅游已成为国际旅游业的一个重要部分，每年全球的总载客量数以百万计。

现代邮轮是旅游性质的，就像是流动型的大酒店。船上娱乐设施应有尽有，是旅游目的地。这个行业目前在欧美规模庞大，有 300-400 艘邮轮，每天带着大量游客航行于加勒比海、巴哈马、百慕大、阿拉斯加、夏威夷、墨西哥湾、地中海和北欧等 100 多个国家和地区。

二、邮轮旅游的优势和特点

（一）时间成本优势

邮轮旅游非常便利，游客在旅游目的地之间旅游时，无须担心赶下一趟航班的问题、收拾行李的问题以及晚餐或夜总会预订的问题。邮轮就是漂浮于海上的度假胜地，能提供一切可以想象到的舒适、方便的感受和设施。一般在邮轮旅行的过程中，白天上岸观光，晚上起航，在游客休息的时间，邮轮就完成了地点的变换，同时航行的过程也是享受邮轮娱乐设施的过程，所以相对其他旅游而言，邮轮的时间成本优势巨大。

（二）服务品质的可控性

传统的旅行方式由交通、酒店、地接服务等多种服务内容和单位组合而成，服务品质参差不齐。邮轮是一站式服务，一条邮轮就涵盖了整个旅行过程中的方方面面，服务品质可控。邮轮一般都有非常丰富的娱乐活动，配备影剧院、卡拉 OK 厅、酒吧、商店、游泳池、餐厅、篮球场、阅览室等。随游客所需，船上还会安排各种让人应接不暇的活动，如歌舞表演或者派对等。况且，邮轮生活并非永不停歇，在沿途风景美丽的所在，船会靠岸，供游客上岸尽情玩乐一番，完全自由自在。

（三）超高性价比

邮轮旅游费用包括了餐费、住宿费、船上活动费、娱乐费和港口之间的交通费。家人、朋友、伴侣、单身者和度蜜月者都可以在梦幻般的假期中起航，并且无须受到假期计划的困扰。邮轮旅游作为独具魅力的海上航行，可以轻轻松松畅游各地，尽情享受高档设施，体验丰富的娱乐项目，达到放松身心、享受高品质生活的目的。

（四）悠闲的慢生活

邮轮是一个相对的封闭空间，可以避免外界干扰，完全放松。邮轮特殊的节奏加上公海上时常没有手机信号，使人处于一种专属自我的空间，此时，与同学、亲朋聚会，或是踏着邮轮迎向海风，如此的"慢生活"才是邮轮游的魅力所在。

三、邮轮中心规划与建设

邮轮产业链可以划分为邮轮的设计和建造、邮轮的经营、码头及配套设施的建设经营三个主要环节。由于邮轮所蕴含的西方贵族文化特征，目前的邮轮设计建造基本被欧洲国家垄断，而大型邮轮公司主要在北美、欧洲，亚洲有丽星邮轮公司，其业务中心在新加坡，行政中心在马来西亚。对我国来讲，比较现实的是进行邮轮码头及配套设施的建设，同时在邮轮经营方面也有较大的发展空间。

如果把邮轮靠泊所需设施概括为邮轮中心，其内容应包括以下设施：专业的邮轮码头及附属设施；配套的餐饮、酒店、商店、银行、写字楼、休闲娱乐等服务设施；便捷的综合交通设施；物资供应及维修保障设施。

（一）邮轮中心的建设模式

国际上，通常邮轮中心的建设有如下两种模式。

1.政府投资、企业经营模式

政府以基础设施进行邮轮码头建设，建成后由港务部门管理，并提供海关、安检等相关设施和服务。码头的经营由企业进行，可以是船舶、旅游企业等，实行租赁经营。在邮轮市场培育期，租金较低，待市场逐步成熟后，再调整租金，码头经营企业的风险较小，如美国奥兰多邮轮码头、旧金山邮轮码头等均采用这种方式。这种方式往往适合广义的邮轮中心模式，港口区域功能比较单一。

2.企业综合开发模式

由于政府资金有限或者政府不愿进行经营设施的建设，为了提高企业建设邮轮码头的积极性，并使码头经营企业在财务上具有一定的盈利能力和偿债能力，可以将码头及周边区域统一开发建设，以其他设施的收益补充码头收益的不足。新加坡邮轮中心就是非常成功的案例，政府将邮轮码头、部分后方设施统一交由私人公司开发经营。同时，考虑到邮轮码头初期收益较低，将市场成熟、效益较好的渡轮码头放

在邮轮城内，统一经营。另外，还有店铺的租金和盈利提成等多种措施保证邮轮码头的正常经营。

（二）邮轮中心规划设计要素

1. 满足邮轮进出、靠泊需求的港口设施

虽然邮轮有大型化的趋势，但其吃水并不是很大，因此港口水域应尽量满足邮轮全天候进出港的需求。另外。邮轮干舷以上部分很高。邮轮中心选址应保证具有足够的净空。

邮轮对码头结构本身没有特别要求，但需要设置便捷的上下船设施。多数邮轮码头都采用舷梯的形式，为适应潮位变化和舱门位置的不同，登船梯可以实现水平移动和竖直方向上的调节，使舷梯登船口和邮轮舱门保持对接。登船舷梯后方一般设置登船廊道，廊道上有多个登船口，后方与客运设施相连，可以形成便捷的上下船通道以及实现客运设施的封闭管理。

2. 满足游客短暂停留、快速通过需求的客运设施

客运站是邮轮中心的必备设施，客运站内可以实现候船休息、行李取送、验票、安检、通关、上下船等。邮轮乘客一般携带的行李较多。在管理方式上，旅客和行李一般是分离的，这和机场管理比较相似，不同之处在于机场行李是由旅客进行托运，邮轮上则需要由服务人员将行李送至旅客的房间。

3. 便捷的对外交通联系

对外交通联系存在广义和狭义之分。

狭义的对外交通联系指具体的邮轮中心的对外交通联系，具体方式包括公路、城市铁路等，交通工具包括大型巴士、出租车、地铁等。对于广义的邮轮中心，邮轮码头只是旅客上下船的节点，只需通过交通工具实现到市区的快速集散即可，一般采用巴士或自驾车等。对于狭义的邮轮中心，除邮轮乘客外，往往还承担部分城市功能，需要考虑其他旅客以及市民的交通需求，因而在交通规划上需要综合考虑各种交通方式的便捷衔接，形成交通枢纽。

广义的对外交通联系指邮轮中心所在城市的对外交通设置，具体包括公路、铁路、航空、水运等，特别是对于邮轮母港，由于邮轮乘客来源广泛，往往对航空运输要求较高，单艘邮轮的载客量可以达到大型客机的 10 倍，邮轮中心的形成需要机场充足便捷的航班保障以及邮轮中心与机场之间交通、管理、票务方面的无缝隙衔接。

4. 满足邮轮需求的配套设施

配套设施的设置应侧重人员服务和物资供应两个方面：对于邮轮公司旅客需提供办公、金融、保险、交通、住宿、餐饮、娱乐等方面的综合服务，对于邮轮需提供食物、饮料、燃料、船上设施、维修保养等方面的综合服务。这是一个比较完整的系统，应综合考虑管理、服务、设施的布置。

5.需要考虑邮轮中心设施的综合利用

邮轮设施应考虑综合利用。邮轮发展初期，为满足邮轮靠泊需求，推动邮轮产业发展，需要建设一定的设施，而这些设施在初期往往利用率较低，经济效益较差，为了既满足国际邮轮靠泊的要求，又兼顾经济效益，邮轮设施的综合利用是比较可行的办法，具体措施可以考虑国际邮轮和国内客运兼顾，把邮轮中心打造成城市景点以吸引其他游客、本地市民，借以发展商业等。通过这种综合开发的方式，邮轮中心在满足邮轮产业发展的同时，在经济上更具生命力，能实现邮轮中心的独立、健康发展。

四、邮轮旅游航线实例

MSC 辉煌号欧洲 4 国浪漫之游

线路特色：

①排水量 13.8 万吨的豪华邮轮"辉煌号"装修豪华，设施齐全。

②海上八天七夜航行，在灿烂的阳光下轻松惬意地享受地中海美景。

③从意大利最大的港口城市热那亚起航。

④游览西班牙加泰罗尼亚地区首府巴塞罗那。

⑤一天海上巡游，充分体验邮轮休闲生活。

⑥游览西班牙名城瓦伦西亚（世界文化遗产丝绸市场）。

⑦游览法国马赛圣母守望院。

⑧游览意大利名城巴勒莫。

⑨游览"永恒之城"——罗马。

⑩特别赠送：观光米兰市区。

行程详情：

第 1 天

用餐：飞机餐（北京－米兰）

住宿：米兰机场集合，搭乘航班起飞，到莫斯科中转到米兰（含飞机餐）。

中午抵达米兰，下午安排游览米兰的象征、世界第三大教堂——米兰大教堂，参观厄玛努埃尔拱廊，然后回酒店休息。

第 2 天

用餐：邮轮美食

住宿：邮轮

热那亚 18：00 起航

专车送往热那亚，办理登船手续，登上豪华邮轮，上船后，您可享用丰盛的午餐，随后参观豪华邮轮的各项设施并参加邮轮常规演习，在众人欢呼声中，这艘海上"巨无霸"开始起航。

第 3 天

用餐：邮轮美食

住宿：邮轮

马赛/普罗旺斯（土伦），法国（8：00靠岸、18：00离岸）

普罗旺斯（Provence）位于法国东南部，毗邻地中海和意大利，是从地中海沿岸延伸到内陆的丘陵地区，灿烂的阳光、蔚蓝的天空和迷人的地中海，令世人惊艳。随后会看到圣母守望院，它是马赛的制高点，可以俯瞰整个市貌，之后到达隆尚宫，一座极具历史纪念意义的堡垒，周围装饰着宏伟的喷泉、瀑布和花园，在此做短暂停留并拍照。最后于旧港靠岸，您可俯瞰到整个壮丽的圣让堡垒和尼科拉堡垒的景色，以及市政府和马赛交通最繁忙的商业大道——加尼毕耶大道。

第4天

用餐：邮轮美食

住宿：邮轮

巴塞罗那－西班牙 （9：00抵达，18：00离港）

没有了早起闹钟的烦恼，安心享受丰盛的早餐，您可凭栏远眺地中海的迷人风光或去参观为您安排的岸上观光景点：西班牙广场、翡翠山、奥林匹克运动场、科伦坡广场、贝尔港和哥特式大教堂等。回到邮轮上，享用丰富的晚餐后，您可以去豪华剧院观看免费的大型演出，或去赌场试试手气。

第5天

用餐：邮轮美食

住宿：邮轮

瓦伦西亚（9：00靠岸，18：00离岸） 瓦伦西亚是西班牙第三大城市、第二大港口，位于西班牙东南部，东临大海，背靠广阔的平原，四季常青，气候宜人，被誉为地中海西岸的一颗明珠，市区人口81万，周边市镇人口158万。我们将参观瓦伦西亚的主要景点——瓦伦西亚大教堂、丝绸市场等。

第6天

用餐：邮轮美食

住宿：邮轮

海上巡游

当日展开海上巡游。蓝色的大海向您敞开温暖的怀抱，欢迎您的来访。您会在豪华巨轮上轻松愉快地观看为您精心安排的节目，让您不虚此行。盛大的宴会将在海上举行，从早晨到午夜连续不断供应的各式美味大餐，让您尽享口福，船上除了酒、烟要自行购买外，其他的食物及正餐时的大部分非酒精饮料都免费供应，让您吃饱、吃好。希望您永远不会忘记地中海海上的精美膳食，也不会忘记地中海晶莹清透的海水。

第7天

用餐：邮轮

美食住宿：邮轮

巴勒莫（8：00靠岸，17：00离岸）

巴勒莫宛如坐落在天然的圆形剧场"黄金谷"中，古代的罗马人、阿拉伯人、拜占庭人和诺曼人都曾在此留下足迹，整座城市融合了东西方文化，散发出独特而迷人的风情。

主要参观融合诺曼式、哥特式、巴洛克式风格的巴勒莫大教堂，金碧辉煌的帕拉丁圣堂，精致的喷泉广场，处处彰显首府的典雅风华。

第 8 天

用餐：邮轮美食

住宿：邮轮

罗马（奇维塔韦基亚）－意大利 （9：00 靠岸，19：00 离港）

乘坐专车途经著名的古罗马遗址，到梵蒂冈市与导游会合，参观圣彼得大教堂、罗马斗兽场、威尼斯广场等景点。

第 9 天

用餐：含船上早餐，午餐自理，含晚餐

住宿：飞机上

热那亚（9：00 靠岸）

抵达热那亚后，安排游览水上城市——威尼斯，前往威尼斯本岛，参观祥鸽群集的圣马可广场和集拜占庭建筑之大成的圣马可教堂、道奇宫、叹息桥，参观闻名古今的水晶玻璃工厂。乘坐威尼斯最具特色的交通工具——贡多拉。闲余时间您可以在岛上自由活动，悠闲地体会威尼斯多彩多姿的浪漫情调，然后前往机场搭乘豪华班机回国。

第 10 天

凌晨您将抵达北京，带着难忘的地中海豪华邮轮之旅的记忆回到您温馨的家。

复习与思考

一、简答题

1. 概述我国高尔夫运动和高尔夫产业的发展状况。

2. 谈谈我国海钓产业的发展状况。

3. 谈谈我国游艇产业的发展状况。

4. 谈谈我国邮轮产业的发展状况。

二、实训

成立项目组，策划一个简单的高端休闲活动方案。

第七章　休闲活动项目管理

学习要点与目标

通过本章的学习，能够了解项目的概念、特征、选择的原则，理解休闲项目开发的要素，能够构建目标树，并能够按开发流程策划休闲项目。

第一节　休闲活动项目管理概述

人类历史与社会的发展依赖的是项目，项目管理有悠久的实践历史。传统项目管理的理念起源于建筑领域，科学的项目管理方法开始于国防工业，当代项目与项目管理具有广义的概念。

项目策划是一个制定航海图的过程；理念是罗盘的指南针；创意是休闲活动的核心理念之一。好的休闲活动项目需要创意设计，并通过具体的休闲活动项目得以实现。对于选中的项目需要进行可行性研究与论证，并研究如何将休闲活动的价值进行资本化，予以量化评估，从而使资源可以作为资本，发挥其撬动融资的功效。

正确地选择项目往往比正确地策划和实施项目更具有战略意义。在选择项目时，应综合考虑各项目（建议）的收益与风险、项目间的联系、活动的战略目标和可利用资源等多种因素，选择最合适的项目组合，使项目组合的整体绩效和价值最大化。

一、休闲活动项目及项目相关概念

（一）概念

所谓项目，简单地说，就是在既定的资源和要求的约束下，为实现某种目的而相互联系的一次性工作任务。

组织或策划人需要对各种项目机会做出比较与选择，将有限的资源以最低的代价投入收益（社会、经济、文化）最高的项目中，以确保休闲活动达成目标，这就是休闲活动策划的项目选择。

根据美国项目管理协会（PMI）的统计，全球国民生产总值的四分之一以上是以项目的形式运作的，同时，很多非项目主导的组织也是以项目的形式进行动作的。项目选择是项目管理的重要内容，成功的项目管理离不开正确的项目选择，对休闲活动能否成功起着至关重要的作用。

休闲活动项目即指人们在日常闲暇的时间里所进行的，可以放松身心的各项活动。它具有一定的规模，可以是单一的活动，也可以是几项活动的组合。

休闲活动是社会生活的一种表现，是相对于正常工作的一种自由生活体验。

（二）项目的特征

一般来说，项目具有以下的基本特征。

第一，明确的目标。每个项目都有自己明确的目标，为了在一定的约束条件下达到目标，项目经理在项目实施以前必须进行周密的计划，事实上，项目实施过程中的各项工作都是为实现项目的预定目标而进行的。

第二，独特的性质。每个项目都有自己的特点，每个项目都不同于其他的项目。项目所产生的产品、服务或完成的任务与已有的相似产品、服务或任务在某些方面有明显的差别。项目自身有具体的时间期限、费用和性能质量等方面的要求。

第三，资源成本的约束性。每一个项目都需要运用各种资源来实施，而资源是有限的。

第四，项目实施的一次性。这是项目与日常运作的最大区别。项目有明确的开始时间和结束时间，项目在此之前从来没有发生过，而且将来也不会在同样的条件下再发生，而日常运作是无休止或重复的活动。

第五，项目的确定性。项目必有确定的终点，在项目的具体实施中，外部和内部因素总是会发生一些变化，当项目目标发生实质性变动时，它不再是原来的项目了，而是一个新的项目，因此说项目的目标是确定性的。

第六，特定的委托人。它既是项目结果的需求者，也是项目实施的资金提供者。

第七，结果的不可逆转性。不论结果如何，项目结束了，结果也就确定了。

第八，危险性。项目管理与日常运营管理不同，项目的危险性即二者不同的关键所在。在项目开展过程中，项目所需的各种条件和所处环境会有所变化，同时人们认识问题也存在着一定的局限性，从而会使项目的实际情况与预期目标产生一定的偏差，这样就造成了投入与回报的不确定性。一个项目就是一次独一无二的冒险。

第九，创新性。因为项目具有独特性，这就需要项目要进行不同程度的创新，而在创新过程中肯定会包含一定的不确定性，这样就会造成项目的危险性。

（三）项目的功能

第一，项目是解决社会供需矛盾的主要手段。需求与供给的矛盾是社会与经济发展的动力，而解决这一矛盾的策略之一是扩大需求，如商家促销，政府鼓励个人贷款消费、鼓励社会投资，加大政府投资等都属于扩大需求，这类策略是我国目前为促进社会发展而采取的主要策略；另一策略就是改善供给，改善供给需要企业不断推陈出新，推出个性化服务和产品，降低产品价格，提高产品功能，而这类策略的采用，就要求政府和企业不断启动、完成新项目来实现，这也向项目管理提出了新的要求和挑战。

第二，项目是知识转化为生产力的重要途径，是知识经济的一个主要业务手段。知识经济可以理解为把知识转化为效益的经济。知识产生新的创意，形成新的科研成果，新的科研成果需要通过一个项目的启动、策划、实施、经营才能最终变为财富，否则，知识永远是躺在书本上的白纸黑字。因此，从知识到效益的转化要依赖于项目来实现，企业买专利最终都需要通过项目实现利润。

第三，项目是实现企业发展战略的载体。企业的使命、企业的愿景、企业的战略目标都需要通过一个一个成功的项目来具体实现。成功的项目不仅能够实现企业的发展目标和利润、扩大企业的规模，而且能强化企业的品牌效应，锻炼企业的研发团队，留住企业的人才。

第四，项目是项目经理社会价值的体现。大部分工程技术人员的人生是由一个个项目堆积而成的，技术人员和项目管理人员的价值只能透过项目的成果来反映。参与有重大影响的项目本身就是工程技术和项目管理人员莫大的荣誉。

二、项目管理

（一）项目管理的定义

项目管理是美国最早的曼哈顿计划开始的名称，后由华罗庚教授在 20 世纪 50 年代引进中国。项目管理作为管理学的分支学科，指在项目活动中运用专门的知识、技能、工具和方法，使项目能够在有限资源的限定条件下，实现或超过设定的需求和期望。项目管理是指对一些与成功地达成一系列目标相关的活动（譬如任务）进行有效的管理，包括对策划、进度计划和维护组成项目的活动的进展进行控制。

20 世纪 80 年代，项目管理仅限于建筑、国防、航天等行业，今天已迅速发展到计算机、电子通信、金融业、服务业、行政管理等众多领域。目前在国内，对项目管理认识较深，并要求项目管理人员拥有相应资格认证的主要是大的跨国公司、IT 公司等与国际接轨的企业。

（二）项目管理的特征

第一，普遍性。项目本身具有普遍性，所以项目管理也具有普遍性。

第二，目的性。满足或超越项目相关单位对项目提出的要求。

第三，独特性。项目管理不同于常规的政府行政管理，也不同于一般的企业生产运营管理。

第四，集成性。在项目管理中，不能孤立地开展项目各个专项或专业的独立管理，必须根据各个具体项目中的各专业之间或各要素的配置关系做好集成性的管理。

（三）项目管理的内容

1. 项目范围管理

为了实现项目的目标，对项目的工作内容进行控制的管理过程，包括范围的界定、范围的规划、范围的调整等。

2. 项目时间管理

为了确保项目最终能按时完成的一系列管理过程，包括具体活动界定、活动排序、时间估计、进度安排及时间控制等。

3. 项目成本管理

为了保证完成项目的实际成本、费用不超过预算成本、费用的管理过程，包括资源的配置，成本、费用的预算以及费用的控制等。

4. 项目质量管理

为了确保项目达到客户所规定的质量要求所实施的一系列管理过程，包括质量规划、质量控制和质量保证等。

5. 人力资源管理

为了保证所有项目关系人的能力和积极性都得到最有效的发挥和利用所实施的一系列管理措施，包括组织的规划、团队的建设、人员的选聘和项目班子的建设等。

6. 项目沟通管理

为了确保项目信息的合理收集和传输所实施的一系列管理措施，包括沟通规划、信息传输和报告进度等。

7. 项目风险管理

涉及项目可能遇到的各种不确定因素，包括风险识别、风险量化、制定对策和风险控制等。

8. 项目采购管理

为了从项目实施组织之外获得所需资源或服务所采取的一系列管理措施，包括采购计划、采购与征购、资源的选择以及合同的管理等。

9. 项目集成管理

为确保项目各项工作能够有机地协调和配合所展开的综合性和全局性的项目管理工作和过程，包括项目集成计划的制订、项目集成计划的实施、项目变动的总体控制等。

第二节　休闲活动项目的选择与开发

一、项目选择的原则与基本程序

（一）项目选择的原则

1. 符合发展战略

战略是通过项目来实施的，每一个项目都应和组织的发展战略有明确的联系，将所有项目和组织的战略方向联系起来是组织成功的关键。项目的选择必须围绕企业发展战略开展，每个项目都应对企业的发展战略做出贡献。

2. 考虑资源约束

项目建议来源于各种需求的变化和解决现存问题的动机，很多组织都有超过可利用资源所允许数量的项目建议，应考虑可用资源的改变、资源消耗等资源约束情况。

3. 优化项目组合

项目选择是对一个复杂的系统进行综合分析与判断的决策过程，其影响因素很多。在选择项目时，应综合考虑各项目的收益与风险、项目间的联系、组织的战略目标和可利用资源等多种因素，选择最合适的项目组合，使项目组合的整体绩效和价值最大化。

（二）项目选择的基本程序

1. 判断项目的必须性

在很特殊的条件下，有些项目"必须"被选中，否则，企业会失败或遭受严重的后果。例如，必须实施的环保项目、消除重大隐患的安全项目、企业的危机管理项目等。如果 99% 的项目评价者认为某一项目必须被实施，则将该项目置于"必须"的类别，对"必须"类项目也需要研究，提出若干种可选择的方案，再从中选择最优方案。

2. 研究项目的可行性

对于非"必须"类项目需要进行可行性研究，研究内容为 SWOT 分析（态势分析）以及技术、经济、财务、社会和环境、组织机构的可行性论证等，从而确定组织当前的战略与其特定的优势与劣势之间的相关程度，以及组织处理和应对外部变化的能力。

3. 评定项目的优先级

企业中总是存在经可行性研究合格，但又超过可用资源所允许数量的项目建议。因此，企业需从众多项目中精选项目，以识别出哪些项目具有最大的附加值，这就需要一种结构化的项目选择过程。项目选择的关键是建立与发展战略有机联系的、科学可行的项目优先级评价标准，并为组织的所有成员所认知和使用。

4. 选定项目

领导和专家综合考虑各个体项目被评价的优先级、企业可用资源、项目风险、项目之间的依赖性等因素，决定企业接受或拒绝哪些项目建议。在资源严重受限，项目建议的权重排序彼此类似的少有情况中，应谨慎选择对资源要求较少的项目，对每个被选中的项目进行排序，并公布结果，以保证每个人保持对组织目标的关注。

二、目标树下的项目筛选

休闲项目选择是对一个复杂的系统进行综合分析与判断的决策过程，其影响因素有很多，活动目的是休闲活动项目选择的关键因素。没有目的，一切策划和活动项目便失去意义。活动目的是通过项目来实施的，休闲项目的选择必须围绕活动目的的实现而开展。

（一）目标树

休闲项目选择需要解决的中心问题是确定策划活动须达到的目标。

途径－目标的关系可以用目标树的方法来解决。目标树是对将来理想形势的一种描述，用树状结构来表现活动策划的整体目标、具体项目目的和成效。

1. 目标分析

对一个较小的项目而言，根据问题的描述而决定其目标是很直观的。一般来说，在活动策划过程中目标有以下几个层次，每个活动都应该包括：一个整体目标；一个具体项目目的；4-10 个成效；每个成效应该有 4-10 步具体行动。

（1）确定目标的条件

确定目标要满足四个条件：即目标的唯一性、具体性、标准性和综合性。

目标的唯一性指的是对目标含义的理解必须是唯一确定的。对目标的表达，要求尽可能采用定量的数字语言。

目标的具体性是指达到策划目标的各项措施要具体。具体性可以通过"目标结构分层"的办法来实现，即明确总目标与下一级分目标之间的层次体系和各层次的范围。通过层层分析构成一个完整的分层目标结构体系，并制定出落实的具体措施。

目标的标准性是给目标规定一个达到某种程度的标准，以便了解目标实现的程度。

目标的综合性主要针对项目的多样性选择而言。

（2）目标的综合处理

由于现实的科技、经济、社会因素复杂，策划目标往往不止一个而是有多个，同时并存。各目标之间相互联系，若不妥善处理，可能会主次不分或顾此失彼。因此，要求从整体上对多目标进行综合处理。

综合处理目标的办法：一是精简目标，对各项目标进行全面分析，对相互对立、无法协调的目标进行权衡后，去除那些实际情况下无法达到的目标，或者从具有从属关系的目标中去除其子目标；二是合并目标，包括合并意义相近的目标和将若干个目标组成一个综合目标。

每个目标将来欲达到的效果应该写成一个单句形式以表达。更普遍的做法是用过去分词的形式来表达整体目标、具体项目目的和成效。例如，"某种生物的保护状况得到了很好的改善"可以用来表示当我们达到目标时，我们的世界变成了什么模样。对于具体行动，我们一般采用现在时，如"监测物种数量"。

2. 构建目标树

构建目标树是一个流程化的过程，详情如下。

①提出问题。

②用肯定形式表述每个问题：目标要求被写成简单句的形式，以表示将来欲达到的一种状况。这些目标必须是实际上可能达到的（但不一定要局限于你眼下所计划的项目）。这样的目标可以具有一个更长远的意义。一些问题的描述与目的描述并不完全等价。例如，将"经常干旱"这样一个问题转化为"不经常干旱"这样一个目标并不总是很容易达到的，策划者必须找到有意义的选择（如"引入抗旱庄稼"的方法）才行。

③使用可视化卡片。这是构建目标树的最好方法。与会人员均认可起始目标（即从起始问题演化而来的目标），而且同意将起始问题的直接原因转化为起始目标的直接方法后可达到全部目标。

④构建目标树。一旦整个目标树建立起来，工作人员应该评价一下是否足够完整，必要时要予以修改和完善。那么目标就可以分为几个分组，每组用以重新描述一个或两个原始方法途径所对应的问题。

⑤修改。

⑥确定目标树。

目标树是对将来理想形势的一种描述。活动策划者必须首先认同项目的目的（通过定义项目欲达到的目标来实现），然后考虑整体目标（要比项目目的更加广泛），认同整体目标涵盖和超越具体目的。然而由于受时间、预算及资源等的限制，小规模活动往往不可能达到所有项目的目标。

（二）项目的筛选

一旦整体目标通过了，策划者与组织者需要决定哪种成效和行动（有时指方法目标）是达到项目的目标所必需的。项目筛选策略就是在目标树的集合中选择最合适项目的过程。

1. 项目选择标准

在对诸多项目方案进行分析评估时，应掌握策划方案的价值标准、满意程度和最优标准。

项目策划方案的价值标准指一个方案的作用、意义和收效，完全取决于策划的需要，以及客观条件的限制，具有一定主观选择的因素。

活动项目的满意程度和最优标准的条件应包括下列方面：策划目标的最优性；策划备选方案的完全性；策划方案执行结果的预测性；具有较高的择优标准。

2. 项目初选

策划者与组织者应通过数学分析、运筹学分析、模型分析、功能模拟分析等方法，对提出的各种备选方案进行比较和评估，用 SWOT 分析法（态势分析法）分析，以找出各自的优缺点，进行开发项目的初步决策分析。

评价项目常用的方法有：经验判断方法、数量化方法、模拟方法、矩阵法。

①经验判断方法，如淘汰法、排队法、归类法等，适用于策划目标多、方案多、变量多、标准不一的情况。

② 数量化方法也称为运筹学方法，对可供选择的多个方案进行定量的分析和测算，提出数据结果，供策划者加以权衡和选择。

③模拟方法则通过设立模型来揭示原型的性质、特点和功能，通过结构或功能的模拟寻找出最佳的方案。

④矩阵法：活动组织者和策划者可借助于项目外部与内部因素评价矩阵来对项目进行初步的筛选。构建项目外部（或内部）因素评价矩阵的步骤如下。

第一，列出项目的主要机会与威胁（或优势与劣势），在实际应用中，以列出 5-15 个因素为宜。

第二，为每个因素确定一个权重，权重为 0.0-0.1。每个因素的权重说明这个因素对项目的重要性，各个因素的权重之和为 1。

第三，按 4 分制为每个因素评分，用评分值 1、2、3、4 分别代表相应因素对项目来说是主要威胁、一般威胁？还是一般机会、主要机会？

第四，将每个因素的权重与评分值相乘，得到每一个因素的加权评分值。

第五，将每个因素的加权评分值相加，得到一个项目的综合加权评分值。项目的综合加权评分值为 1-4 分，平均为 2.5 分，如果针对某项目的外部因素的综合加权评分值大于 2.5 分，则说明项目的内部因素的综合加权评分值大于 2.5 分，说明实施该项目的内部条件较好；如果小于 2.5 分，则说明实施该项目的内部条件较差。只有当某一项目的外部因素综合加权评分值之和不小于 5 时，才继续对该项目进行技术、经济、财务、社会和环境等方面的可行性论证。

（三）项目的确定

活动中总是存在经可行性研究合格的多个项目建议，因此，需要一种结构化的项目选择过程、科学可行的项目优先级评价标准，进而精选具有最大附加值的项目。同时，很多决策所面对的是多元化局势、多元目标、多元的影响因素、多元的价值标准、多元的利害承受者，项目决策需要做出妥协、折中、调和、权衡，寻求多元之中的平衡。

1.评定项目的优先级

评价项目优先级的常用方法有期望商业价值法、动态定制等级列表法、项目组对矩阵和加权多重要素评价矩阵等。

加权多重要素评价矩阵是目前应用得较好的方法。具体步骤为：在构建加权多重要素评价矩阵时，先采用头脑风暴法、德菲尔法等挑选取出若干个关键成功要素。

由活动组织者和策划者根据各成功要素对活动目标和战略计划的重要性，为每个关键成功要素赋予（最低为 0，最高为 3）权重。

针对每个项目，在每个关键成功要素上赋予（从 0 开始，最高为 10）评价值，该值表示项目对特定关键成功要素的适宜程度，将权重应用到上述关键成功要素，就可以导出每个项目对各关键成功要素的综合加权平均和。

项目对各关键成功要素的综合加权平均和越大，则其优先级就越高，反之亦然。

2.项目排除

将众多的备选条件、备选方案按一定顺序排列起来，对比各个条件、方案存在的缺点，以达到选择最优方案的目的。

（1）方案排列

要将各个备选条件、方案按照一定的层次、顺序所排列。满足不同层次策划目标的方案和条件要在相应的层次条件上进行比较和排除，不能越级、越层比较。

（2）确定科学的排除标准

缺点与优点总是相对的，在一定条件下是缺点的东西，在另一条件下可能是优点，所以要合理地分析各个方案所要求的全面条件和会带来的所有后果，用科学的标准将不合适的排除出去。

（3）创新

凡是被排除出去的，肯定是其本身含有这样或那样的缺点或问题。排除不是最终的目的，排除是为了避免问题，防患于未然，也可以更好地进行创新。对各个条件、方案的缺点和不足进行考察，避免相关问题的产生。

3. 项目决策的平衡

英国学者穆尔认为，决策就像走钢丝，关键是平衡。越是复杂的决策，多元现象越是严重，越是需要在多元之间求得平衡。把策划中追求平衡放在重要地位的指导意向称为平衡方略，或称折中方略。它是许多情况下可行的决策方略。

（1）多目标或多价值标准的策划问题

决策者是指直接或者间接地影响休闲活动项目的人或者团体。项目决策者通常包括项目伙伴、目标组成员（例如，那些期望从该项目中直接获益的人或者那些意识到会被项目行为所改变的人们）、项目投资人和项目的反对者。不同的决策者有着不同的观点，也享有不同的优先权。目标或价值标准的多元化，导致无法用单一明确的价值尺度去比较不同的备择方案，而且很少有哪个方案在所有目标或价值上都能达到"绝对最优解"，总有那么一批"各有千秋"的备择方案存在。此时，在多目标决策中选择最优方案实际上都是按平衡方略来办的，一个合作的策划必将导致各个决策人的意见的折中。

（2）解决收益与风险之间的矛盾

决策者总是希望风险小而收益大，但在现实世界中这两者又常常成正比。虽然规范性策划论中用主观效用期望值最优作为规范的决策准则，但是这一准则并非绝对理想的办法，也并不完全合乎于现实生活中决策者的行为准绳。而在投资决策中更为常用的"双标准互补标准"，则更明确地建立在风险与收益两者权衡的基础之上。

决策当然是为了实现目标，项目要兼顾实现目标和减少负面影响。由于客观事物的相互联系性，策划方案执行结果除了可能达到期望目标以外，往往会对其他方面产生一些影响，其中有些是不希望有的影响，这就是副作用。策划的目的必然是试图得到某些好处，取有所得；但并非全部的所得与所耗均可折价计算，而且所得与所耗也经常是多元的。项目需平衡所做决策带来的好处和付出的代价。

（3）在动态变化中兼顾眼前利益与长远利益

项目决策面对的是不确定性很大的世界，随着时间的流逝，策划必须留有回旋变化的余地，与环境同步变化，以便适应新的变化，即策划的可调性。如果不留回旋余地，一旦发现有估计不到的情况出现，就会束手无策。

决策的后果不是以一次再现为终结，而往往会延伸到长远的未来；因此，决策后果往往就有眼前效应与长远效应之分，而且两者同时存在。长期效应与眼前效应的关系比较复杂，有时两者基本上是一致的，眼前效应好也意味着长远效应应该有保证；但更多情况下两者是矛盾的，太多的情况是追求眼前效益会损害长远效益。解决的办法往往只能是求得两者的兼顾与折中，都须求助于平衡方略。

三、休闲活动项目的开发

（一）休闲项目的开发

1. 休闲项目开发三要素

休闲活动项目作为服务性产品，一般包含下列三大要素。

（1）项目卖点

客人所体验到的核心服务。例如，艺术表演或体育赛事。

（2）项目特色

附加的特性/增加的额外服务，使其区别于竞争对手。例如，不同的交通方式及商品等。

（3）传递过程

例如，客人在体验过程中所扮演的角色、活动的持续时间、活动的水平和风格等。活动"产品"的策划者对这三种要素必须心中有数。

休闲活动项目开发一个很重要的特征就是，活动中的人是产品的一部分。换句话说，许多顾客的满意度来自他们同其他参与者之间的互动。这就意味着活动项目开发人员需要保证不同的客人群体间可以融洽相处。

2. 休闲项目开发过程

休闲项目开发是设计一种休闲活动产品，它是将无形的休闲体验和有形产品糅合在一起以满足目标市场的需要。休闲活动开发可以很容易地模式化为休闲服务的策划、创造和传递的过程。

产品生命循环周期的概念认为大部分的活动项目都会经历开始、生长、成熟直到逐渐衰退或以新的形式重生这样几个阶段。为了避免参加人数的下降，活动项目经理需要知道目标受众群体兴趣点的变化，并且密切关注公众对他们活动项目产品内容的接受程度，并确保它们与当今社会人们的休闲需求相一致。

一种新的活动服务的创造，通常包括大到主要服务项目的创新、小到服务实施过程中风格的简单改变。以下这些创新是明显存在于活动项目和节事领域中的。

（1）主活动项目的创新

为以前没有涉足的新市场设计新的活动项目或节事。出现于 20 世纪 90 年代的极限运动或许就代表着这类创新。

（2）主要过程的创新

采用一种新的过程以新的方式来实施活动项目，同时伴随附加顾客利益。在活动项目实施过程的创新过程中，因特网扮演着核心角色。

（3）产品（活动）线的延伸

增加目前已经存在的活动项目或节事方案。这种形式的活动项目产品很普遍。例如，教育和社区节就是哈罗盖特国际节的前身，它将活动项目做了整年的且扩张至周围社区的延伸。

（4）过程的延伸

调整现有的活动项目或节事的传递方式。例如，在因特网上设置售票代理点等方式，能够确保活动的顺利进行。

（5）补充性服务项目的创新

增加活动项目及节事的额外服务。活动现场的托儿设施、残障人士服务设施、志愿者服务、自动取款机以及公用电话等就是这方面创新的实例。

（6）服务质量的提高

适度地改变以提升活动实施及传递过程。这方面的例子是时装艺术节吸纳广泛的各种各样的服装设计师的作品，并且采取多渠道进行门票售卖。

对于休闲活动项目而言，任何推荐的有关休闲活动项目开发策略的决定都必须以市场调研为依据。尽管不可能像预测市场上供应的货物一样预测整个活动项目，但是一些新的理念或风格的改变（如新的节事标识）可以通过定性研究技术（如焦点群体）进行测试，休闲活动理念、形式能在休闲活动项目做出重大改变之前进行测试是可能的。

（二）休闲项目里的活动策划

在一个大的休闲项目确定以后，常常还会在此大项目里穿插一些吸引人的活动，在实践中，它们多半是一些表演活动。这些表演活动最好能体现休闲项目的任务。

通常，活动组织者需要平衡活动导演的"个人的"，或者说"艺术的"观点与现实生活中目标顾客群的"成功标准"以及所牵涉的成本。同时，活动项目也需要反映媒体宣传的需求，能找到受欢迎的演员，以及考虑活动理念能否在实践中得以展示。此外，公司经理也必须考虑竞争对手的活动策划，活动项目所处的生命循环周期的阶段以及活动的持续时间，以及活动过程中潜在的危险和应对的措施。

1. 休闲活动开发四要素

能够反映较好的休闲活动策划经验的"都柏林论坛"（都柏林，即爱尔兰首都）的组织者们指出，一个成功的休闲活动开发至少包含以下四个关键要素。

（1）核心理念

本活动项目策划区别于其他项目的中心思想。即你所表现的东西对于观众而言真正意味着什么。

（2）环境选择

将活动项目策划和举办地的有形环境相结合，哪种类型的表演能真正和项目所在地环境相得益彰、熠熠生辉？在该环境下可以进行什么种类的表演以及选择什么样的舞台结构？

（3）艺术导演／制作人所扮演的角色和工作章程

活动表演的制作人既是策划方案的把关人（从演员们提交的自荐表中选择参加活动的表演者），也是偷猎者（如一些体育俱乐部派出的优秀的探子一样，他们在周围游荡以发现最好的演员）。

（4）活动标准

标准应包括演员对节事市场的兼容性，该类型的表演在其他活动项目中出现的历史记录，以及某项表演的技术质量。而一些大型节事活动的举办方还对以下方面有相应要求：①某项海外表演项目在其本国已经表演过多少次？②传统项目和新兴项目在活动组合中的期望比例是多少？

2. 休闲项目的打包

打包应该算是活动项目最低度开发的方法之一。打包的途径包括将不同类型的娱乐活动、食物以及饮料打包；以及将活动项目和附近区域的食宿、交通以及其他一些吸引物打包在一起。许多活动项目没有好好地利用打包的优势，打包是一种能在现有市场更好地定位并吸引客人的有效方式。例如，打包可以包括航班、旅馆住宿、看台门票、VIP（贵宾）停车位、友好款待等，当然活动项目打包内容的多少很大程度上取决于客户愿意支付多少钱。

第三节　休闲项目可行性研究

可行性研究又可称为可行性分析，是在项目决策之前对项目进行充分分析、研究、讨论、评价的过程。预测风险并明确防范性措施能减少项目管理中的不利因素，只有当休闲活动项目得到肯定后，才能规划实施。

可行性研究是通过对项目的主要内容和配套条件，如市场需求、资源供应、建设规模、工艺路线、设备选型、环境影响、资金筹措、赢利能力等，从技术、经济、工程等方面进行调查研究和分析比较，并对项目实施以后可能取得和产生的财务、经济效益及社会环境影响进行预测，从而提出该项目是否值得投资和如何进行建设的咨询意见，为项目决策提供依据的一种综合性的系统分析方法。

项目可行性研究要对投资前的市场、环境进行研究，确定经济、技术上是否可行；并且具有预见性、公正性、可靠性、科学性。

一、休闲活动项目可行性研究内容

可行性研究包括了对项目的市场需求和潜力的调查及对未来发展前景的预测，也是从经济、技术角度对项目进行全面的综合技术经济论证，以得出项目可行或不可行的结论，为决策者的最终判断提供科学的依据。

（一）市场环境分析

1. 内容

宏观市场环境和微观市场环境是市场环境评价的主要内容。前者包括经济环境、政治法律环境、社会文化环境等。随着世界经济全球化、一体化过程的加快，全球信息网络的建立和消费需求的多样化，休闲活动面临的环境更为开放和复杂。宏观环境变化几乎对所有活动都产生了深刻的影响。

微观市场环境包括策划机构内部环境、目标客户、竞争者、媒体、服务商、社会公众等。现实市场需求调查涉及市场需求量、购买人数和购买量调查、消费行为调查（如活动参与者的构成、消费动机、购买习惯等）。

潜在市场需求调查则便于了解市场需求的发展趋势和潜力大小。策划者要根据活动规模大小，选择不同的环境分析。对于简单的项目，一些关键的情报提供者就足够了。这些情报提供者应该是那些对于当地情况非常了解的人，比如乡村的村主任、当地政府工作人员、主管部门工作人员、当地宗教领袖和行业专家等。更大一些的项目通常需要更多的、更详尽的、专门的调查研究以更加全面地了解项目的社会经济环境。

2. 评价方法

SWOT 分析法是比较常用的市场环境评价方法。

SWOT 四个英文字母分别代表：优势（Strength）、劣势（Weakness）、机会（Opportunity）、威胁（Threat）。所谓 SWOT 态势分析，就是及时对企业内外部条件各方面内容进行综合和概括，进而分析组织的优劣势、面临的机会和威胁的一种方法。通过 SWOT 分析，可以帮助休闲活动的组织者和策划者把资源和行动聚集在优势项目。

将调查得出的各种因素根据轻重缓急或影响程度等排序方式，构造 SWOT 矩阵。把识别出的所有优势分成两组，分的时候以两个原则为基础：它们是与行业中潜在的机会有关，还是与潜在的威胁有关。用同样的办法把所有的劣势分成两组，一组与机会有关，另一组与威胁有关。将结果在 SWOT 分析图上定位，或者用 SWOT 分析表，将刚才的优势和劣势按机会和威胁分别填入表格。运用系统分析的综合分析方法，将已排列的与所考虑的各种环境、能力因素相互匹配起来加以组合，得出一系列活动未来发展的可选择对策。

（二）项目生命力分析

休闲产业已经由传统狭义的娱乐行业，演化为具有经济、社会、文化和环境等多种功能的"大休闲"产业格局，覆盖面宽，影响力大，综合效益和关联效益非常突出。项目生命力分析是从计划实施的休闲活动项目的本身出发，分析该活动是否有举办的意义，以及未来持续发展的可能。

（三）活动执行方案分析

活动执行方案分析旨在考察休闲活动项目立项计划准备实施的各种执行方案是否可行，是否完备，是否能保证该活动计划目标的实现。

1. 活动的基本框架评估

评估内容：活动名称和活动的范围、活动主题之间是否有冲突；活动时间是否符合时政敏感期；活动的展开地点是否适合实施该类活动；市场上有无类似规模和定位的休闲活动；活动定位与活动规模之间是否有冲突。

2.活动招商和宣传推广计划评估

每一位策划的执行者，都有着明确的商业目的和效益要求。休闲活动的策划也不例外。因此，把"投资—收益"理念和"投资—收益"结构贯穿全部的策划，贯穿执行计划、是休闲活动策划的思路灵魂。"投资—收益"，需要由一个完整的结构来形成，就是要设计商业模式，为投资企业找到赢利的途径。

（四）项目财务分析

项目财务分析是从休闲活动主办机构财务的角度出发，分析测算举办该活动的费用支出和收益。其目的是确定计划实施的活动是否经济可行；并为即将实施的活动指定资金使用规划。

1.成本预测

①场地费用：活动进行需要租借或者建造的场地以及由此而产生的各种费用。如租借或建造场地的费用、空调费、加班费及其他特殊安排的费用等。

②宣传推广费：包括广告宣传费、活动资料设计和印刷费、资料邮寄费、新闻发布会的费用等。

③招商的费用。

④相关活动的费用：包括与交流会、研讨会、嘉宾接待、酒会、展会现场布置等相关的费用。

⑤办公费用和人员费用：包括办公用品购置费用、劳务费用等。

⑥税收。

⑦其他不可预测的费用。

2.收入预测

包括门票收入、广告和企业赞助收入、旅游产品收入、活动项目区域内店铺租金和其他相关收入。

3.现金流量分析

包括净现值分析、净现值率分析、获利指数和内部收益率。

（五）风险预测

休闲活动项目风险是指休闲活动项目在策划、实施以及评估等各个阶段可能遭受的风险，可将其定义为，在活动项目目标规定的情况下，该目标不能实现的可能性。所有的活动策划组织都面临潜在的意外损失，因此其经营会自然地产生风险费用。

可行性研究就是要对活动策划中一些难以预料和无法控制的因素进行预测，使活动策划者和组织者能够识别风险，评估风险，并采取措施规避风险，减少经济损失、声誉损失。

项目风险一般包括市场风险、经营风险、财务风险、合作风险。对休闲活动策划者来讲，风险预测带来的好处表现在两个方面：一是减少其现有活动的风险成本，二是减少规避行动的后果。也就是说，它使活动承办组织能够以有效的成本去进行它原本认为不值得冒险的活动。

二、可行性研究分阶段实施方案

可行性研究的过程，是一个逐步深入的过程，研究范围包括社会环境和目标公众的适应性、财力适应性、效益的可行性等众多内容。

（一）开始阶段

这一阶段的主要工作是明确休闲活动项目中的问题，包括该可行性研究的范围、游客的目标等，仔细界定研究内容和可行性研究要达到的目标。

（二）搜集资料

进一步进行实地调查分析，包括市场调查和资料分析、调查并预测市场需求。在此基础上进行技术经济研究。

（三）拟订各种可行方案

针对项目建议书和项目策划案中的初步计划，结合上一步的资料分析，提出可以实现目标的被选方案。项目可行性研究的重点就是从多种可供实施的方案中选优，因此拟订方案就是项目可行性研究中关键的一步，也是体现策划人员能力的重要一环。

（四）方案论证阶段

这个阶段包括分析各个可行方案在技术上、经济上的优缺点和方案的各项技术经济指标，如项目启动资金、投资成本、经营费用、投资收益率等指标的计算和确定；方案的综合评价，如敏感性分析；初步确定一个最优的方案。

（五）专家论证阶段

组织专家对结果进行分析论证，并出具意见书，根据其意见修正最优方案的选择。注意这个过程可能在方案论证阶段就开始了。

（六）修改项目策划案并编制可行性研究报告

根据确定的最优方案完善项目策划案，并进行可行性研究报告的编制。在这些方案中要对基本的进度、费用、质量要求做出决定，分析客观情况发生变化时，可能对项目的经营效益产生什么样的影响。

可行性研究报告是项目可行性研究的成果，它属于一种专项报告，一般由报告框架和报告目录两部分组成，每一部分都需要非常详细地阐述。

可行性研究报告框架一般包括九个部分：执行摘要；项目概述；市场分析与需求预测；项目组织管理与实施进度计划；项目投资估算与资金筹措；财务评价；社会评价；风险评估；项目结论。

（七）可行性研究报告的报批

项目从构想到正式实施启动，关键的环节就是项目可行性报告的报批，如果获得通过，项目就正式实施，否则就可能会被推迟、搁置甚至完全取消。

每一个环节都对项目至关重要，要认真细致地做好每一步，稳扎稳打。

第四节　休闲活动项目融资

休闲产业链的延伸，与城市景观、房地产、小城镇、文化娱乐等深度结合，产生了一个整体的、互动的结构，我们称之为"泛休闲产业"。休闲项目投资已经脱离单一项目投资的时代，越来越多的投资商着眼于区域整体投资，力求整合休闲产业链，整合多元产业，寻求综合收益的最大化。

一、投资项目评估与商业计划书

休闲行业前景不等于每个休闲活动项目的前景。资金是项目启动和顺利完成的必备条件，在休闲活动投融资中，要坚持以休闲活动项目为导向，为超过项目投资者自身筹资能力的活动项目提供融资。目前休闲活动开发中的融资运作，仍处于十分原始的阶段。

（一）投资项目评估

休闲活动项目的投资评估指标体系由 7 个方面组成：市场评估、产品与技术评估、投资项目规模评估、项目管理评估、财务评估、风险及退出方式评估、环保评估。

1. 市场评估

休闲活动项目的市场评估包括现有休闲活动市场的评价（竞争产品和更新换代产品）及对未来的市场的预测，更为侧重后者。这一类指标评估的目的是通过考察现有的市场和竞争状况，判断项目是否具有可观的市场前景。由于市场本身的复杂性，在对项目进行市场分析预测时，应着重考虑以下一些因素：休闲项目的消费对象、项目的价格水平与潜在消费者的收入状况、替代产品的发展趋势。

2. 产品与技术评估

投资项目的产品与技术评估主要包括现有产品与技术的纵向、横向延伸空间和创新开发能力。着重考察产品与技术的独特性、技术含量、边际利润、竞争保护及持续创新的可能性等。具体来说，要分析主要产品的技术特征、技术水平、技术壁垒及知识产权保护情况；产品的竞争优势、更新周期、技术发展的方向和重点；产品的研究开发能力、生产能力及其各种支撑条件等。

3. 投资项目规模评估

规模经济；供求状况；筹资能力；生产要素的持续供给。

4. 项目管理评估

项目的团队素质评估有以下几个方面。

①项目的高层管理者是否具有高度的责任感、极强的必胜信念、高超的领导艺术和强烈的创新意识，是否具有足够的威望和号召力，能够运作权利来实现自己的理想。

②项目的核心管理层对目标市场、行业是否熟悉；融资与调拨能力、组织管理能力等要素是否具备。

③团队成员的技术状况、知识结构（专业、学历、经验）。

④团队的工作理念及企业文化等。

5.财务评估

项目投资财务评估指标体系包括休闲活动未来 5 年的财务预测及投资回报的预测。预测现金流量表，重点考察投资资本需求、资本支出维持水平、计划资本支出、计划折旧与摊销时间表、账面和课税资产寿命、融资需求、净现金生产能力等；预测资产负债表，考察各科目的变动情况及其合理性、销售和损益的对照。投资回报的预测主要是根据投资项目的特点，选择和确定能够正确反映项目风险的贴现率，建立合理的现金流量模型，并用这一贴现率计算项目的投资收益、净现值和投资回收期、投资回报率等。

6.风险及退出方式评估

休闲活动项目投资的风险评估是指在项目动工之前对该项目的各个方面的不确定性进行预先估计，如该项目的市场风险、技术风险、财务和融资风险、管理风险、退出风险等。

7.环保评估

休闲活动项目投资的环保评估主要是指该休闲活动的展开和实施是否会对周边环境产生影响，是产生好的影响还是坏的影响，对这一方面做出评估。

（二）商业计划书

商业计划书是创业者或经营者准备的一份书面计划，用以描述当运营一个企业或举办某项活动时相关所有内外部要素。一份好的商业计划书将会使投资者更快、更好地了解投资项目，使投资者对项目有信心，有热情，促成投资者参与该项目，最终达到为项目筹集资金的目的。

1.休闲项目商业计划书

休闲项目商业计划书在经过前期对项目进行科学的调研、分析的基础上，向投资人全面地展示公司和项目目前状况、未来发展潜力，可以达到招商融资的作用。其主要内容包括：经营者的理念、市场、客户、比较优势、管理团队、财务预测、风险因素等。商业计划书对市场的分析由大入小，从宏观到微观，以数据为基础，深刻地描述公司、项目在市场中将争取的定位。在比较优势方面，对企业本身强弱情况及竞争对手的战略做出详尽的分析；在管理团队方面，从各人的背景及经验分析其对公司／项目中不同岗位的作用；在最关键的财务预测上，报告将对绝大部分的财务假设及其所引致的财务影响进行彻底的描述及分析。

2.商业计划书与可行性研究

资源再好，不转化为产品就没有用；产品再好，不包装也无法融资。对休闲活动的包装，具有特别重要的意义。俗话说：三分长相，七分打扮。

休闲项目商业计划书实际上就是休闲活动项目的一种包装方式。通过休闲项目商业计划书，经营者会更了解生意的整体情况及业务模型，也能让投资者判断该生意的可营利性，是项目市场融资的一个关键而有效的工具。商业计划书作为一种投资决策科学工具，具备相对完善的投资决策思考判断程序。

商业计划书与可行性研究不同，可行性研究报告主要对项目的经济和技术情况做研究分析，但没有研究和分析这个项目是谁来做，怎样做，做这个项目会遇到什么障碍风险以及怎样解决？而这正是投资一个项目能否成功的关键。商业计划书的任务就是解决这个问题，而这正是投资项目策划运筹的目的。

二、休闲项目的资金运作与招商引资

一个成功的项目，应该善于借助投资人及银行搭建融资平台，即策划者通过优秀的策划，引入其他投资人及银行，而自己控制或委托专业机构实施有效开发，将自己的风险降到最低。

（一）休闲项目融资渠道

一般而言，休闲活动项目建设资金不能全部靠企业的自有资金，应积极进行融资和招商引资，用少量种子资金启动项目，利用项目融入建设资金。开发商可以从 8 个方面进行融资。

1. 银行信贷

银行信贷是开发商主要的融资渠道。对旅游资源开发，可以采用项目信贷的方式借款。项目信贷要求自有资本投入 25% 以上，可向银行贷 75%。开发商可使用以下资产作为抵押或质押：土地使用权、相关建筑物的所有权、开发经营权、未来门票或其他收费权等。

①商业银行：包括质押、抵押等方式。

②政策银行：我国主要有国家开发银行、农业发展银行、中国农业银行、中国银行等银行。

③卖方信贷：比如设备进口。

④担保公司：个人或企业在向银行借款的时候，银行为了降低风险，不直接放款给个人，而是要求借款人找到第三方（担保公司或资质好的个人）为其做信用担保。

⑤世界银行贷款：由世界银行（主要是国际复兴开发银行和国际开发协会）提供给发展中国家的政府和由政府担保的公私机构的优惠贷款。包括国际复兴开发银行贷款和国际开发协会信贷。

⑥国家间支持性贷款：包括外国政府贷款、国际金融组织贷款和国际商业组织贷款等。

2. 私募资本融资

开发商对自身的资本结构进行重组改制，设立股份有限公司。开发商以股份有限公司的主发起人身份，向社会定向招募投资人入股，共同作为发起人，形成资本融资。开发商也可以先成立自己绝对控股的有限责任公司或股份有限公司，再向社会定向募股，以增资扩股的方式，引入资本金。

战略投资人指符合国家法律、法规和规定要求，与发行人具有合作关系或合作意向并愿意按照发行人配售要求与发行人签署战略投资配售协议的法人，是与发行公司业务联系紧密且欲长期持有发行公司股票的法人。

（1）搭车投资人

抢搭车是指投资人于股价稍微上涨时立即买进的行为。在这里"搭车投资人"即指那些项目处于上升期时加入的投资人。

（2）资产整合

资产整合在并购中占有重要地位。通过资产整合，可以剥离非核心业务，处理不良资产，重组优质资产，提高资产的运营质量和效率。

（3）整体项目融资

开发商在开发中，设立若干个项目，并制作单个项目的商业计划书，按照投资界规范的要求准备招商材料。依据招商材料，开发商可以向境内外的社会资金进行招商，其中可以采用 BOT（建设—经营—转让）等多种模式，也可合成开发、合资开发、转让项目开发经营权等。

（4）政策支持性融资

充分利用国家鼓励政策，进行政策支持性的信贷融资。

比如在休闲旅游领域包括：旅游国债项目、扶贫基金支持、生态保护项目、文物保护项目、世界旅游组织规划支持、国家及省市旅游产业结构调整基金。

（5）商业信用融资

若开发规划有足够吸引力，开发商有一定信用，开发中的工程建设可以通过垫资方式进行。一般情况下，工程垫资可以达到 40%，若有相应的垫资融资的财务安排，垫资 100% 也具有可能性。

商业信用可以表现在很多方面，若开发能与开放游览同步进行，则可对旅游商品、广告宣传、道路建设、景观建设等多方面进行商业信用融资。

（6）海外融资

海外融资方式非常多，包括一般债券、股票、高利风险债券、产业投资基金、信托贷款等。海外融资目前受到一些政策限制，但仍有很多办法可以开展。这需要一家海外投资银行作为承销商，全面进行安排和设计。

（7）信托投资

2001 年 10 月 1 日开始施行的《中华人民共和国信托法》出台以来，信托投资公司已经拥有了很大的运作空间，并创造了一些新的金融工具。其中，以项目和专题方式发行信托投资凭证，引起了各方面的兴趣。

（8）国内上市融资

由于存在门票收入不能计入上市公司主营业务收入的限制，目前资源开发类旅游企业较难直接上市。但通过将收入转移到索道等交通工具，以及以宾馆、餐饮、纪念品等项目包装为基础的企业，仍可走上市的道路，也可以吸引上市公司作为配股、增发项目进行投资。

（二）休闲活动项目的招商引资模式设计

休闲活动项目投资，因项目的综合性、复杂性与服务性，结合资本投入力度、回报率要求等投资商自身因素，就形成了商业模式上的巨大差异。针对休闲活动项目设计恰当的招商引资运行模式，可以充分挖掘每个项目的潜在价值，最大程度降低项目的风险。

1. 寻找合作伙伴

休闲活动项目建设投资之前，应该确定合作伙伴，落实投资种子资金。一般而言，项目建设资金不能全部靠企业自有资金，应积极进行融资和招商引资，用少量种子资金启动项目，利用项目融入建设资金。

信贷资金是建设资金最重要的筹措来源。根据投入前期资金与建设需要资金的缺口，应该积极进行银行融资。在不失控制权的基础上，投资商可根据对项目的安排，把项目主体设计为有限责任公司，并争取引入战略投资人，以扩大公司资本金。对于项目的附属工程，如景区的接待设施和服务设施，应拿出一部分项目进行招商引资，引入相关的专业投资人，对索道、游乐设施、酒店等子项目，进行合作或独立投资。

2. 打造招商引资的项目平台

休闲行业具有综合性特征，因此每个休闲活动项目下会有多个子项目。又因为各个行业投资商所拥有的资本资源、信息资源等不同；其投资战略、投资回报要求不同；同一个项目对于不同的投资商会有不同的投资回报；所以招商引资的前提是根据休闲活动项目评估系统提供一个详尽、规范的项目库，为投资商对有意向的目标项目进行投资评估提供资料，也为项目提供者挑选合适的投资商提供资料。这个平台涉及了国内外的资本平台，同时为资本的进入和退出提供了通道，为投资商的不同时段的投资要求提供了多种选择，为投资商和项目提供者降低了投融资的风险，从而降低了整个项目的风险。同时，这个平台也应该配备行业专家服务的资本平台，能够为不同的资本找到一个最适合他们的风险最小的介入点。

3. 设计良好的投资环境

现在一些项目的招商引资一味地在优惠政策上让步，并不一定能吸引投资商，而且还造成了恶性竞争。良好的投资环境，一方面要有优惠政策，另一方面要考虑到项目提供者本身的利益。我们要把项目设计，看成休闲专业设计与商业运作策划的全新整合，把"投资—收益"理念和"投资—收益"结构贯穿全部的策划，贯穿执行计划，这样，"投资—收益"就由一个完整的运作计划落地到具体的运作步骤中来了。

优惠政策应该主要针对降低投资者在关键环节的风险。在各项资源的产权保护和相关的法律法规上为投资商提供利益的保护，坚持规范的市场化运作，这才是投资环境建立的根本。

4. 从降低风险的角度，紧密结合营销策划活动设计融资结构

在项目的融资结构设计上，本着保证资金筹集全部到位和资金成本最小化的原则，从

降低项目风险的角度，从各个融资市场上融资，通过转让、抵押、拍卖项目经营权、项目收费权等各种形式引入资本，确定各个融资方式的比例和序列，配合项目的投资模式达到最好的现金流模式。

5. 整合整个招商引资的流程

以投融资市场化操作为理念，以最大化项目价值、最大程度降低项目风险为原则，整合整个招商引资的流程，使得项目都能在合适的时机引入适量的资本，为投资者带来最优的收益，为当地的经济带来可观的社会经济效益。

采用标准流程包装融资方案。在项目的融资方案的设计上，聘请旅游行业的投资银行对项目进行包装。改变传统招商引资的做法，采用公开融资的流程进行操作，对项目进行各个方面的包装，制作规范的商业计划书，组织有资格的中介机构（如会计师事务所、律师事务所、评估事务所等）在尽职调查基础上提供相应的履行诚信义务的财务报告、评估报告、法律意见书、投资分析报告等。经过这些具有可信度的资料包装之后，可以吸引海内外的投资者。

6. 多种方式结合推介融资方案

采用媒体推介、活动推介的方式对项目的融资方案进行推介。在媒体上推介可利用报纸、网站、电视、朋友圈等手段，包括建立自己的网站、发行自己的刊物和在大型的有影响力的网站上、报纸上、电视频道上发布项目等。活动推介包括路演和招商会的方式。通过各种形式，一方面推介项目，让不同背景的有意向的投资商了解项目，另一方面扩大项目的影响，提升项目周边的土地价值。

透视众多成功的休闲投资项目，都是通过一系列不同阶段的营销策划与投融资不同阶段的配合，一方面挖掘项目资源的潜在价值，包括与人们内心世界相连的无形资产的价值和当地的土地、建筑等资源的增值，另一方面降低投融资过程的资金筹集的风险、资金到位的难度，给投资商好的项目前景预期的。

复习与思考

一、单项选择题

1. 项目管理包含三个要素，分别为（　　　　）。

A. 管理主体、管理客体、管理目的

B. 时间、质量、成本最优化

C. 项目方案修改、项目通过与立项、项目营运

D. 项目主体、项目客体、项目目的

2.（　　）是目前应用的较好的方法。

A. 头脑风暴法　　　　B. 加权多重要素评价矩阵

C.SWOT 分析法　　　　D. 加权平均法

3. 休闲活动项目作为服务性产品，一般包含（　　　）三大要素。

A. 艺术表演、体育赛事、节庆

B. 表演艺术家、服务质量、参与者的类型

C. 主体、客体、媒介

D. 项目卖点、项目特色、传递过程

二、多项选择题

1. 项目财务分析中的成本预测包括（　　　）。

A. 场地费用　　　　　B. 宣传推广费　　　　　C. 招商的费用

D. 相关活动的费用　　E. 办公费用和人员费用　　F. 税收

2. 世界银行贷款包括（　　　）。

A. 中国银行贷款　　　　B. 国际复兴开发银行贷款

C. 国际开发协会信贷　　D. 中国发展银行贷款

三、简答题

1. 什么是项目？项目选择的基本原则是什么？

2. 什么是目标树？如何进行目标树下的项目筛选？

3. 简述项目可行性研究的内容、实施方案和方法。

4. 项目评估包括哪些主要内容？商业计划书与可行性研究报告有何不同？

5. 休闲项目融资渠道主要有哪些？各有何特点？

四、实训

新的学期开始了，初到大学的新生们对全新的学习环境充满期待。同时也对即将生活几年的城市怀有一分好奇。某旅行社推出针对大一新生当地城市一日游活动，请分组进行可行性研究并提供一份报告。

第八章　休闲活动组织管理

学习要点与目标

通过本章的学习，能够了解休闲活动组织机构的概念、休闲活动组织的框架、休闲服务体系，掌握休闲活动组织人力资源职位分析、休闲活动组织人力资源管理的特点和目标，能够对休闲活动组织进行分类，并能够掌握非营利组织的特点和功能。

第一节　休闲活动组织机构与服务体系概述

一、休闲活动的组织机构

（一）休闲活动组织的形成

随着休闲需求的大量增长，各种各样的休闲组织获得了长足的发展，公共组织、非营利组织及商业组织都迅猛地增加。休闲组织的形成由两大要素来决定：其一是帮助人的欲望，其二是企业创新与技术发展。

帮助他人的欲望休闲服务组织的目标是为人们的生活提供便利，提供更好的服务。不管是任何组织提供的休闲活动，其最终目的都是提高人们的生活质量。

企业创新与技术发展随着社会的进步与发展，人们的需求也会随着技术的更新而日新月异，休闲服务企业不能提供永远不变的固定休闲产品，休闲服务企业生存的秘诀在于不断改变休闲产品，改变休闲的方式方法，去适应社会不断更新的需求。

（二）组织机构类型

随着休闲经济的蓬勃发展，各种休闲服务组织团体也应运而生。按财政来源和管理方式区分，这些休闲服务组织可分为政府部门、商业机构和非营利组织三大类。提供休闲娱乐活动的组织团体包括政府团体、义工团体、宗教团体、学校教育团体、商业性团体。

1. 各级政府组织（政府团体）

政府组织主要是向公众提供休闲服务和设施，通过建设公园、成立公共图书馆，低价或免费向公众提供休闲服务。政府团体包括：国家、地方乐团、舞蹈团、国家公园、旅游局、博物馆、美术馆、野生动物协会等。

2. 非营利组织（义工团体）

非营利组织是为满足特定人群的休闲需要而设立的。义务工作的四个特征：志愿性、无偿性、公益性、组织性。

义工活动范围一般涉及助学、助老、助残、其他弱势群体关注、青少年问题关注、环保以及一些社会公益性宣传活动。

①助老一般为进入社区或者敬老院，给老人一些情感的关怀、为老人做些力所能及的事情。

②助残包括协助残疾人学习基本生活技能，促进减少社会公众与残疾人的交流障碍等。

③弱势群体关注包括贫困重症患者募捐救助、流浪人员物资关怀等。

④青少年问题关注包括单亲家庭青少年关爱、问题家庭青少年关爱、家庭暴力干涉、孤儿关爱等。

⑤环保包括环境保护宣传工作以及一些身体力行的环境保护活动。

⑥社会公益性宣传活动一般包括遗体捐赠、戒毒等宣传。

风行于欧美国家的"义工旅行"也叫"公益旅行"，主张旅行者在旅游中承担一些社会责任，如参与保护野生动植物，或者帮助目的地改善卫生、教育、文化状况。全球知名的旅游指南公司"孤独行星"已将"义工旅行"列为一个专门的旅游项目加以介绍。

如今，在中国沿海地区，越来越多的年轻人开始关注这一旅行方式，其中既有商务差旅活动较多的白领人士，也有将需要帮助的地方作为目的地的旅行爱好者。一些志同道合的爱好者还建起网站，推广"义工旅行"。比如"圣地户外"，致力于敦促旅行者参加环保行动，而"多背一千克"的宗旨是"爱自然，更爱孩子"，倡导一边旅游一边给沿途的学校提供一些帮助。目前主要是出差时给乡村孩子捎带去书籍和教学用具，细心的人还给寒冷山区的学生带去了耳套。

3. 宗教团体

宗教团体是通过宗教思想教化给大众提供休闲服务。各宗教团体按照各自的章程选举产生领导人和领导机构。这些宗教团体在国家宪法和法律的保护下，独立地组织宗教活动，办理教务，开办宗教院校，培养年轻的宗教职员。

4. 学校教育团体

学校教育团体是通过募捐、集资等方式对学生进行心理健康教育和思想政治教育等。学校教育团体包括：学校社团、学校表演单位团体、课外活动组等。

5.商业性团体

商业性团体，也叫商业性休闲服务机构，是指经营业务范围直接与娱乐、休闲活动有关的企业组织。商业性团体包括：游乐场、酒吧、舞厅、旅游景区等。

二、休闲活动的服务体系

（一）休闲服务体系概念

休闲服务体系是以保障和提高休闲质量为宗旨和目的，以多功能、多层次、多方位为特征进行的一系列具体服务的总称。休闲活动服务体系抑或指若干有关事物或因素互相联系而构成的一个整体。

（二）休闲服务体系的特色

休闲服务体系以传播休闲文化、创造科学的休闲气氛、促进休闲消费者身心健康为主题。该体系组织的活动内容也不是单一的运动锻炼，还包括理论讲座与研讨、实际操作、体育比赛、观看与点评体育比赛等，让人们既了解休闲的知识，培养兴趣爱好，又能通过这种科学的服务，掌握休闲的技巧，提高休闲生活的质量，树立健康的理念。

（三）休闲服务体系的结构框架

根据我国休闲产业发展的情况，参照国外休闲服务的实践，借鉴相关服务体系，从服务组织的层次结构和服务的分类入手来构建休闲服务体系。这个体系大致由以下七个子体系构成：组织领导体系；条件支持体系（法规制度、资金投入、场地设施、人才培训、产业开发和舆论宣传）；理论咨询体系；活动指导体系（健身活动、竞赛活动、欣赏活动）；监测评估体系；信息网络体系；科学研究体系。

组织领导体系组织要素是休闲活动的保障因素，组织服务的中介性、协调性、整合性等特点对帮助人们实施休闲活动具有重要作用。体系的组织机构分为三个层次：决策系统层、指挥系统层、操作实施系统层。

条件支持体系该体系是保证休闲体系正常运行的基础，主要可以从法规制度、资金投入、场地设施、产业开发、人才培训以及舆论宣传这6个方面来进行构建。

理论咨询体系信息媒介是提高人们认知水平和活动质量的重要因素，所以理论咨询体系对人们休闲服务来说是必不可少的。

活动指导体系活动指导体系必须首先肩负起指导人们善度余暇，开展休闲的任务，在国民中形成休闲的概念，让他们走出休闲的认识误区。该体系主要由健身活动、竞赛活动、欣赏活动三部分组成。

监测评估体系该子体系是休闲服务体系的基础环节，以"体质监测与评定小组"和建立"休闲服务质量评估小组"的形式，对人们休闲服务体系的各个部分在实现计划目标中的效率进行评估。

信息网络体系用一个丰富的，知识性、趣味性较强的休闲个性化网页来宣传休闲文化，随时提供现有休闲的信息以及世界上其他各国休闲的新理念、新取向等，进一步强化人们的休闲意识和休闲兴趣。

科学研究体系该体系的主要任务是通过调查研究，了解人们在休闲时做些什么、想做些什么？某些特殊的人群有哪些休闲需求、休闲服务体系中还有哪些需要改进等。某休闲度假工作室准备给一个乡村做特色休闲度假规划，请你从休息服务体系的角度出发，给该工作室几点建议。

第二节　休闲业人力资源管理

人力资源指一个国家或地区一切具有为社会创造物质财富和精神、文化财富的，从事智力劳动和体力劳动的人口的总称。人口资源指一个国家或地区的人的生命体的总和。劳动力资源指一个国家或地区有劳动能力并在劳动年龄范围之内的人口总和。

休闲业是劳动密集型行业。人力资源同物资、资金、信息共同构成了休闲业的四大资源，并且人力资源是休闲业最基本、最重要、最宝贵的资源。现代各行业的竞争归根结底是人才的竞争，在该行业管理中对人力的管理占据重要的位置，而人的因素非常复杂，随机性极大，它既是企业最难管理的对象，又是决定企业经营成败的关键因素。因此休闲行业人力资源管理直接关系到该行业能否正常、健康、快速地发展，能否提高服务的质量，能否获得较好的经济效益。

一、休闲业人力资源开发与管理

（一）人力资源开发与管理的含义

人力资源开发与管理，是指运用现代科学技术和管理理论，对人力资源的取得、整合、调控与开发，以及保持和利用等方面所进行的一系列管理活动，以实现组织的目标。其内涵是以人的价值为核心，为处理人与人、人与工作、人与组织以及人与环境的互动关系而采取的一系列的开发与管理活动。

完整的人力资源工作包括：构建合理的组织机构，建立完善的职位体系、培训开发体系、职业生涯规划、绩效管理体系和薪酬管理体系，建设和完善企业文化。在休闲组织中，休闲人力资源开发与管理需要处理的管理范畴，可以分为六个部分。

研究"人"的问题休闲人力资源开发与管理要做的工作是人的工作，要进行的管理是以人为中心的管理，人要干事，事要人干，事离开了人，就没有管理可言。

人与事的匹配谋求人与事的适当配合，以实现事得其才、人尽其用、有效使用的目的。

人的需求与工作报酬的匹配使得酬适人需、有效激励，人尽其力、贡献最大。

人与人的协调合作建立合理的群体结构，强调团队精神，使得群体内能相互取长补短。

人与组织的协调配合。

制定有效的工作范围与组织制度，使得权责分明、灵活高效，发挥整体优势。

人与环境的和谐共处寻求人的需求满足与环境协调可持续发展，即人的需求不断提高，推动环境的发展，而环境的发展又促使人产生新的需求并得到满足。

（二）休闲业人力资源开发与管理的特点

休闲企业的人力资源管理既要开发人的个体资源又要管理人的群体资源，是一种全面的宏观与微观相统一的管理活动，具有以下特点。

系统性休闲业人力资源管理是系统性的管理。人力是休闲行业最重要的生产要素。作为一个大系统，它由招聘录用系统、培训系统、使用系统、考核系统、奖惩系统、离退系统等子系统组成，其中各子系统都围绕着大系统的目标进行运转。

综合性休闲业人力资源管理是全过程全员性的管理。休闲行业的人力资源管理贯穿员工的录用、培训、奖惩、退职等全过程，贯穿各职能、各经营部门，贯穿经营管理和服务的全过程。

科学性休闲业人力资源管理是科学化的管理。人力资源管理工作的全员性、系统性要求该行业建立一套标准化、程序化、制度化、定量化的人力资源管理系统，以实现科学化的目的。

动态性休闲业人力资源管理是一种动态管理。该行业的人力资源管理贯穿每一位员工的招聘、录用、培训、考核、奖惩、提升等全过程，而员工个性特征等方面的差异性要求人力资源管理工作要因人而异、因地制宜地进行，掌握员工的心理需求，了解员工的思想动态，使员工的潜能得到最大限度的发挥。

（三）人力资源开发与管理的目标

休闲组织人力资源开发与管理的目的是使企业人力资源管理需要完成的职责与企业需要达到的绩效相匹配，即如何使组织取得成功，如何使组织更具有核心竞争力。休闲人力资源开发与管理的目标是由一系列目标组成的。其内容包括以下几点。

提高员工的业务素质为顾客提供给一流的优质服务是休闲业中服务人员工作的宗旨，也是休闲业发展的重中之重。而优质的服务基于优质的员工，提高员工的业务素质是提高服务质量的根本点。

激发员工的工作热情创造和谐的工作环境、建立合理的激励机制和公平的薪酬回报，使员工心情舒畅地工作，这是调动员工工作积极性的有效途径。

优化员工的配置结构人力资源管理工作宏观上是对组织所有的员工进行岗位和职务安排。必须结合岗位特点和员工自身素质进行适当的岗位安排和组合，形成不同的配置结构，达到企业人员组合的最优化。

建立人力资源开发体系建立一套合理的人力资源管理体系是组织录用优秀人才的基本保障。因此企业需要设计一整套科学的、系统的人力资源开发与管理的业务流程系统。休闲人力资源开发与管理的业务流程系统由六大子系统、六大管理模块及四项核心工作构成。

二、休闲业分类与工作描述

休闲活动人员的分类依据不同的标准有不同的分类方法，按培养体系的不同，把休闲活动人员划分为专业人员和职业人员两大类。

（一）休闲活动专业人员

休闲活动专业人员是指完成我国专业教育培养目标的休闲活动从业人员。休闲活动专业人员包括以下几类。休闲活动策划人员休闲活动策划人员是指从事休闲活动的市场调研、方案策划、销售和营运管理等相关活动的人员。在休闲活动企业发展到一定时期，应重视这方面专业人员的培养。

休闲活动管理人员休闲活动管理人员指从事休闲活动的组织、宣传、营销及现场管理的人员。这类管理型的人员应外语好，表达能力强，善于沟通，知识面广，有坚韧的毅力，具有现代服务意识及团队精神，而且还要有对突发问题进行处理的应变能力。

（二）休闲活动职业人员

休闲活动职业人员主要指为休闲活动的举办而承担专业的场地设计、现场搭建及安装工作的工程管理人员。休闲职业人员分类如表 8-1 所示。

表 8-1 休闲职业人员分类

休闲职业人员类型	人才定位	特点
场地设计人员	对休闲场所内外部建筑的设计	平面设计与空间立体设计相结合； 体现行业特点； 体现人本精神
项目工程管理人员	休闲活动的硬件管理人员，是休闲活动成功举办的硬件基础	通晓整个流程和要求； 熟知休闲活动场地布局、结构、设备、设施状况
支持性人员	承担物流运输、旅游接待、广告制作等相关工作的专业人员	配套服务的质量对展会的总体质量起着越来越大的制约作用

三、休闲业人力资源建设

休闲人力资源培训是有效运用各种方法和人力资源开发技术，帮助组织实现战略目标的一整套运行机制和管理系统。

（一）休闲业的人才培训

国外早期的课程设置方式对我国休闲业人才培养有一定的积极影响。例如德国的奥托彼得斯提出了现代与后现代课程设置的方式的不同，对休闲组织培训课程设置也有一定启示，如表 8-2 所示。

表 8-2 现代与后现代课程设置

现代课程	后现代课程
以科学管理为模式	以对话为模式，这种对话改变了参与对话者和所讨论内容的性质
技术合理性	人文合理性
讲求实效	谋求个人发展
精确的事实	从全球观念出发
细则说明	通则概说
步骤详细明确	双向互相作用
严格的格式	折中的倾向

（二）休闲业人力资源培训计划

制定人力资源培训计划是休闲组织做好培训工作的首要条件。它是对组织培训工作所做的方向性、全局性的谋划与安排。

1. 休闲人力资源培训需求分析

休闲企业人力资源培训需求分析是确定组织培训目标的前提，所以做好培训需求分析对于确定培训计划的大方向、保证培训工作的质量和效益具有十分重要的意义。组织再确定培训需求之前通常要回答以下问题。

①组织的目标是什么？

②达成这些目标的工作任务是什么？

③完成这些任务需要员工具备什么样的素质？

④目前旅游组织内完成这些工作任务的员工在哪些方面碰到了困难？缺乏哪些素质、技术、知识或态度？

回答了这些问题就完成了组织人力资源调研和培训需求发掘工作。

2. 休闲培训计划的标准确定

要在休闲活动中配备得力的管理人员、挑选和安排合适的员工，除了制定适当的激励机制外，还必须确立贯彻目标的标准。

3. 休闲人力资源计划的内容

（1）组织能力

无论规模的大小，休闲活动均涉及各个行业和不同的社会部门。因此，组织能力对于一个从事休闲活动工作的人来说是必不可少的。

（2）策划能力

由于休闲活动企业涉及的社会群体多，休闲活动经济的关联性强，所以休闲活动和项目设计要求休闲活动从业人员能全面考虑问题，具备较强的总体策划能力。

（3）公关能力

从根本上看，休闲活动企业提供的是一种面对面的人性化服务，这一点与旅游企业极其相似。公关能力主要指工作人员的语言能力和人际交往能力。其中，语言能力除了强调口头表达能力外，还包括尽可能掌握、运用多种语言。

创新能力休闲活动的形式需要不断变化和推陈出新，只有不断给人以新鲜感，才可能有较强的吸引力，否则就会让人产生厌烦情绪。这就离不开从业人员的创新能力。

第三节　非营利组织

非营利组织，是指不以营利为目的，主要开展各种志愿性的公益或互益活动的非政府的社会组织。非营利组织的服务分为无偿服务和有偿服务，有偿服务所得不影响非营利性质。

一、典型非营利组织概述

非营利组织在不同国家和地区有不同的称谓。非营利组织是美国广泛采用的概念，美国财务会计准则委员会（Financial Accounting Standards Board，FASB）将其定义为符合以下特征的实体.

① 该实体从捐赠者处获得大量的资源，但捐赠者并不因此而要求得到同等或成比例的资金回报。

②该实体经营的目的不是获取利润。

③该实体不存在营利组织中的所有者权益问题。

FASB对非营利组织描述的特征1和特征3基本上说的是非营利组织的"志愿性"和"公益性"，当然特征1中的捐赠者绝大多数是民间个人和机构，因此FASB描述的非营利组织也具"民间性"特征，特征2说的是"非营利性"。

在我国，非营利组织作为一个独立的概念在正式文件中基本没有出现过。在研究非营利组织时，不少人常常谈到事业单位。从经营目的上来说，我国的事业单位应属于非营利组织的范畴，但具有国有属性，且大多是由财政拨款的。因此，不宜将事业单位与非营利组织混为一谈。

二、非营利组织的分类

（一）动员资源型组织

非营利组织为了能够生存和发展，必须动员各种社会资源，包括慈善捐赠和志愿服务。因而在公益认定和评估，以及社会监督和监管方面都应有很高的要求和相应的约束。

（二）公益服务型组织

非营利组织提供的公益服务遍及社会的各个方面，主要包括一些开展公益项目的基金会、社会团体和民办非企业单位，以及开展各种社区服务的基层组织等。

（三）社会协调型组织

随着社会功能的日趋完善和发展，推动社会协调发展、参与社会治理成为一部分非营利组织的主要功能。从机制上看，大体上有以社区为基础的横向协调型和以社群为基础的纵向协调型两种不同类型的社会协调型组织。

（四）政策倡导型组织

非营利组织不仅积极参与各级相关立法和公共政策的制定过程，以发挥最大的能动性来倡导和影响政策结果的公益性与普惠性，而且非营利组织往往也作为特定群体特别是弱势群体的代言人，表达其利益诉求和政策主张。

上述分类，强调了不同类型的非营利组织在功能作用上的不同特征。事实上，在功能作用接近的同一类别的非营利组织之间，它们在信息、资源、活动等方面具有很强的流动性，相互沟通、交流、合作与互动的频度很高；在过去的 20 多年里，提供休闲服务的非营利组织获得了进一步的发展。

三、会员制组织

会员是社团的基本构成单位，只是吸纳会员和会员界定的方式不同。会员制有两种，一种是不收会费的，所有的会员都是指定或公选的；一种是收会费的。会费也有两种，一种是终生会费，一种是年费，但一般来说社团作为一级组织，会员必须达到某种条件才能入会，这和商业"俱乐部"不同。会员活动可以有很多，大体来说，会员制组织有四种功能：协调、自律、代表、服务。

俱乐部一般经常性地举办各种有吸引力的活动，如表 8-3 所示。

表 8-3 不同类型俱乐部的活动

俱乐部活动类型	内容
节假日活动	在中西方的各节假日举办各类舞会、抽奖活动、减价折扣活动、赠送纪念品活动等
各种竞技类表演和展示表演	保龄球、象棋、表演和时装、书画等
讲座和研讨会	知识性讲座、定期或不定期的专家讲座等
旅游活动	定期的国内外旅游、奖励的免费旅游等
政府政策吹风会	行业信息发布、行情发布、供求投资信息发布等
邀请名人参加活动	邀请贵宾出席已成为俱乐部独具风格的保留节目等应有具特色的吸引会员的消费品种

会员制俱乐部的功能主要可以分为两大类：基本功能和特殊功能。

（一）基本功能

1. 消费功能

会员制俱乐部都向会员提供物质产品或精神产品，以供其消费。

2. 信息交流功能

会员制俱乐部成为其经营领域的集散中心。

3. 综合服务功能

会员制均围绕其主要业务范围提供相关的综合配套服务。例如休闲俱乐部提供无微不至的健身、娱乐、美食、表演等服务。

（二）特殊功能

1. 社交功能

会员将俱乐部作为难得的交友场合，借此拓展自己的社交圈和关系网络，以促进自身的发展。

2. 形象宣传展示功能

会员加入某个俱乐部，尤其是高级俱乐部，与社会名流、商界精英、成功人士共聚一堂，能够显示其社会地位。会员证的出示等都有助于提高会员的社会知名度并产生广告效应，实质上会使会员的无形资产增值。

3. 投资功能

尤其对封闭型会员制，会员证大多具有行情看涨、价格趋升的特点，炒会员证成为继炒股、炒楼之后的又一个投资对象，会员证的投资甚至投机功能，活跃了会员制的发展。

第四节　志愿者组织与管理

一、志愿者组织概念

志愿者组织是非营利组织重要的人力资源。

（一）志愿者是非营利组织重要的人力资源

现代社会中，非营利组织的大量涌现和健康发展，对于提高社会福利程度，促进社会稳定进步具有不可替代的作用。

非营利组织弥补了政府和市场的不足，完善了社会结构。志愿者的参与大大降低了组织的成本，他们不仅提供了大量的人力资源，分担了专职人员繁重的工作任务，还带来了专业的知识，弥补了工作人员专业技能的不足。

对志愿者进行有效的激励，是非营利组织巩固自身和实现发展必须实施的管理措施。志愿者通过与服务对象的接触，能够积极地反映出社会各阶层的问题与需求，能够拓展新的领域，帮助非营利组织提供切合社会需求的服务。志愿者与专职人员的合作，能在更广的层面上提出建设性的意见和建议。

参与志愿活动有利于志愿者自我价值的实现。

志愿者参与志愿活动，拓宽了生活空间，更深入地体验了社会和人生，能够对社会发展和社会生活做出客观的判断，完善自己的价值观念。

参与志愿活动，为志愿者提供了发挥自己才能的机会。

（二）志愿者管理的复杂性

在世界各国，志愿服务及志愿人员工作的价值虽然已经被普遍地承认和认同，但对于如何进一步地推广和开展志愿服务，则缺乏比较深入的研究和探索。志愿服务活动的上述特点，给志愿人员的人力资源管理提出了相应的难题。

1. 组织结构的松散性

志愿服务的自愿性特点，使得志愿组织带有较强的松散性与个体倾向，权力与依附感的缺乏使得组织中难以形成传统官僚制下的权威与效率。

2. 参与动机的多元性

志愿人员参与志愿服务更多的是出自个人的自我动机，每个人因个体经历不同，参与的动机也呈现出多元化的态势；参与的志愿性、无偿性则使得这些看似简单的要求更应该得以满足。

3. 组织的约束性

首先，志愿组织的松散性特征与组织的不规范性特征相伴而生。其次，绩效评估缺乏对组织成员的约束力。

4. 服务的辅助性

志愿人员的加入从人力成本、技术资源结构诸方面为公共部门和非营利性组织职能的行使与完成提供了有益的补充，但是其工作任务和服务的内容在实际生活中会出现冲突。

5. 人员体制上的编外

志愿人员需要不断在编外人员与参与者之间进行角色的转换，这给志愿人员的角色定位与扮演带来了一定的困难。

二、志愿服务运作程序

任何工作都有一套服务程序，志愿服务同样也有自身的一套流程，用以规范和管理志愿服务工作。

（一）需求评估

在招募志愿者之前，先评估机构到底有多少需求？这需要征询行业的意见，了解各相关部门对志愿者的需求量,如果需要征募新志愿者,增加量是多少？需要哪种条件的人才？对于服务时段和服务内容,亦须尽可能清楚明确。服务内容是否具体可行？服务的持续性和服务数量是否足够？这样的调查和汇总工作,一般大约每半年进行一次。

（二）甄选招募

甄选的目的是让机构和志愿者双方有直接沟通的机会。报名甄选的过程也是志愿者自我选择的过程。让志愿者和机构工作人员,以直接对谈的方式建立良性的互动基础。

（三）开展训练

志愿者的培训重点在于不断提升其理念和能力,志愿服务和专业工作虽有不同,但同样都需具备热忱和相应的能力。

（四）督导

1. 建立良好的督导制度

由社工人员或其他专职人员,对所有的志愿者进行定期或非定期的督导,良好的督导有助于：

①安排服务工作的时间和内容；

②发掘问题、解决问题、克服挫折并予以情感上的支持；

③提供服务的知识和技巧；

④增强干部的能力,激发团队活力；

⑤落实考评和奖惩工作,使之更加客观公正。

对于志愿者的出席率及服务状况,要适时评价和调整,如果已有多次缺席,应主动了解原因,如果原因出自对机构不满、成员间意见不合、失去参与热情等因素,必须出面解决。

2. 可能遇见的督导问题

①对志愿服务的误解。

②有错误的期待。

③对机构不满、批评机构。

④反客为主。

⑤假公济私。

假设你是你们学校青年志愿者协会的会长,下周末你想组织一次希望小学献爱心活动,你会怎么做？

3. 督导的策略

灵活运用有效的回馈技巧,回馈的首要目的是引发对方去思考、学习并加以成长。有效回馈的要件如下。

①为被督导者（接受回馈者）所期待和要求的回馈。

②最有效的方式是在行为产生之后,立即给予回馈。

③避免使用深奥难懂的术语。

④谈话精简，不必陈述过多的细节和资料。

⑤焦点在于可观察的行为，不是个人的人格特质。

⑥基于对人的关怀，且态度不具威胁性，避免道德或价值批判。

⑦仅关注那些可被控制或改变的行为。

⑧优缺点同样重视。

⑨要由双方共同讨论，直到彼此了解对方的见解。

⑩信息要明确，不能含糊不清，出尔反尔。

（五）考评及表扬

对于志愿者的表现，应做定期考评，评量的内容包括出席情形、服务量、参与团体事务及进修学习的状况等，并依其服务成绩，予以不同程度的鼓励或奖惩。

三、志愿者管理体制

志愿者的管理，不是靠"利润动机"的驱使，而是靠"使命"的凝聚和引导，通过能反映社会需要的"使命"获得各方面的支持，包括吸引志愿者参与非营利组织的工作。

（一）融入组织之中

保证志愿者成功融入组织之中是至关重要的。志愿者应当接受培训，知道应该如何完成其任务，以及组织的工作表现标准是什么。他们最需要的是挑战和满足，他们需要了解整个组织的使命，并且将其作为人生信念。同时保证志愿者能够接受组织文化，强化组织文化能使组织对志愿者产生巨大的维系力、驱动力，从而孕育无限的创造力，使组织的任务、事业或使命，具有可实现性。

（二）良好的沟通机制

非营利组织在运作过程中，应尽力避免商业化和官僚化的负面影响，维系组织文化，并且建立志愿者与组织的良好沟通机制，使之感悟组织文化，了解组织的运作实情，以有效地开展人本管理，主要运用以下六种机制：①激励机制；②压力机制；③约束机制；④保证机制；⑤选择机制；⑥环境影响机制。

理性的和成功的志愿者管理将产生持续不断的感召力和凝聚力，从而吸引越来越多的志愿者参与到社会公益事业中来。志愿者服务的普及，不仅可为非营利组织的发展提供重要的人力资源，而且从根本上改善了人类活动，推动了人类社会的文明进步。

复习与思考

一、单项选择题

1. 休闲活动的组织团体不包括（　　　）。

A. 各级政府　　　B. 宗教团体　　　C. WTO　　　D. 志愿者组织

2. 休闲组织人力资源开发与管理目标不包括（　　　）。

A. 调动员工的工作热情　　　　　B. 优化员工的配置结构

C. 建立人力资源开发体系　　　　D. 实现组织的可持续发展

3. 按照组织形式划分，休闲活动可分为（　　　）。

A. 国际休闲活动和国外休闲活动　　　B. 个人休闲活动和商务休闲活动

C. 团体休闲活和散客休闲活动　　　　D. 入境休闲活动和出境休闲活动

4. 小米是一名某户外野营协会的志愿者，近期该协会将组织一场专家野外逃生讲座。活动当天在检票口发生了暴力冲突，作为志愿者的检票员，此时小米该采取（　　　）措施。

A. 予以还击　　　B. 强行制止　　　C. 打报警电话　　　D. 逃跑

5. 2008 年汶川地震发生后，在四川读大学的王明第一时间通过四川红十字会组织向灾区捐了 200 元，该组织属于（　　　）。

A. 动员资源型组织　　　B. 公益服务型组织

C. 社会协调型组织　　　D. 政策倡导型组织

二、简答题

1. 你认为你具备休闲活动策划者需具备的能力吗？主要欠缺哪方面的能力？你将如何提高你欠缺的能力？

2. 非营利组织有哪些种类？中国非营利组织未来的发展趋势是什么？

3. 我国休闲活动人才素质及结构状况如何？作为未来的休闲活动人才，你认识你应该从哪些方面来不断充实自己，使自己更能胜任未来的挑战？

4. 休闲活动企业文化的培育和渗透应以休闲活动企业人力资源的哪个层面为重点？考察一个实际的休闲活动企业，了解它们在把企业文化与人力资源管理的结合中，具体开展了哪些工作。

三、实训

调查你所在学校的志愿者协会的服务质量和活动内容，找出目前存在的问题并给出对策。

第九章　休闲活动营销管理

学习要点与目标

通过本章的学习，能够了解休闲活动营销的相关概念、理解休闲活动营销市场细分及细分方式、掌握休闲产品设计，力求能够良好地配合营销团队进行休闲活动营销。

第一节　休闲活动营销概述

一、休闲活动营销的含义

休闲活动的特殊性要求经营者提供休闲产品时，在满足顾客生理需求的同时，更重要的是要满足其心理上的需求，要让顾客在愉悦身心的同时有所感、有所悟。因此，休闲活动营销是具有特殊性的市场营销，是特定的、针对休闲活动市场的营销活动。

休闲活动营销是通过创造和交换休闲活动产品和价值，从而使游客满足欲望和需求的社会活动和管理过程。休闲活动营销的关键是定位、策划、整合。休闲活动营销是故事高手的过招，是故事行销的较量和竞争。具体而言，定位就是找故事，策划就是编故事，营销就是卖故事，品牌就是吃故事。

（一）休闲活动营销战略

休闲活动营销战略指通过环境的调研，了解消费者需求，确定正确的营销观念，有效地针对市场需求组织休闲活动，更好地满足顾客的现实需要和潜在需求，形成市场竞争力。

休闲活动项目战略实施过程：市场细分和选择目标市场—市场定位—确定营销目标—选择营销战略—确定营销组合（休闲活动产品策划，定价策划，场所、有形设施及过程策划，整合营销传播设计）。

（二）休闲活动营销过程

休闲活动营销的最终目的是提高休闲活动（及相关赞助商）的知名度，满足活动项目顾客的需求，增加收入。

在市场环境中，消费者需求的重要性是毋庸置疑的，但是随着市场的发展，人们发现仅追求满足消费者需求而忽视市场其他影响因素往往使得企业缺乏应有的竞争力。就休闲活动营销来说，仍然要重视消费者的需求，同时应该重视休闲活动市场中各种因素对营销的影响，如政策，人们的文化层次、审美、乐趣，竞争对手的策略等因素的影响，即采用市场导向营销策略。将顾客和产品放到更加广阔的环境中去理解，这个环境包括竞争者、政策与管理、社会、经济和政治等外部力量，通过吸引有价值的顾客，并创造成功的休闲活动品牌，增强竞争力。

在考虑市场环境及政策影响的条件下，休闲活动的市场营销过程的大致表现是，确定产品的特色 - 确定客户（市场细分） - 设计如何满足客户的需求 - 分析消费者的决策过程 - 确定价格和入场券计划 - 推销活动项目 - 评估市场营销效果。

"确定产品的特色"，事实上，每个活动项目都向客户提供一系列的潜在利益，它们可能包括：①全新的经历；②娱乐；③学习的经历；④与人沟通的机会；⑤购物的机会；⑥餐饮；⑦令人满意的结果。

如一次国际板球比赛，比赛中可能有一些观众根本对板球就不感兴趣，但可能对比赛的其他因素十分在意，如：出席观看或被他人看到。一般来说，参加活动项目的人们把这一项目看作一个利益总成。例如，方便性和宜人的天气，可能是与比赛同时赋予观众的利益。

总的来说休闲活动的营销过程，一是确定休闲活动市场细分的因素，将市场细分为同质子市场；二是选择目标市场，进行企业和产品的定位；三是针对目标市场采取相应的营销组合。要尽可能选择同行业尚未占有的市场进行定位，采取差异化定位经营，并随变化而适时地重新定位。

二、休闲活动市场细分及其细分因素

市场细分，即把某个产品市场按照顾客需求的差异划分为一系列细分市场的过程。休闲活动市场也需要进行市场细分，这需要针对消费者需要存在的差异，开发适销对路的休闲活动和适当的市场营销组合，提高消费者获得预期效果的可能性。

（一）休闲活动市场细分

市场细分的定义：按照购买者的需要和欲望、购买态度、购买行为特征等不同因素，把一个市场划分为几个不同的购买者群体的过程。市场细分的过程就是查找出最显著、最有可能成为消费者的群体，并加以分类研究的过程。它是对市场的探索和研究的过程，实际上是对相似消费者群体的辨识和区别的过程，而对潜在消费者的探寻过程则是对不同群体的消费模式加以识别的过程。

市场细分是分析客户群的过程，要仔细分析潜在客户不同的动机，并为每一客户群制定相关的活动项目。

休闲活动市场细分是指休闲活动企业根据顾客的需求情况、购买行为和购买习惯、对价格的敏感程度等方面的差异，把休闲活动市场划分为若干个细分市场，从中选择自己的目标市场的过程。

休闲活动市场细分是目标休闲活动市场选择和市场定位的前提，通过市场细分，能更好地识别市场机会，抓住最有利的时机进行市场营销。

休闲活动市场中顾客的兴趣、行为、文化程度千差万别，但是同类顾客一般有着相似的需求和特点，因此休闲活动市场是可以细分的。这种市场细分满足一般产品市场细分的特点。根据细分市场制定不同的营销组合，不同的休闲活动产品价格、营销渠道、促销方法等，以便更好地满足各种消费者的需求，并从中获取收益。

休闲活动市场细分具有以下几方面的含义。

①休闲活动市场细分的过程并非将休闲活动市场营销分解，而是一个先分后合的过程。对相同特点的消费群体进行归类，施以相同的营销策略，使得企业的生产能力得以充分发挥。

②休闲活动市场细分的标准是不同消费者的消费特征，如需求、价格敏感程度、购买动机、文化程度、购买行为等。

③休闲活动市场细分的最终目的是使休闲活动企业发挥自己应有的生产能力、创造能力以满足消费者的需求，并实现盈利，扩大企业的市场占有率。

（二）休闲活动市场细分因素

对休闲市场的细分，通常有四类细分因素。

1. 社会细分

休闲市场的社会细分通常从消费者年龄、性别、社会层次和文化程度来进行。从消费者的年龄来分，可将休闲市场细分为儿童市场（12岁以下）、少年市场（13-18岁）、青年市场（19-35岁）、中年市场（36-49岁）和老年市场（50岁以上）。

从消费者的性别来分，可将休闲市场细分为男性市场和女性市场。男性消费者喜欢具有竞争性、挑战性和刺激性的产品，喜欢能展现其力量和智慧的休闲项目以及能够让人彻底放松的享乐性项目。女性消费者更青睐于那些能够帮助塑造容貌和身体美丽的产品，喜欢有品位，能够在浪漫、轻松氛围中提高自身修养的产品。

2. 经济细分

从消费者的支付能力来看，可划分为高消费型休闲市场、中档消费型休闲市场和经济型休闲市场。高消费休闲者不甚计较价格，但要求物有所值，要求产品和服务的高档次和高科技含量；经济型休闲消费者则更加重视休闲产品的实际功效，对服务和质量要求不高。

从消费的实际支付者的角度，可划分为集团休闲消费市场和个人休闲消费市场。集团休闲消费市场相对来说，经济实力雄厚，带有招待的商业目的，大多不十分计较成本，但对休闲产品的档次、环境氛围、服务质量要求较高；个人休闲消费市场则重在实惠，让利和促销策略能得到积极反应。

3. 顾客来源细分

从顾客来源角度，可以将休闲消费市场分为本地客源市场和旅游客源市场。本地客源市场更加关注休闲产品的时尚和潮流性，关注产品的健康程度、文化含量以及价格和营销策略；旅游客源市场，最为关注的则是休闲产品的文化性、地域特色、可参与性和能否得到独特的体验。

4. 根据气候细分

地形、气候、山、水、生物等都是构成休闲活动的重要因素，其中起主导作用的是地形和气候两方面因素。不同地方的气候特点不尽相同。在旅游中气候成为市场差异化定位的重要因素，同样休闲活动依然可以依靠气候制定差异化细分市场。如爱琴海附近显著的地中海风光产生的一系列沙滩休闲活动，每年吸引欧洲 80% 以上的度假者前来消费。从旅游市场的普遍现象来看，一般气候寒冷、缺乏阳光地区的旅游者趋向于到阳光充足温暖的地区旅游。相反，温暖地区的游客趋向于在冬天去北方寒冷地带猎奇。

在细分休闲活动市场的时候还需要注意的是休闲活动中消费者的年龄、文化程度、性别等因素都能构成不同的细分市场。我们也可以根据消费者群体的性别、文化程度、年龄等进行市场细分。

三、休闲活动市场定位策略

市场定位是通过识别顾客需要，开发并向顾客传播与竞争者不同的优势产品，使顾客对该产品有比竞争产品更好的认知过程。

对休闲业而言，休闲产品的定位策略，实质上就是要根据目标顾客的需求因素，在其心目中形成"第一"，形成独特性。竞争性定位策略是非常行之有效的定位策略，主要包括以下 4 种方法。

（一）避强定位

避强定位也叫寻空定位、缝隙定位、补缺定位。就如赵传的一首歌里所唱的："我很丑，但是我很温柔"，这种定位策略不与对手正面交锋，它谋求的是与竞争对手"共享共荣""和平共处"。其核心是分析休闲消费者心中已有的形象阶梯的类别，发现和创造新的形象阶梯，从而树立一个与众不同、从未有过的主题形象。如，提供水上游览、娱乐的游船公司，它们中的大多数都提供一种分别停靠于不同港口的多日游览体验，然而，有些瞄准超细分市场的游船公司发现，那种不靠岸的一日游很有赚头，女王伊丽莎白二世号（QE-2）游船成功地开辟了一个像劳斯莱斯一样的游船超细分市场，价格要数千美元，游览的时间也更长。

不过，为避免目标市场过小，使用这种定位策略的公司也会设法适当拓宽其定位、以吸引更多的细分市场。例如，亚利桑那州的巨石度假饭店宣称自己是最好的高尔夫度假地，是一个豪华的度假地，能给客人提供观赏索诺拉沙漠动植物群落的机会。通过这样的定位，巨石度假饭店既可以吸引高尔夫爱好者，也可以吸引一部分非高尔夫爱好者。

（二）对强定位

对强定位也叫逆向定位、对抗定位。这种策略强调并宣传定位对象是休闲者心目中居第一位的或熟悉的某类休闲产品形象的对立和相反面，同时开辟了一个新的易被潜在消费者接受的形象阶梯。对这类策略，如重庆洋人街针对潜在消费者耳熟能详的主题公园，宣称自己是"非主题公园"，这就是否定"主题公园"模式以谋求一种矛盾性的对立形象，从而树立自己的有利地位。

（三）近强定位

近强定位也叫比附定位、借势定位，有句俗话叫"宁做鸡头，不做凤尾"。而近强定位遵循的理念则是"宁做凤尾，不做鸡头"。大多数行业都有一个公认的市场领导者，这个领导者公司在相关的产品市场中占有最大的市场份额，而使用近强策略的公司通常被称为"市场追随者"，由于其领导者公司已占据绝对的优势位置，自己的实力难以抗衡，怎么办呢？此时可强调与这个"第一"属同一类别，并不去占据原有形象阶梯的最高阶，而情愿甘居其次。这种策略通过模仿或有创新的模仿来规避风险、降低成本，获取利润。在休闲活动的策划中，这种定位策略常被使用，如2005年湖南卫视"超级女声"节目获得巨大成功后，各种娱乐选秀节目立刻纷至沓来，如江苏卫视的"绝对唱响"、吉林市电视台等四家单位联手打造的"超级女声秀"，另外，还有"闪亮新主播""美丽中学生""新声夺人""超级偶像"等。

（四）超强定位

超强定位也叫领先定位、争雄定位、称霸定位。这种策略强调在休闲者心目中占据同类品牌形象阶梯的第一位置，我就是老大，即直接在某类影响较大的品牌形象阶梯中明确自己已经具有或有能力占据的第一位置。如美国的某个高尔夫球场，这个球场跨越国境，号称拥有世界上唯一的国际性高尔夫球洞和加长的可供公司管理人员乘坐喷气式飞机降落的私人飞机跑道，因为这些设施，该球场名声在外。

四、休闲活动产品

休闲活动古已有之，中国古人赋予了休闲浓厚的文化内涵，形成了独具一格的文化，如收藏字画、篆刻临帖、弈棋鼓琴、栽花养鱼等，均是休闲活动的方式。时至今日，休闲活动逐渐产业化，人们不再局限于在家休闲娱乐，人们需要通过参与户外休闲活动愉悦身心、释放压力。这需要企业提供合理的休闲活动产品供消费者选择，而休闲活动产品设计成功与否成为企业立足休闲市场的重要因素。

（一）休闲活动产品定义

休闲活动产品即生产经营者提供的、用于满足休闲消费者需要的各种产品和劳务的总和，既包括各种直接用于休闲消费的物质产品，也包括各种满足休闲消费者休闲需要的休闲项目、休闲设施。

有学者认为休闲产品可以分为两大类。

物质型休闲产品物质型休闲产品是指直接以物质产品的消耗来满足休闲消费者休闲需要的产品，如休闲食品、休闲服装、休闲生活用品、休闲房地产以及各种精神产品的物质载体。

劳务型休闲产品劳务型休闲产品又可以分为设施服务型休闲产品、活动服务型休闲产品。设施服务型休闲产品是指凭借各种休闲设施向休闲消费者提供服务以满足休闲消费者需要的服务性产品，如娱乐游艺场、主题公园、运动场馆等提供的各种游乐游览、康体休闲等服务等。活动服务型休闲产品是指通过组织休闲消费者完成某项休闲活动以满足消费者休闲需要的服务，如旅行社组织的观光旅游、工业旅游和农业旅游向游客提供的参观游览活动、各种民俗节庆活动等。

（二）休闲产品的悖益论

合理的休闲活动能提升人类的生活品质，而高品质的生活直接来源于愉快的、满足个人需要和和睦的家庭，所以我们的休闲活动应该益于工作，益于家庭的。

从休闲与工作的相互关系看，休闲与工作的高度融合显然是我们所追求的目标之一，现代社会中的许多工作带有这种性质，比如艺术家、成功的企业家，他们的工作带有一定的挑战性，在很大程度上能够实现其自身价值，这些人经常可以迷醉地进行工作，并从中找到快乐。与此相对应的是拥有较少自主性、重复、单调的体力劳动，这些人的工作与休闲截然分开，其休闲生活对工作来说大都是逃逸性的。而随着社会的进步，人类会拥有越来越多的机会从事创造性、挑战性的工作，这也预示着未来的休闲活动必定是指向益于工作的，也即在工作中休闲，在休闲中工作。

家庭是与工作场景同等重要的人生舞台，家庭在休闲时间里进行夫妻与子女之间以及所有家庭成员之间的交流和沟通，可以巩固家庭的纽带作用和凝聚力，维持和加强家庭和谐。反之，极端的个体沉溺型休闲活动会破坏家庭的良好氛围，最终破坏幸福人生的实现。

休闲活动产品应该向着益于工作，益于家庭的双重属性方向设计，体现出休闲活动提升人类生活品质的功效。休闲活动产品应该着重于提升消费者的生活质量，提升消费者的生活满足感。

（三）休闲活动产品开发

在休闲产品的开发过程中，应该注意以下问题。

市场调研了解不同消费者的休闲需求，开发出适应不同层次的消费者消费的休闲产品。如年轻人比较喜欢新奇、具有挑战性的休闲产品，老年人则比较喜欢选择安逸、舒适的休闲产品，年龄、性别、职业、文化程度、心理特征等对休闲产品的消费都会产生很大的影响。休闲产品的消费具有较大的需求收入弹性，在开发休闲产品时要注意结合不同的收入水平开发适应不同收入水平的人消费的休闲产品。

体现时代的特性随着时代的变迁，有些休闲活动方式没有发生变化，但是其内在的精神或者所要表达的思想发生了转变，结合时代特征，使休闲产品更具吸引力，特别是吸引年轻人的目光。

注意风险性休闲产品之间存在着较大的可替代性，要让休闲活动牢牢抓住消费者的心是十分困难的，消费者的爱好及猎奇心瞬息万变。且休闲活动具有季节性等的特点，易受到自然条件的限制等，这里面存在风险。

处理好大众性和个性化的矛盾休闲活动首先是一种大众性的休闲方式，但是个性化的产品设计更能吸引消费者，满足消费者的个性化需求。

由于消费者消费结构各异、文化程度不同，应根据市场细分设计出不同的产品体系以满足不同消费群体的消费需求。

体现文化功能解决好休闲活动的定位问题，针对不同的休闲模式添加一定的文化元素，打造精品休闲活动产品。

（四）常见的休闲活动产品

休闲活动是有效缓解人们的生活压力、显著提升消费者生活质量的高品质休闲活动产品。学者苏庆军、孙革、左艳华在内蒙古林业调查设计中提出了森林休闲产品设计的不同类别，本书根据这种分类将休闲活动产品归结如下。

1. 滞留服务型

支持项目：小木屋旅馆，帐篷旅馆，宾馆、旅店，农家客舍。

滞留服务型休闲产品不仅仅是满足休闲者留宿的需要，更重要的是此类产品如何在看似简单普通的日常生理需要中体现生态文化的理念。这类休闲产品主要适用于户外景点旅游休闲活动中，在留宿地营造一种让顾客贴近自然、陶冶情操的意境。

2. 康体健身型

支持项目：登山、骑马、垂钓、滑雪、攀岩、荡秋千、狩猎、高尔夫。

与优美环境相结合的运动项目可让休闲者在自然环境中运动、在休闲生活中健身，运动也可帮助度假者解除心理压力，享受运动的乐趣，在动与静、力与美中感受源自人类本能的生机与活力。

3. 保健疗养型

支持项目：沙滩日光浴、景点疗养院、环岛漫步、温泉。

城市中很多人处于亚健康状态，休闲活动的疗养功能能够调节这些消费群体的身心，满足消费者休息、保健、恢复疗养的需求。

4. 体验满足型

支持项目：采摘水果及野菜、种植纪念树、果园采摘品尝。

让消费者切身参与到休闲活动中，切身体验活动的过程及最后成功的满足感，让顾客体会到生活的意义，弘扬某种向上的积极的精神。

5. 野趣游乐型

支持项目：烧烤、篝火晚会、吊床、野炊、露营。

野趣游乐型产品突出的是一个"野"字，要体现出产品的原始性、荒野性和自然性。人们通过该产品的消费，能感受到原始丛林生活，体验到与自然亲密接触所带来的乐趣，还可增进亲友、同伴彼此间的情谊，满足人们的猎奇心理。

第二节　休闲活动定价策略

休闲活动因类型和市场定位不同，其定价策略也就有所不同。定位于大众市场的休闲活动，例如普通健身俱乐部消费，须将价格定位在一个客户能够支付得起的水平；而定位于高端休闲产品的休闲活动产品，则不可能将自己各类休闲消费活动定价过低，如阿联酋迪拜的伯瓷酒店，这所据称是世界上唯一的 7 星级酒店所定位的目标市场是非常富有的消费人群，并且这部分消费人群愿意为档次高的休闲活动付费。

一、影响休闲活动定价的因素

（一）与顾客认知相关的影响因素

当大部分的休闲活动需要凭票入场的时候，也有些活动不向消费者收取入场费。然而，所谓"免费"的活动并不代表活动项目的提供不需要花费，也不代表消费者参加活动不需要成本。这里涉及三个概念，即感知价值、感知成本和净值（即净价值）。其中，"净值"等于所有感知价值的总和（总价值）减去所有感知成本的总和。感知价值和感知成本之间的正差值越大，消费者所获得的净值（即顾客感知净价值）就越大。明白这些，对休闲活动营销人员而言非常重要。

以一次大型的慈善募捐晚会活动为例，休闲活动消费者感知价值包括晚餐、饮料、娱乐项目、社交机会及对不寻常夜出活动的新奇感等；而消费者感知成本包括金钱成本，所花费的时间成本，到达晚会活动地点所耗费的体力成本、精神成本（进行社交所需要的思考活动，如在某些社交环境中可能存在不自在的感觉）以及感觉成本（例如夜晚暴雨天气带来的不便、座位的不舒服、环境没有吸引力等）。休闲活动消费者的感知价值与感知成本相减，即顾客感知净价值，感知净价值越大，顾客越满意。

如果休闲活动组织者对这些消费者感知成本的要素考虑周详，努力解决这些困难，对消费者感知价值表现充分，潜在消费群体们会很乐意购票参与。

（二）与休闲活动本身相关的影响因素

为了确定某一休闲活动的价格方案，休闲活动组织方应考虑以下两种成本。

固定成本即那些不随参加活动人数多少而改变的成本（如活动场地租金、贷款利息、照明和其他动力成本、志愿者制服费用和艺术家的出场费等）。

可变成本即那些随参加活动人数多少而改变的成本（如活动中所使用的塑料酒杯的花费、新产品发布会中的饮食招待费和为了服务活动参加者而招募的临时志愿者费用等）。

（三）与竞争者相关的定价影响因素

正如我们分析以上成本一样，活动项目经理也需要对竞争对手的相关休闲活动价格进行分析调查。如果发现与本项目相类似的项目的价格是 X 元，那么本项目的价格选择有以下几种。

①与其价格相一致，也把价格定为 X 元。

②采用成本领先策略，定价为 X 元减去 25%。

③采取差别定价策略，则定价为 X 元加上 50%，同时进行市场沟通以提高该活动项目的顾客理解价值。

二、定价策略

（一）定价策略的分类

用来实现休闲活动预期目标的定价策略可以是以收益为导向的定价策略，也可以是以运营为导向的定价策略，还有以市场为导向的差别定价策略。

1. 以收益为导向的定价策略

此策略尽可能把价格定为目标市场能接受的最高价格，以此方式来获得最大收益。明星慈善募捐晚会门票的定价就可采用这种策略。

2. 以运营为导向的定价策略

这种策略试图通过在低需求的时候采取低价、在高需求的时候采取高价的方式来平衡供求关系。很多量贩式 KTV 采取的就是这样的定价策略，白天上班时间折扣高、价低，夜间价高，工作日价低，周末价高。

3. 以市场为导向的差别定价策略

以市场为导向的定价策略，不同的细分市场采用差别定价的办法。例如，一个为期三天的音乐节，给那些三天音乐节都要参加的参与者（那些狂热分子）一种票价，为了俘获那些第一次参加音乐节或音乐业余爱好的心，会有仅参加音乐节一天的票价，以及为了欣赏最后一天的压轴表演和享受精美晚餐配套服务的票价。

（二）定价策略的选择

1. 休闲消费结构的类型

营销人员在选择休闲活动定价策略时的关键问题与价位水平和付款方式相关。郭鲁芳将休闲消费结构界定为四种类型：简朴型消费结构、粗放型消费结构、集约型消费结构和舒展型消费结构。

（1）简朴型休闲消费结构的基本特征

①消费者收入水平较低，休闲方式单一。②绝大部分休闲花费集中于大众化休闲消费，个性化的休闲项目和产品所占比例很小，甚至空白。③休闲消费主要以低档项目为主。④休闲消费频率低、支出少。

（2）粗放型休闲消费结构的基本特征

①消费者收入水平不高，休闲方式有限。②消遣性、娱乐性休闲消费比例有所上升，

但发展性休闲消费比例偏低。③休闲项目和产品在量上粗放型增长，但质量档次并未提升。④休闲消费频率较低、支出较少。这种类型消费结构中，休闲消费水平的提高主要表现为外延型量的扩张，而不是集约型质的提高。

（3）集约型休闲消费结构的基本特征

①消费者收入水平较高，休闲方式呈现多样化。②发展性休闲消费在休闲消费结构中所占比例与享受性休闲消费大致相当。③休闲项目和产品在量增加的基础上，质量和档次有所提高，中高档休闲产品出现。④休闲消费频率上升，休闲消费支出增长较快。

（4）舒展型休闲消费结构的基本特征

①消费者收入水平较高，主动性休闲消费日益普及，人们为了自己的快乐而休闲。②除了常规休闲类型外，还出现了能满足消费者情感需求的个性化休闲产品。③享受性休闲消费比例下降，发展性休闲消费所占比重较大。④休闲项目和产品的消费在量上保持稳定，在质上提升较快，高档休闲产品已被一部分人接受。⑤闲暇时间较多，休闲消费频率较高，消费行为的支付约束弱化，休闲支出较高。

2. 定价策划中需解决的问题

（1）应该收费多少

①哪些成本应该包含进去？

②顾客对不同的价格的敏感度有多大？

③休闲竞争对手的价格是多少？

③对选定的目标市场，给多少折扣比较合适？

⑤是否需要采用心理定价法？（例如，采用 199 元的价格代替 200 元）

（2）定价的基础是什么

①活动的每个要素是否应该单独收费？

②是否收取入场费？

③是否对消费者所消耗的资源进行收费？

④是否对捆绑式打包服务采取单一价格进行收费？

（3）由谁负责收款

①活动的主办者？

②售票代理机构？

（4）收费地点应该设置在哪里

①活动现场？

②售票机构处？

③在顾客家里？顾客采取电话付费、还是网络付费方式？

（5）什么时候进行收费

①售票时？

②活动当天？

（6）应该采取何种付款方式

①现金付款——顾客自备零钱？

②信用卡付款?

③子销售点?

④代金券?

第三节 休闲活动营销渠道

一、休闲活动营销渠道的概念

休闲活动营销渠道，是指休闲活动产品从企业向消费者转移过程中经过各个中间环节连接起来而形成的通道。起点是休闲活动生产企业，终点是休闲活动消费者。中间环节包括各种代理商、批发商、零售商等组织或者个人。

休闲活动产品营销渠道的类型主要有：直接营销渠道和间接营销渠道、长渠道和短渠道、宽渠道和窄渠道、单渠道和多渠道等。

直接营销渠道是指旅游企业（假设休闲活动产品由旅游企业生产）不经过任何中间环节直接将产品销售给顾客的营销渠道；间接营销渠道是指旅游企业通过两个或两个以上的中间环节来销售其产品的营销渠道，这是目前旅游企业最主要的产品营销渠道。长渠道和短渠道是指休闲活动产品最终到达消费者的过程中所经过的中间环节的多少，环节有多少，渠道有长短，最短的渠道即直销。宽渠道和窄渠道是指旅游企业的产品销售网点数目或分布格局的多少，即宽窄。所有休闲活动产品全部由生产企业直接销售或全部交给批发商经销，即单渠道。根据不同层次或不同环节或旅游消费者的差异，旅游企业采取不同的营销渠道，即多渠道。休闲活动产品营销渠道的畅通与否主要取决于中间商的活跃程度。

当中间环节超过两个的时候，一般我们认为此种营销属于分销渠道，可以扩大市场渗透，与更多消费者联系并缩减产品生产商的销售环节成本。

二、休闲活动营销渠道策划

营销渠道策划的目的是保证休闲产品能够及时到达目标市场，同时，还要节约渠道费用，提高渠道效率。因此，对休闲产品的营销渠道策划，必须按照一定的程序有条不紊地进行。具体来说，休闲活动营销渠道策划的程序包括明确策划营销渠道目标、选择渠道模式、确定营销渠道和评估渠道方案等几个方面。

（一）明确策划营销渠道的目标

一般来说，营销渠道目标包括便利性、效率性、稳定性和合作性。

便利性企业所设计的营销渠道网络系统以及分销网点的布局应该有利于目标顾客购买，只有这样，才能更广泛地覆盖和渗透目标市场。

效率性对企业各种营销渠道方案可能发生的成本和可能取得的收益进行分析、选择产出／投入比高、经济效益好的方案。

稳定性营销渠道一旦建立，尽量避免不断变动，在渠道结构不变的前提下，对渠道人员、资源分配等可做适宜调整，保持分销渠道的相对稳定性和一定的灵活性。

合作性渠道的设立有利于保持休闲产品生产企业与渠道成员之间的合作性，注意协调、平衡和兼顾好企业和渠道成员间的利益关系。

（二）选择渠道模式

休闲活动的营销渠道模式主要包括采用直接渠道和间接渠道。

1. 直接营销渠道

直接营销渠道是指企业将休闲产品直接出售给休闲消费者而不经过任何一个中介，通常有以下两种情况。

休闲产品生产企业自己充当零售商，等待顾客上门购买。如运动俱乐部、电影院、一些旅游景点、小餐馆、博物馆等都是通过这种渠道来销售休闲产品。

在顾客家中休闲产品生产方通过预订系统来扮演零售商的角色，消费者只需通过电话、电传或电脑等设施就可以预订自己所需要的休闲产品。如迪士尼乐园、奥运会和世博会的门票预售，又如，重庆龙门阵魔幻山主题公园的门票和年卡可在相应网站实现在线购买。

2. 间接营销渠道

间接营销渠道是指休闲活动项目提供方通过中介来销售休闲产品的销售渠道，也就是分销渠道。对于多数休闲活动，常常要考虑的是否需要利用售票代理机构这种中介，售票代理机构可以拓宽分销网络，方便消费者购票，加快消费者入场。另外，使用代理机构，也减少了在户外接受现金购票中所固有的安全问题。由于消费者提前购票，门票收入在活动开始数周前甚至数月前就可以流入到活动主办者手中，这对于活动主办者财政状况的健康运行所起到的作用是不言而喻的。但是，售票代理机构同时向活动主动者和消费者收取费用。是否使用代理机构取决于：休闲活动的类型、其他可用的购票设施、目标市场是否愿意支付购票服务费及目标市场相对的消费承受能力。

（三）确定营销渠道

根据企业制定的企业营销战略，并结合休闲活动市场情况确定选择何种营销渠道。如：企业销售能力有限、企业规模较小、直接销售的费用过高、企业销售人才不足等条件限制下采用分销渠道策略。在休闲活动企业规模较大，直销渠道畅通、直接销售成本低市场分销渠道成本过高、企业销售人才充足等条件下采用直接营销渠道策略。

（四）评估营销渠道方案

评估渠道方案的标准有以下三个方面。

经济标准是指企业设立分销渠道的目的是获得最大的经济利润。通过比较各种分销模式的成本以及可能取得的销售收入，进而评价渠道模式的优劣。

控制标准是指企业对分销渠道的控制程度。渠道长度越长，对渠道的控制难度就越大。如果企业不能有效地对渠道进行控制，会使分销渠道的运作受到影响。

适应标准是指休闲产品生产企业与中间商合作关系的灵活程度。如果企业与中间商签订的合约过长，一旦环境发生变化，要求企业变更分销模式，企业却不能解除与中间商的合约，这样的分销渠道就缺乏灵活性和适应性。因此，企业与中间商的合作关系，应当考虑分销渠道的灵活性和适应性。

第四节　休闲活动的整合营销传播

在过去很长一段时期内，促销是营销组合中的一个专业术语，然而现在"整合营销传播"这个词的使用几乎完全取代了它的位置。随着媒体技术、市场预期、竞争的各种变化，传统的向市场单方向"促销"的观念已经被建立一种与市场的双向关系所取代了。整合营销传播认为所有与顾客相联系的资源都可能是获取休闲活动消费者信息的渠道，它利用了所有与顾客相关的沟通方式。

一、品牌信息

对休闲活动而言，标识并不仅仅是个有形的标志，如奥林匹克运动会的五环标志。奥运品牌来自人们的感知，我们如何将品牌同休闲活动项目联系起来，它将为我们带来什么？它的标志和符号的含义是什么（如奥运火炬）？然而，聪明地利用品牌效应可以帮助活动策划经理在休闲活动消费者面前将无形的现象有形化。在发展整合营销传播战略中，休闲活动组织者应该知道四个品牌信息来源。

①计划信息（媒体发布，售票处人员销售或票务代理，广告，电子邮件营销，网站）。

②非计划信息（无法预料的或好或坏的口碑，媒体报道，投诉）。

③产品信息（隐含一些跟休闲活动相关的决策信息——活动策划、定价、地点）。

④服务信息（休闲活动工作人员或志愿者的品质、休闲活动交通质量及其他支持性服务）。

休闲活动的品牌形成并不仅仅依靠自身计划的促销工具，有许多影响因素，它们中的一些是可控的。

二、休闲活动整合营销传播工具

（一）广告

在休闲活动的整合营销传播工具中，广告指的是一切由活动组办这来支付费用的、非个人促销的促销形式。广播、电视、报纸、杂志、互联网、户外广告（广告牌、公共汽车候车亭及厕所）、公共汽车及出租车之类的可移动平台等，都可以用来做广告。对于大多数休闲活动项目及节事，没有必要采用主流媒体（电视、报纸和电台）做广告，高费用不划算。而媒体合作商可以帮助解决这个问题，但是有创新性的制作广告信息仍是很昂贵的，尤其是让广告代理机构来做。休闲活动项目及节事的广告战中，以下几点至关重要。

①提供有形的线索，以此来抵减休闲活动的无形性特征。

②寻求休闲活动的长期连续性，通过使用可识别的标志、代言人、商标或音乐等，例如，足球代码经常借用著名艺术家之口，如来自女王之口的"我们是冠军"。

③承诺有能力办到的以使人怀有现实中的期望，例如，展示实时行动（有必要关注有关门票供应的承诺，因为它们可能成为争议）。

④通过展示活动现场目标顾客群的数量使服务有形化且印象深刻，例如，足球比赛现场震耳欲聋的大声呐喊和人潮涌动的壮观景象就非常有说服力。

（二）公共关系

公共关系是用来建立互惠关系的，以满足利益相关者及消费者的需求。它采用了广泛的工具，包括宣传以引起公众的注意，特殊事件，社区活动，电子出版物和传统的新闻通讯。当所有的活动都须承担成本的时候，公共媒体宣传往往是活动组织者喜爱的方式。因为它提供了无须直接支付费用就可到达休闲活动目标市场的空间。而这种促销工具有一个优势，即人们通常都喜欢阅读体育、艺术和娱乐等休闲活动的报道。然而，休闲活动策划者必须认识到，媒体对活动的宣传报道必须有新的价值（即对读者、观众或听众来说内容必须独特新颖），宣传的形式必须严谨，并有可靠的出处，所以这种报道必须得到活动策划者的许可，这一点非常重要。

（三）销售促进

销售促进通常使用奖励或折扣来增加销售量。例如，在城市家庭日的表演或展览中，提供团体折扣或为儿童提供免费门票一张的促销活动。另外，消费者购买了几张或更多门票还可以得到礼品（T恤和海报）。运用销售促进，可以在部分特定的目标市场带来额外的销售量。

（四）直接销售

直接销售指的是通过邮件、电话或互联网直接与目标市场人群进行一对一的沟通。现正进行的活动，应该保存有以前参加过活动的人的名单。例如，可以进行免费的抽奖活动，要求参加者提供他们的姓名和地址，这样就可以轻而易举地获得消费者的资料。对休闲活动策划者而言，通常会同时采用多种营销传播工具。①提早引入攻势凌厉的广告。②制造休闲潮流和生产新闻，休闲经营者应该通过广告、电视节目和各类培训班、比赛等推广活动制造某种休闲活动潮流。同时，充分利用各类营业推广活动新闻，与企业有关的社会新闻，具有社会影响及新闻价值的业务活动报道，使公众加深对企业和产品的影响。③同时采用多种促销方式，休闲企业常用的促销方式：一是会员制促销，通过成为会员享受一定的权利和优惠来吸引消费者，能够为企业带来长期稳定和忠实的顾客。二是各类活动促销，通过设计新颖的活动吸引大批消费者，如演出类活动、节日类活动和竞技类活动。活动促销和宣传同步进行，应具有一定的话题性、新潮性和参与性。三是各种有奖促销，如赠品促销、抽奖、积分兑奖等。四是折扣促销，如团体折扣、时段折扣、配套折扣等。

复习与思考

一、简答题

1. 休闲市场的细分，通常按哪些因素来细分？
2. 休闲活动营销定位策略中竞争性定位策略有哪些？
3. 在对休闲活动定价的策划中，除了金钱成本外，我们还应当考虑哪些类别的成本？
4. 策划营销渠道的目标有哪些？
5. 休闲活动整合营销传播的工具有哪些？

二、实训

根据国家统计局发布的统计数据，截至 2021 年末，全国人口为 14.126 亿人，60 岁以上人口 2.67 亿人占全国人口的 18.9%。目前，我国 60 岁以上的老人已经达到了 1.43 亿，超过了总人口的 11%。据预测，到 2050 年老龄人口将达到 4.37 亿，平均每年要增长 620 万，那时老年人口的比重将占到总人口的 31.2%。也就是说，老年人将成为中国最为庞大的消费群体。老年人特殊的生理和心理特点，决定了与老年人相关产业的广阔性和特殊性。老年人逐渐在休闲活动市场中占据重要地位，如何设计贴切老年人生理与心理特点的休闲产品及吸引消费目光，显得尤为重要。而不同年龄段、不同收入的老年人口，在老龄产品的需求和消费能力上差异很大。现在处于老龄阶段的老年人与将来进入老龄阶段的老年人，在消费理念、消费习惯上也存在差异。老年人拥有了促成旅游消费的三大成因，使得老年人旅游市场已经成为各地争相开拓的细分市场之一。如何对老年人市场进一步市场细分，打造休闲活动名牌值得我们深思。应通过设计符合现代老年人群体的休闲活动项目，使学生掌握目标细分市场的需求分析、展开对应主题的创意设计，并能根据实际情况展开相应产品活动的策划。

第十章 休闲活动现场管理

学习要点与目标

通过本章的学习，能够了解人流的分类与分布及其特征，理解设施设备的分类，掌握接待服务、休闲活动场地的布局，进一步学会对休闲活动时间进行管理，能够对安全事故进行预防。

第一节 休闲活动接待管理

接待是整个休闲活动中的一个重要部分。好的接待服务不仅能使参与者感到舒心，还能使整个休闲活动更加完美。并且从长远来看，休闲活动的管理者可以通过向股东、政治家、传媒单位、媒体界名人、赞助商的客户、潜在的客户、合作伙伴和当地舆论主导者等人提供殷勤周到的服务来获得长远的利益。

一、邀请函和接待核实表

邀请函是客人对活动的第一印象，所以邀请函不仅要良好地传递有关活动主题的信息，还要能激发起客人参与活动的欲望。

接待核实表是涵盖接待服务中所有要素的表格，它可以用来确定接待过程中的相关要素是否核实。通过此表，我们可以在接待服务过程当中了解需要提前准备的事项，当然休闲活动不同还存在一定的差异。如表 10-1 所示。

表 10-1 接待服务项目核实表

接待服务项目	接待过程中的相关要素
邀请函	邀请函的设计是否具有很高的品质，是否新颖
	递送方式是否留有答复时间，把邀请函送到顾客手中的方式或者使用电子邮件的方式是否合适
	邀请函的内容是否包括了事件、日期、活动名称、答复方式、路线和停车场等
	邀请函中是否应该包括宣传资料

接待服务项目	接待过程中的相关要素
抵达	是否对时间做出了安排，以保证客人在最佳的时刻到达
	有什么样的停车安排
	谁来会见和问候客人？是否有人把客人迎接到活动地点
	是否缩短了等待时间？例如，客人在等待登机进入接待室的时候，是否有相应服务
便利设施	是否为客人设置了单独的区域，包厢（体育活动中）或会所
	提供什么样的食品和饮料？是否需要特殊的菜单和私人服务
	是否有单独的地方，可以清楚地看演出，并有很好的设施
	是否提供了特殊的通信方式，例如指示牌、服务台
礼物	是否对活动中的门票，特别是对客户的门票进行了组织
	有哪些纪念品（节目、饰针、T恤、CD）
	客人是否有机会和"明星"见面
退场	是否对客人的退场做出了安排，以保证客人不会和其他观众同时退场

二、接待步骤

在对客人提供接待服务时需要采取四个步骤：一是了解客人的期待；二是超过客人的期待，特别是要提供额外的便利措施；三是对活动中客人需求的变化做出迅速的反应；四是对活动的接待服务情况进行评估，以便于在下次做出改进。

公司的赞助商参加活动的原因多种多样，在做出接待计划时必须考虑到这些原因。

格兰哈姆等人所建议的原因包括：扩大生意网的机会；带来更高的销售业绩；获得对潜在的客户进行招待的机会；或者仅仅是为了给他们的顾客留下好的印象。

接待服务对于公司活动来说显得尤其重要。在某种意义上说，公司活动就是围绕着接待服务展开的。接待服务合适表中的大多条款，从邀请函到私人服务，都可以应用到公司活动中。对于客人来说，接待服务是活动经历中一个重要的组成部分。

三、休闲活动场地的布局

活动场地的布局无疑是活动成功的一个必备组成部分。任何从事过会议和正式宴会工作的人都知道必须提前与客户商订好桌子的摆放方式。由于大型宴会所占用的场地巨大，在厅堂后面就座的观众通常无法清晰地观看到舞台上的活动情况。如果这时音响较低劣再加上客人过量地饮用酒精饮料，情绪相对激动，不需多久表演就会被杯子碰撞和闲谈的噪声所淹没。这将是十分尴尬的局面。

在计划一个客人围坐于桌子四周的活动项目时，必须根据实际场地的规模来设计布局。如果不考虑桌椅和客人们所占的空间，在实际场地上就难以有服务人员或客人移动的地方。下图列举了一些室内活动常见的桌椅摆放布局。每一种摆放布局都需要按实际比例测绘出图形，标示出房间的容量和室内摆放的使用。

四、休闲活动服务

在大多数休闲活动的举办过程中，水源、电力、燃气、通信网络和交通等是必备的基础设施设备。

（一）必备的基础性服务

必备的基础性服务包括电力、水源和燃气。虽然这类服务听起来比较简单，但在休闲活动的举办过程中对电力的要求和平时相比是完全不同的。因为活动需要，设备一般要求使用三相电而且要有应急措施。向场地的厨房提供燃气也具有挑战性，复杂的场地常给能源供给带来一些困难。

（二）通信

许多活动对通信都有特殊的要求，包括电话和通信网络的安装。由于对通信网络要求的不断提高，必须考虑频带宽、网速问题，在大量传递数据的情况下更应考虑这一问题。一个运动场通常需要建立自己的移动电话基站来满足本范围内大量移动电话的使用，特别是满足活动结束后的使用需要。

（三）交通和管理

所有与活动有关的交通工具诸如航空、铁路、火车和出租车都应列入考虑范围之内。还应考虑各类交通工具的停泊给当地交通造成的影响。有时会出现为了活动的举行而实行街道封堵，调整交通线路走向或颁发特殊通行证件等情况，需要采取上述措施应向地方有关部门提交申请，在得到批准后方可实施，并及时通报将会受到交通影响的行业部门。此外还必须考虑到残疾人员的通行问题、人群的管理疏散问题等。

（四）安排餐饮

餐饮承包商负责提供活动的餐饮服务，包括订餐、食品制作和餐饮人员服务。这些承包商（或场地餐饮工作人员）应按不同服务方式、等级的要求提供菜单和价目。以往的餐饮服务和食品服务的图片有助于目前的决策制定。

在休闲活动项目的餐饮服务中有许多不同的服务模式，最为常见的是，套餐加台面服务、自助餐、便于手拿的食品、快餐。

食品制作的方式和服务的模式直接影响着食品的价格。提前在场外制作的食品再在现场加热或油炸可大大降低成本。如果选用技艺高超的一流厨师制作鲜美的宴席，则必须选用接受过正规培训的一流员工向客人提供服务，因而食品的价格也就随之上扬。

在商讨餐饮服务合同时，活动项目的组织者应明确食品的数量、服务的速度和要求提供的食物种类。尽管公众对健康食品十分青睐，但在体育活动项目的举办过程中有迹象表明传统的食品如馅饼和土豆片，仍然十分受欢迎，而水果沙拉和三明治销量却不尽如人意。

在制订一个休闲活动项目时，食品安全计划是另一个关键环节。食品安全包括制定相应的计划防止交叉污染以免顾客食物中毒和其他防止细菌繁殖的措施。例如，食品在从制造厂或市场到商店、厨房和自助餐台上的全部过程中都应保持恰当的温度。食品安全计划审视着食品操作过程中的每一个细节。最佳的厨房设计应有冷冻区域，而且保证蔬菜、肉类、海鲜和其他食物都能根据各自的保鲜温度分别储藏。计划周密的食品生产过程，包括食品装盘冷冻，能进一步减少食品受细菌的侵蚀。最后，食品安全专家还应考虑食品从制作完毕到消费者获得的时间（可能在体育场的另一端）和消费者最终消费的时间。在任何地方的健康机构、卫生机构都有监控食品安全的责任。

为休闲活动项目提供餐饮对于厨房的制作是个极大的挑战。为几百人准备食物绝不是一件人人都能轻松完成的事情。厨师应该掌握准备所有食品所需的时间并在计划的初期得以确定。许多一线的管理人员都会询问厨师应提前多久下达制作主菜的时间，他们根据这一数据来监控活动项目进行的过程，并向厨师提出建议。

休闲活动项目和宴会上的饮料供应常以箱计算，而且根据品质、品牌等差别价格各异。以箱计算的饮料包括葡萄酒、啤酒和软饮料，而通常不含酒精饮料。客人可能会选择一系列的饮料，但价格可能较为昂贵，他们还可能要确定免费饮料供应的时间。

（五）组织入住

对于多数会议、会展、演出和体育活动，住宿是整个活动的一个基本组成部分。应提前确定航空公司和住宿地点以获得折扣机票和吸引人的住房价格。如果折扣价格是活动项目主要考虑的因素，就应该把活动项目安排在淡季举办。然而一旦像墨尔本一级方程式大奖赛这类活动达到了一定的规模和影响力，就谈不上什么折扣价了，因为举办城市的宾馆已完全爆满。

（六）卫生设施

卫生设施包括场地专用和临时搭建的设施。在活动项目中使用的卫生设施的数量和样式，以及分配给男士、女士和残疾人的使用数量等是决策过程中的重要组成部分。活动项目观众的构成——参加活动的男、女性人数及每个人使用的平均数值都应考虑在内！许多的活动项目不能提供达到标准并且满足需求量的卫生设施，这些都会影响整个活动在参与者心目中的形象。

综上所述，在举办一个休闲活动时，组织者要做好充分面对各方面问题的准备。在某些活动项目中，组织者甚至要负责管理一些极为热心的观众。他们可能会提前几天就排队等候入场，目的是占据一个有利的位置。为了迎合他们的需要，各商家竞相推出了产业化的服务，从食品摊到宿营用具，应有尽有。

第二节　休闲活动时间管理

时间管理是指根据休闲活动的组织目标按照时间线索（活动日程安排）对活动组织的各种要素进行合理调度与配置，以保证休闲活动的各项组织活动如期完成。

一、制定活动日程表

预留充分的准备时间是制定切实可行的活动日程表的基本保障。组织一个成功的活动往往需要几个月甚至几年的时间。休闲活动的组织所需时间因活动类型不同而有较大差异。在活动日程安排上应注意以下几个方面。

（一）分析工作时间、确定活动日期

许多休闲活动组织者都是先确定休闲活动的举办日期，然后才意识到有太多筹备工作需要做。这时，他们不得不把每项工作所需时间压缩到最短，制订出一个十分紧张的日程表，这样的日程表一般很难执行。有时候，由于外界因素，预留的时间不够充分，组织者被迫接受一个十分仓促的日程表。在此情况下，只能根据现有时间简化休闲活动的各项内容。

（二）依靠团队合作完成组织工作

①应组织若干个由 2-5 人参加的小组，在各小组中开展头脑风暴式讨论会，讨论组织某休闲活动所必须进行的各项工作。

②把各小组讨论结果进行对比与汇总。

③将各项工作进一步分解，并确保不使任何环节遗漏，据此确定行动步骤。

④将每项工作及其分解内容、行动步骤写在一个单独的工作任务卡上。

⑤在进行工作时间分析时，要充分估计各项工作所需时间，将每个时间段内某个环节的负责人一并写在工作任务卡上。须标明各项工作由一人单独还是多人合作承担，比如起草一份邀请函一个人在估计时间内可以单独完成，但要布置一个会场就需要若干人合作才能在规定时间内完成。

⑥把所有工作任务卡按照行动顺序张贴到公告栏上。

⑦依靠团队合作能力，依次完成工作任务卡上的工作就可以促成本次活动的按时完成。

（三）在时间安排"留有余地"

一般认为应该按估计时间的 120% 安排工作时间，即预留 20% 的工作时间。在规定时间内提前完成某项工作，不会给休闲活动组织带来太大的负面影响，但是如果不能在规定时间内完成某项任务，则必然会影响活动的顺利进行。

（四）分清独立工作和关联工作

对于相互关联的工作，必须明确其先后顺序，并使先期工作的组织者了解其对后续工

作的影响。如展品运输与展品布置、日程安排与新闻发布、名人名单的确定与名人邀请函的寄发等。

（五）公布日程表

将日程表张贴在公告栏，为每一位相关人员提供便于携带的日程表复印件。为了使参与者随时了解活动组织去向和活动的进展，发现的问题，可以利用活动挂图、工作简报或黑板报等形式制作动态日程表。按周（星期）分为若干栏，在各栏内，由上到下列出重要工作，如宣传、印刷、娱乐活动、食品、门票、销售等，应特别注明在本星期内必须开始和必须完成的工作。

（六）预约工作时间

鼓励参与者根据个人的工作计划事先预约工作时间，并为每个工作参与者提供一份日程表的缩小复印件，用特殊颜色标识该工作人员所对应的工作。一旦修改日程表，应为每位工作参与者提供新的复印件，并注明新日程表的印刷时间，从而保证所有参与者按照同一日程表工作。

（七）确定关键工作的最后期限

对于关系到休闲活动组织成败的关键工作，应确定其最后完成期限，如果这些关键工作未能按期完成，必须果断取消休闲活动。但取消一项休闲活动必然会给休闲活动委托方和承办方带来巨大的经济损失和负面的社会影响，比如承担毁约赔偿和信誉降低等。为了避免因关键工作的失败而导致经济和社会影响方面的重大损失，应事先对关键工作做出备选方案，一旦该项工作受阻或未完成，立即启动备选方案。

（八）检查工作进度

防止因工作拖延而使休闲活动的组织陷入被动。首先确定工作的起讫日期，并设定工作期间的阶段性指标。根据既定指标检查各阶段工作进度，发现问题及时解决，以保证该项工作在最后期限以前得以完成。

（九）关键工作专人负责

每一项关键工作都必须指定专人负责，尽量避免把工作的责任给予多人组成的委员会，后一种情况可能会导致众人旁观，无人负责。关键工作的责任人不仅要有履行责任的能力，还应拥有相应的权利，否则责任只是一句空话。

（十）后续工作

在休闲活动组织中功亏一篑的情况并不少见，有时候主要的活动圆满结束后，却忽视了活动结束后的收尾工作导致给社会留下不够良好的整体形象。由于举办活动劳累一天的工作人员需要适当休息，所以一般要提前安排一些后备人员完成后续收尾工作。这些工作包括：清洁场地、清理账目、归还租用物品和设备、给捐助人寄发收据和感谢信、答谢志愿者和支持者、对休闲活动进行评估并写出评估报告等。

（十一）设立应急小组

在休闲活动的组织过程中，会不可避免地出现一些疏漏或紧急情况，设立应急小组，并赋予他们处理各种紧急事务的权利，使活动参加者无论何时遇到何事都能通过应急小组得到及时解决。

（十二）对提前完成工作和节约开支的人员予以奖励

采用现金的方式进行奖励有助于调动团队的积极性，比如对第一个完成售票任务或对第一个完成散发宣传品的人员给予奖励，将激励其他人员更努力地工作。

二、活动日程推进

对不同的休闲活动日程的组织协调不同，对大型活动而言，其日程的组织协调，活动的推进如下。

（一）活动开幕前 1 年以上

①设立组委会，任命组委会主任和休闲活动总指挥（可由组委会主任兼任）。

②宣布休闲活动名称、日期和主题。

③根据主题设计活动标识系统，建立与潜在表演团队和主讲人的联系。

④对可选场馆与设施进行考察，选择并确认场馆，预付场馆订金和其他需要先支付的费用。表演团体、参展商的申请。

⑤根据现有资源制订休闲活动组织计划。

（二）活动开幕前 12 个月

①组委会执行每月例会制，根据组织工作的需要设立专门委员会。

②着手设计活动场馆示意图，设计包含上述图件的宣传资料。

③开始招募志愿者、表演团体和个体表演艺术家等。

④与公安机关、交通管理部门等政府机构建立联系。

⑤确定定点饭店和住所，确定免费住宿名额和付费住宿标准。

（三）活动开幕前 6 个月

①组委会与活动总指挥定期会面。

②开始起草活动日程表和节目单草案，绘制活动场馆示意图。

③申请办理举办活动相关的各种许可证、执照等证件。

④确定正式表演团体、研讨会主讲人名单，并要求表演团体和研讨会主讲人提供简历、照片以及节目单等，或开展研讨会进行相应的更改确定。

⑤选择餐饮供应商，谈判并签订餐饮供应合同，设计菜单。

⑥与学校等机构联系，寻求翻译支持。

⑦定期发布有关活动的新闻消息。

（四）活动开幕前 3 个月

①设计座位示意图草案，设计员工工作日程表草案，设计登记区示意图草案。

②进行国内外宾运输安排，确认住宿安排，确认客运安排。

③制作活动日程表和节目单，印刷宣传品。

④再次确认表演团体并签署演出合同或协议，与当地有关单位和公司签订合同，与剧院经理协调并预定化妆室。

⑤印刷并邮寄邀请信。

⑥确认翻译人员。

⑦向志愿者提供舞台和场地示意图，受理志愿者预约工作时间。

⑧完成场地和菜单设计，完成住宿和交通计划，分配展览场地和会议室。

（五）活动开幕前两个月

①批准预算。

②列出赞助商和捐助者名单。

③设计展示橱窗和现场横幅。

④确定最终活动日程。

⑤向表演团体提供有关信息。

（六）活动开幕前 1 个月

①组织场地视察团。

②组织当地主讲人现场演示。

③制作各种标记和图示。

④装填、检查礼品袋。

⑤印刷并分发内部使用的工作日程表。

⑥送印翻译稿件、活动日程表和示意图。

（七）活动开幕前两周

①印刷并分发场地和座位示意图。

②检查住宿设施。

③确认排练时间。

（八）活动开幕前 1 周

①停止接受预定，确定预定名单。

②设计桌椅安排方案。

③将最后确定的用餐与住宿人数通知食宿合同单位和相关部门。

④确定媒体记者名单。

⑤为记者提供记者名牌、参考资料和入场券。

⑥印刷嘉宾名牌。

⑦预订食品，借用或租用厨房设备和餐具。

⑧为餐饮供应商提供菜单。

⑨准备奖品。

（九）活动开幕前1天

①根据检查清单核对所需物品，将物品运输到活动场地。

②购买冷冻食品。

③再次核实嘉宾人数。

④对重点场地补充布置

⑤领取钥匙。

⑥集合车辆

⑦确认定点加油站。

（十）开幕当天

①布置指路标牌。

②准备找零现金。

③现场制作食品。

④向登记处提供发言人名单。

⑤落实为表演者提供的冷饮与小吃。

⑥开始受理登记注册。

⑦问候媒体记者。

⑧非正式采访。

⑨拍照留念。

⑩开放记者室，提供宣传材料和冷饮、小吃。

（十一）当日活动结束

①登记注册结束

②结账并将当日收款存入银行。

③清洁厨房和其他场地（如活动不止一天则为第二天活动进行布置）。

④整理、包装各种物品。

⑤感谢志愿者。

⑥全面清场，检查有无遗留物品。

⑦关灯，锁门。

（十二）活动结束后1天

①对全体志愿者、捐助者和提供帮助者表示感谢。

②清洁并归还所有借用物品。

③起草评估草案。

④向餐饮供应商支付费用并表示感谢。

⑤去除所有户外标识物和张贴画。

（十三）活动结束后2-4周

①组委会与各专门委员会共同进行评估。

②完成所有预算工作。

③计算经营利润或亏损。

④完成财务工作。

⑤完成评估技术工作。

⑥撰写活动总结报告。

⑦向组委会和有关单位呈交报告。

第三节 休闲活动人流组织管理

人流是指休闲活动区域或场所内的参观者，由流向、流量和流速三个要素组成。人流通常是自然形成的，但由于地域、交通、场所内布局的影响也有一定的规律。

一、人流的分类与分布

（一）人流的分类

按人流的形成方式，休闲活动中的人流可分为以下四类。

1. 自然环境形成的人流

在公共场所进行的休闲活动，活动人流通常会分布在公共场所的主要通道及活动区域。如各类公园、景区、体育场馆内的休闲活动，人流就分布在各条固定的道路上；就展会和展馆而言，在出入口、主干道、服务区等处的人流量较集大，在设计有吸引力的、有操作表演的或正在分发纪念品的展台周围人流将更为集中。

2. 自然习惯形成的人流

休闲活动中人群由有目的的和无目的的不同个体组成，在下意识的从众心理的作用下，有目的的人流往往会带动其他人群的流向，形成相对集中的人流；在公共场合中，往往个别人群的围观会在较短时间内聚集为一群人的围观，从而形成集中人流。在参与人群少于预期的休闲活动中，由于活动场所显得较冷清，人们往往避开空旷的地方而纷纷选择边道走，使人流向边道集中。

3. 自然心理形成的人流

在具有参观性质的休闲活动中，出于心理适应的反馈，人们进入参观地后往往先走一段路，感到适应环境后才开始有选择性地进行仔细参观。因此，展馆或展厅的中部人流开始缓慢聚集。

4. 自然本能形成的人流

据研究，在北半球，人们进入一个相对较大的空间以后，大多数人会自然地向左，然后沿顺时针方向进行活动。据称这是地球顺时针方向绕太阳旋转的自然倾向对人类活动产生的影响。因此，在空间相对集中的活动场所中，人流总先形成于左侧。

（二）人流活动的空间分布特性

休闲活动中人流的空间分布有以下四个突出特性。

1. 空间分布的不均衡性

休闲活动中的人流由于受到场所的自然环境、行动的自然习惯及个人偏好等因素的影响，在活动空间内的分布呈现出明显的不均衡性，即某些区域内人群密度高，而另一些区域人群密度则较低。

同济大学的吴娇蓉博士曾在论文中指出：由于受到场馆建筑布局、展品布置的影响，人流在建筑空间内的分布形态主要可分为三种类型：聚块图形、随意图形及扩散形。

聚块图形分布是指人群主要以小群体为特征不规则地分布在活动空间内，如进行参观活动的人流的空间分布主要呈"聚块图形"。

随意图形分布是指人群以个体为特征无规律地分散在活动空间内，如在公共休闲区内散步、休憩的人流其空间分布主要呈"随意图形"。

扩散图形分布是指人群以个体为特征有规则地分散在活动空间内，如参加朝礼、授课等活动的人流在休闲空间内的分布主要呈"扩散图形"。

2. 空间分布的不稳定性

在参观游览性的休闲活动中，参加者往往处于不断运动的状态，因此由不同原因所形成的人流也不会固定于某一区域，而是处于不断移动的状态中，故人流的空间分布具有一定的不稳定性。

3. 短时聚集性

人类休闲活动中的多数类型，在活动时间上都具有开始和结束的统一性，如各种竞赛活动、节庆类活动、展览活动等对所有参与者而言都有统一的开场及散场时间。特别是活动的开、闭幕环节由于精彩性强，参加者会在相对集中的时间和空间内形成大规模人流。同时，如果活动空间内的某一区域举行即兴表演或抽奖等活动，参观人流也会在该区域周围短时间内积聚。

4. 出口为拥堵人流形成的最主要区域

具有群集性的休闲活动（通常是各类大型社会休闲活动）由于活动在统一的封闭式场所举行，因此活动空间内有明确的进场区域和出场区域。一般情况下，大型活动进场时段人流比较分散，交通流峰值要远比散场时形成的流量高峰小得多；散场时人流量十分集中，人们从活动场所内的各个区域同时涌向出口形成拥堵人流，交通流在此时为最大值。

二、人流组织管理的意义及途径

（一）人流组织管理的意义

1.帮助参与者更好地实现休闲活动目的

通过对人流进行一定的控制和管理，可以减少活动区域内产生人群拥堵的可能性，提高参加者利用时间的效率；同时避免由于从众效应而人为产生的冷热点，保证参加者在正常时间内不至于漏掉活动的精华部分，提高参加者的满意度，从而保证休闲活动目的的实现。

2.保证公共安全

对人流进行一定的控制和管理，有助于活动空间内正常秩序的维持和监控，将发生意外事故的可能性降到最低。

3.提高活动区域内资源的合理利用

对人流进行有效的控制和管理，能尽可能地避免某处自然环境的超承载量接待，或某些设施设备的超负荷运作，使休闲活动得以可持续发展。

（二）人流组织管理的途径

在休闲活动中对人流的组织管理需要通过一定的方法和途径来实现，现实活动中主要有以下几种有效的方式。

1.通过活动现场的布局

对有条件进行活动场地重新设计布局的现场，可以根据预期人流规模的大小选择封闭式或开放式设计；对活动空间的内部布局应充分考虑自然地形的有效利用、间隔距离的科学规划以及出入口数量及位置的合理安排，以使参加人流受限于现场布局，从而有利于组织者对人流的控制管理；在指示不明确、人流易盲目活动的地方可布置问询台或咨询中心，人为地疏导人流的流动。

2.通过活动内容的安排

在休闲活动的内容安排上就尽量考虑人流流动的合理性。如将同一内容的活动现场按一定顺序集中安排，并尽量安排在同一方向，以使人流能有序流动；活动的精彩环节或重点内容均匀分布，避免过于集中，以保持人流分布的相对均衡；在分叉或交叉路口有目的的安排有暗示作用的内容，以引导大部分人流朝组织者希望的方向分流；在进出口区域少设置活动内容且尽量不设置精彩内容，以避免人流在该区域停滞造成堵塞。

3.通过指示工具的运用

运用有指示作用的工具对人流的流向加以指导，是现代休闲活动现场管理最常用的方式之一。在活动现场作为指示标志的有场地示意图、路标、彩道及绳索等，这些标志的运用可帮助组织者对人流进行有效的引导，使人流的空间分布更合理。特别是在现代展会活动中，指示标志的重要性已为企业界普遍重视，优秀的标识设计对提高展会的服务水准及整体展会气氛的营造都有相当重要的辅助作用。

在休闲活动中，实现对人流的有效控制及管理要有一个重要的前提条件，即必须实现

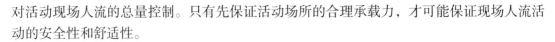

对活动现场人流的总量控制。只有先保证活动场所的合理承载力，才可能保证现场人流活动的安全性和舒适性。

（三）大型活动交通运输设计

大型活动交通组织的主要任务是为大量临时聚集的人流提供多种模式的交通方式，以有效解决大型活动期间交通拥堵和停车难问题，提高大型活动交通运输的安全性和效率，最终确保大型活动顺利进行。大型活动交通运输的组织，要求活动机构与有关政府部门、公共运输部门和私营运输部门密切协作，制订周密的交通运输计划，包括大型活动期间交通安全计划、临时公共交通计划、临时班车计划和临时停车场计划。

提高大型活动交通运输安全性和效率的设计方法主要有：鼓励使用公共交通方式，以减少大型活动主要交通线路的交通量和主要活动场馆的停车量；选择适当的交通运输时间，以避开当地的交通高峰时段；选择适当的路线，以避开当地的大流通量拥堵路段；选择与居留地距离较近、较为集中的活动场馆，以减少总体交通客运量；鼓励步行和骑自行车，以减少对机动车交通工具的需求量；通过各种管理手段，减少大型活动期间的货物运输量，如选择设备齐全的活动场馆，在活动正式开始之前提前运输和安排夜间运输等。

在大型活动交通运输设计中，主要活动场馆的可进入性是一个容易被忽略但又十分重要的环节。许多大型活动由于重要嘉宾或大量观众不能准时入场而被迫推迟开幕式时间，或由于大型设施无法运进场馆而影响文艺表演的效果，最终导致大型活动主题目标难以实现，组织机构在公众心目中的形象严重受损。一般场馆的建筑设计标准很难适应大型活动交通运输组织的要求，这主要表现在缺少或没有大型设施装卸场地和观众停车场地。此外，许多城市还限制或禁止货运车辆在某些繁华街区和主要道路上行驶。因此，大型活动举办机构必须与公共交通行政管理部门、运输企业和相关场馆负责部门密切协商，设计周密的交通运输方案，包括运输线路和时间安排、大型设施装卸方案、场馆周边临时停车场地租用或划界，以及相应的安全保障措施等。

第四节　设施设备管理

社会性休闲活动的开展过程中通常会使用到不少公共设施或设备，这些设施或设备涉及的种类非常广泛，其管理方式也多种多样。有学者将城市公共设施设备分为了两大类，一类是社会性公共设施，如风景区、各类公园、城市绿化区、步行休闲区等；另一类是技术性公共设施，如供水系统、供电系统、采暖系统、制冷系统、消防系统、垃圾处理系统等。

一、设施、设备管理的意义

休闲活动设施设备管理是指以最佳服务质量和经济效益为最终目标，以最经济的设施设备寿命周期费用和最高设施设备综合效能为直接目标，应用现代科技和管理方法，通过计划、组织、指挥、协调、控制等环节，对设施设备系统进行综合管理的行为。

做好休闲活动设施设备管理工作具有重要意义，主要表现为以下几方面。

（一）有助于提高休闲活动的产品质量

休闲活动产品的质量离不开高质量的设施设备。对设施设备进行管理，能够使设施和设备得到合理的配置，并通过及时的更新改造、维修保养，保持设施设备正常运行，使客人能够在愉快舒适的环境中顺利地游览观光，获得高质量的休闲体验。

（二）有助于降低休闲活动的运营成本

在休闲活动的成本构成中，设施设备占有较大的比重。加强设施设备管理，根据设施的特点，采用科学的使用方法，制订设施设备的保养计划、维修制度，可以起到减轻设备磨损、促进资产保值、降低成本的作用，对休闲活动获得长期、良好的经济效益具有十分重要的意义。

（三）有助于保证活动参与人安全

在休闲活动的安全因素中，设施设备安全是重要的构成因素之一。设施设备始终处于良好的状态，才能确保休闲人群的生命、财产安全，这对维护休闲活动的良好形象具有重要的意义。

二、休闲设施设备的分类

（一）根据休闲活动开展的频率

根据休闲活动开展的频率可以把休闲活动分为日常性休闲活动和特殊性休闲活动。日常性休闲活动是指以常设性社会公共设施为依托，人们经常开展的休闲活动；特殊性休闲活动则是指不经常举办的，通常间隔周期较长甚至是一次性的大型社会休闲活动。与之相对应的休闲活动设施设备也可分为两类。

1. 固定性设施设备

固定性设施设备通常安装在固定位置，为人们的日常休闲活动所使用，属于常设性设施、设备。包括风景区、各类公园、城市绿化区、步行休闲区等社会性公共设施，以及与这些设施相配套的供水、供电、消防等等技术性公共设施或设备。

2. 临时性设施设备

临时性设施设备通常是为特殊的休闲活动提供服务的，并非常设的社会公共设施。这类设施设备根据特殊休闲活动的临时需要而安装使用，特殊性休闲活动结束之后通常会将这些设施设备撤出活动现场。如举办运动会及开幕式使用的设施设备、举办演唱会或歌舞晚会使用的设施设备、展会的展台、临时性游乐设施等。

（二）根据休闲活动设施的用途

根据休闲活动设施的用途，可分为基础设施、服务设施、游乐设施三大主类。

1. 基础设施

休闲活动的基础设施主要有交通道路设施、给排水及排污设施、电力及通信设施、绿化设施、建筑设施、安全防范设施等。

（1）交通道路设施

交通道路是休闲活动组织的重要组成部分，它将活动的各个区域连接起来，引导参与者活动。安全、快捷的交通工具是参与者在休闲活动观光过程中普遍关注的一个问题，它包括水路交通、轨道交通、机动运输及其他特殊的交通工具如缆车、索道等。

（2）给排水及排污设施

在休闲活动区内必须有足够的水源或蓄水工程设施，有完善的供排水系统设施。同时，为保证对环境的影响降至最低，还必须有污水处理设施及污物处理排放的工程设施。

（3）电力及通信设施

在休闲活动区内，要有一个能保证质量、安全可靠的供电、输电网络，以及方便、快捷的通信设施，这样才能保证整个休闲活动区正常地为参与者提供服务。

（4）绿化设施

休闲活动区内绿化设施不仅具有功能的要求，还具有风景效应。这些既可以观赏也可以掩蔽或遮掩影响美观的建筑，还可以服务于休闲活动区的绿化，如道路两旁的绿化、休闲活动区内的草坪、花坛、亭、台、楼等。

（5）建筑设施

建筑设施主要是指休闲活动区内一些公用、服务建筑设施，观赏建筑设施。如宾馆饭店、游客中心、商业服务中心、公共厕所、停车场、园林建筑、民俗建筑等。

（6）安全防范设施

安全防范设施主要包括闭路监控设备、消防监控设备、消防器材等。

2. 服务设施

①住宿设施，包括各种宾馆酒店、疗养院、野营地、度假村、民居等一类设施。

②商业服务设施，在一个风景旅游区内除分散的一些提供饮食服务和旅游商品的网点外，一般还应有一个商业服务设施较为集中、完善及标准较高的商业服务中心，以满足游客的需要。

3. 游乐设施

①水上娱乐、游憩设备，包括浴场、游泳池、游船、游艇、水上游乐园等设施。

②陆上娱乐、游憩设施，包括植物园、展望台、索道、儿童乐园等设施。

三、休闲设施设备的管理

（一）管理要求

1. 保证所有设备正常运转

设施设备管理的重要内容之一，就是要通过建立科学的管理体系，聘用技术过硬的人才，保证所有设备在营业的时间内能正常运转，对出现的故障要及时清除。因为任何的设备故障或运转不正常都会直接引起旅游景区形象的损坏，甚至营业收入的减少。

2.制订科学的设备保养计划和维修制度

设施设备的维修和保养关系到设施设备的使用寿命，设施设备管理人员必须了解所有设施设备的性能和使用要求，制定科学的设备使用方法、操作规程、各级保养计划和及时维修制度，尽量延长设施设备的使用寿命，从而降低企业的经营成本，提高经营效益。

3.对设施设备进行更新改造

为了保证休闲活动对目标市场的吸引力，活动组织者必须不断地追求设施设备的先进性。因此，活动举办方应根据市场竞争状况，对设施设备进行更新改造。

4.对设施设备进行安全管理

设施设备正常、良好、安全地运转是参与者生命财产安全的重要前提。活动举办方必须高度重视设施设备的安全运转状况，时刻注意活动场地内设施设备的使用、维修状况，确保设施设备良好的运行条件，保证设施设备运转正常，确保安全，保障游客的生命财产安全。

（二）固定性设施设备的日常管理

固定性休闲设施设备的日常管理应遵循社会公共设施管理的一般原则和方法。

①按属地原则确定社会公共设施设备的行政归属。由公共设施设备所在地的相关行政部门负责对设施设备管理工作进行监督，实行统一领导、分级管理，且谁主管谁负责，把社会公共设施管理和维护的相关工作落到实处。

②在确定具体管理责任时，可依照"谁建设、谁管理、谁受益"的原则。这种方式使对社会公共设施的权利和责任统一到同一主体上，责权一致，更有利于激发管理者的积极性和主动性，对社会公共设施的管理也更加有效。

③在管理方法上强调"多维护、少维修"。固定性设施设备的使用频率高，使用群体复杂，使用者的专业技术性不强，诸多因素都使得设施设备的日常损耗增大，甚至可能缩短设施设备的使用期限。但社会公共设施设备的正常使用是人们休闲活动得以健康开展的重要保障。因此，管理者应加强对设施设备的日常维护保养，确保设施设备的正常安全使用，尽可能避免因对设施设备的重大维修而给人们的休闲活动带来严重影响。同时，通过日常维护保养工作的开展，延长设施设备的使用寿命，降低社会活动成本。

（三）临时性设施设备的现场管理

临时性设施设备通常是为较大型社会休闲活动的举办而专门安装的，且设施设备的正常运转对确保活动的成功举办有极其重要的作用。因此，保证临时性设施设备在活动进行中的正常使用是其管理的核心和重点。

1.专人专管

对重要的临时性设施或设备要实行"一对一"的专人负责制，即在活动进行期间，该设施设备的一切使用都由责任人负责，设施设备的一切问题都由责任人承担。

2.安全第一

不对设施设备进行破坏性使用，确保设施设备运行期间的安全性，坚决杜绝因设施设备的不恰当使用而给人群带来人身或财产损失。

3. 第二手准备

对于对活动效果影响巨大的设施或设备，如有条件应准备备用设备，在不能预测的意外致使原设施设备不能正常工作时，以备用设施代替，确保活动正常进行。

第五节　安全管理

举办休闲活动客观上存在风险，所谓风险就是活动过程中发生不幸事件的概率，或者说，风险是人们在活动中不希望看到的某种严重后果的可能性。风险预测和分析包括发生该事件的可能性和它所产生的后果大小两个方面。风险管理就是要主动对风险进行识别、分析、评价，并在此基础上有效地处理风险、规避风险，以最低成本实现最大安全保障的科学方法，是人们对潜在的、意外的损失进行识别、评估、预防和控制的过程。

一、项目危机管理

（一）项目危机的概念

所谓项目危机，是指影响项目进程的各项非预期性事件。休闲活动项目危机的发生，可能会导致以下情况发生。

1. 物质损失

物质损失包括各种财产和物资在运输、安装、搭建、拆除、再运输的整个过程中，由于自然灾害或意外事故引起的直接经济损失。

2. 财产损失

财产损失包括财产和物资在上述过程中遭受物质损失，或活动举办地发生诸如战争、恐怖袭击、环境污染、疾病暴发等灾害性事件，导致活动推迟或取消，给组织者或活动参与者造成的损失。

3. 人员损害

人员损害包括活动组织者、相关工作人员在活动过程中由于自然灾害或意外事故而受到的人身伤害。

4. 法律责任

法律责任包括活动组织者或参加者在活动过程中由于疏忽或过失，造成第三方的财产损失或人身伤亡，根据法律规定需要承担的赔偿责任。

（二）项目危机的特征

项目危机的特征具有以下几个方面。

1. 意外性

意外性是项目危机的起因性特征。如中国 2003 年经历的非典及 2019 年新型冠状病毒肺炎医疗风波等重大意外性事件。它令人感到意外和突然，也给人们带来了惊恐和不安。

2. 危害性

危害性是项目危机的结果性特征。重大的活动过程中的危机往往造成活动的终止，有的还会造成巨大的经济损失和社会负面影响。

3. 紧急性

紧急性是项目危机的实践性特征。其应急性实践往往令活动的参加者终生难忘。

4. 不确定性

不确定性是项目危机的本质性特征。具体到某项活动，组织者很难预料危机何时发生、从何处发起、其危害有多大、范围有多广、持续时间有多长、损失有多少等等，真可谓"危机无处不在，危机随时可能发生"。只有树立全面的危机管理理念，创建科学的危机应急管理体系，着力于从"大处着眼、小处着手"，加强预测预报，加强综合治理，才能使项目防患于未然，并能顺利举办和可持续发展。

（三）引起活动危机的因素

每当大型活动拉开序幕，来自四面八方的人群接踵而至，从此刻开始，活动的危机也就相伴而来。诸如活动场馆的规模和区位（社会治安状况、周边交通环境、场馆设施条件等），当地的气候条件和变化，活动的时间和性质、特征，活动现场的食物、水、饮品，参与活动的人数，现场消防和动力安全等，随着各种变量因素的积累和变异，将会产生各种难以预测和控制的后果。可能引起活动项目危机的因素有以下几种。

社会因素这里主要指经济秩序和社会宏观环境变化而导致的危机。如社会经济衰退、通货膨胀、游行示威、罢工罢市、政治动乱以及恐怖威胁和战争波及等。这些来自社会环境的巨大冲击，是任何举办者都难以抗拒的，故称为不可控制的危机。但组织者如能从国家政府部门提前获得危机信息，则可采取应急措施把危害降到最低点。

运作因素这是指在活动过程中，活动项目经营不善、管理不当、主办方财力不足以及活动的有关合作者出现严重失误或中途退出等诸多原因，造成的管理失控和混乱，从而使整个活动陷入困境。这些都属于运营层面上的管理危机，也有学者把它称为经营危机、财务危机和合作危机。值得指出的是，目前很多项目存在盲目扩张、恶性竞争、弄虚作假等错误倾向，这是活动危机产生的根源，应该引起高度重视并坚决根治。

自然因素这是指由自然因素引起的危机，如突然发生的地震、海啸、飓风或暴雨、洪水等重大自然灾害。这是组织者无法抗拒的，当属不可控制范畴。为了防范这些危机，组织者要加强与政府相关管理部门的信息沟通，一旦获悉，"宁可信其有，不可信其无"，事先做好防范和处理，提前做好时间调整，更改活动日期或场地，甚至终止活动，从而避免危机的发生。

安全因素这里指除社会因素和自然因素外的安全问题。如因工作粗心大意所引起的危险、盗窃、抢劫、爆炸等，其他如突发性的食物中毒，人们参与时人流拥堵造成坍塌伤害以及火灾、漏电、化学污染等。这些危机的产生大多属于管理层面上的问题，理应加强管理，制定出活动各项管理职能和规章制度，不断提高项目管理人员的综合素质和与会者的文明素质。

（四）项目危机管理的内容

1. 树立正确的危机意识

一方面活动举办方要居安思危，从长远的、战略的角度出发，在日常管理和运作中就抱着遭遇和应付危机的心态，预先考虑和预测可能面临的各种紧急的、极度困难的形势，在心理上和物质上做好对抗困难境地的准备，提出对抗危机的应急对策，以防止活动危机发生后束手无策，遭受无法挽回的损失。另一方面要有备无患，通过模拟活动危机情势，进行科学的预警分析，了解非传统威胁形成的各种可能，从而采取积极有效的措施，并制定完善的活动危机管理计划。

2. 建立危机预警系统，形成危机快速反应机制

危机预警系统是整个活动危机管理机制的灵魂，当危机发生以后，最先做出反应的就是危机预警系统，危机预警系统能不能在最短的时间内做出反应并领导、指挥危机管理工作，是衡量一个活动项目主体危机管理成败的主要因素。

3. 健全信息披露制度，发挥舆论的巨大作用，增强活动危机管理透明度

由于活动危机信息不对称，活动主体在处理危机事件时，如不能及时公布危机信息或故意隐瞒，就极易谣言四起，引发活动参与者和社会公众的恐慌，使自身陷入被动，因此活动的组织者应与媒体之间建立良性的互动机制，保持良好的合作关系，从而既能确保信息的及时发布，又能保证必要时对一些不负责的"非正式消息"予以澄清和驳斥。

4. 营造危机管理的良好氛围

营造危机管理的良好氛围，就必须加强活动主体之间的合作，以及与社会公众的合作，推进活动危机管理。活动主体和学术科研部门进行合作，结合不同学科理论，从不同角度深入分析，为活动危机管理的实践提供理论基础；大力发展决策的预测技术，建立官方的、民间的或官民协作的决策智囊机构，选择实际案例，建立各类活动危机的案例库，从理论和实践两方面全方位寻求符合活动实际情况的危机解决方案。

二、项目安全管理

（一）对场馆进行安全分析

活动组织者要做好活动现场的安全保卫工作，一定要对场馆进行安保检查。测定的内容主要有：有无发生过火灾、盗窃事件；出入场馆的交通是否符合交通安全标准；场馆内的安全设施是否齐全等。在场馆的安保检查过程中，安保人员应着重检查用电安全、消防安全、人员安全和应急措施，不厌其烦地询问有关安全的问题，直到觉得这个场馆相对比较安全为止。

（二）同当地的安全管理部门之间建立良好的工作关系

在活动开幕前，要陪同公安、消防和安保部门对所有的活动现场进行一次全面系统的检查，保证活动符合治安、消防、人员疏散等安全要求，彻底清除可能存在的安全隐患，并确定活动出现安全问题时能在第一时间得到相关部门的协助。

（三）制作安全小册子、指示标牌以及其他交流方式

要确保所有参加活动的客户和工作人员都能读懂这些小册子和指示标牌。例如，可采用便捷的撤退路线、出口标志、急救标志、警告标志、紧急救助电话号码（110、119、120、SOS 求救电话）等。

（四）制订一个媒体管理计划

媒体对活动具有重要影响，媒体可以帮助主办方更好地处理危机，也可以给危机管理带来很多负面影响。因此应将媒体作为一个重要的管理对象纳入危机管理计划，具体应注意以下事项：多渠道地与媒体保持沟通和密切联系；适当地控制媒体在危机中的活动范围以便为危机管理赢得一定的时间；尽量提供真实的信息；不要和媒体发生冲突；等等。

三、突发事件管理

危及活动安全的事件多种多样，下面就几种常见的危机事件进行论述。

（一）盗窃

这是在活动中经常发生的一类事件。由于参加活动的人数多、流动性大，对进入者的身份核查一般只要填写一份注册表格或直接放行，注册表格的有效性也难以核查，加上字画、古董、珠宝、奢侈品类展会或鉴赏活动兴盛，给盗窃犯罪分子提供了可乘之机，而且盗窃一旦发生，丢失的财物很难寻回。

预防盗窃事件首先要从出入口开始，保证合格人员的进入，对有前科和行踪诡秘的人员要提高警惕，加快电子身份核查系统的开发和应用。对于安全要求标准较高的活动，要加大安全预算支出，引进和改进电子监控装备。此外，要加强安全保卫队伍的建设。

（二）火灾

火灾是最为常见的人为灾难，大部分火灾都是人为因素造成的。例如，活动场地内部和外部的电路复杂，稍有疏忽就会引起火灾；活动现场中的某些观众可能会将尚未完全熄灭的烟头丢弃，加上现场搭建用的材料很多是易燃易爆材料，很容易使火势蔓延，更为可怕的是火灾发生后会引起人群恐慌，向入口逃散，不仅给救火工作造成阻碍，而且极易造成人员踩踏形成二次伤害。

如何把活动现场火灾的风险降到最小，需要活动主办方将所有可能造成火灾威胁的注意事项（如禁止吸烟的表示要醒目、员工要熟知消防器材的安放地点和使用方法等）、紧急逃散方式（出入口以及紧急出口的标识要明显）、在发生危害时的急救措施等告知每一位与会者（会前的宣传手册告知和危害发生时的现场指导相结合）。

（三）医疗卫生

活动现场是人员聚集地，其中可能有传染病携带者，而病人本人和活动组织者可能不知情，拥挤或者过于激动也可能造成突发性疾病或者晕厥；在统一安排的条件不是很完善的就餐环境中，可能会发生食物中毒等医疗卫生事故。所以活动组织者应能采取最基本的医疗救助措施（如现场设立医护点或值班医护人员），以维护活动的正常进行。

国际展览管理协会的《生命/安全指导方针》指出：每个活动或每项设施都要有合格的员工在场来处理紧急医疗事件。除了对员工进行事先培训，指导怎样应对紧急医疗事件外，还应当聘请合格的医护人员在观众入场、活动期间以及观众退场时值班。聘请的医护人员或是场馆中可用的紧急救援人员，应当精通基本的救生常识、伤病诊断、急救主持和心肺复苏术，熟练运用安全管理、危机管理计划中的所有其他要素。

（四）工程事故

由于活动现场中的舞台、展台、广告位和其他建筑都是临时搭建的，在活动结束后会被拆掉，因而一些活动参与方为了节约成本，可能会找一些非专业的设计、搭建人员现场施工，所使用的材料也可能存在严重的安全隐患。例如，为了保证安全，舞台、展台、看台搭建所用的材料必须具备防火功能；照明设备和材料必须符合国家安全标准；电源必须精确计算用电量并由活动指定的搭建公司人员连接。此外还必须注意施工搭建时的安全，不能使用有安全隐患的工具和材料；在活动期间，还要有专人负责巡视检查设备使用情况，以保证活动现场安全和设备的正常工作。

（五）暴力行为

暴力行为范围广，包括抢劫、袭击、对抗、示威、恐怖分子爆炸威胁或暴乱等。这里要强调的是，国际恐怖分子是活动管理者、活动参与方和观众最有可能遇到的恐怖袭击者。进入21世纪，国际恐怖主义者的袭击目标越来越多地指向旅游者。

暴力行为最典型的特点是影响面较大，处理这类事件除了及时与公安干警、武警官兵配合，尽快解决问题之外，还应该配备一位有经验的发言人或是协调员，以防止事态扩大，同时稳定与会者和外界的情绪，保证活动顺利进行。为了避免抢劫等一般犯罪行为的发生，活动举办之前，了解所在区域的犯罪率和以前活动期间发生过的犯罪种类是必要的步骤。

（六）自然灾害

在活动举办地，有可能发生自然灾害，并由此导致财产和人身风险。暴风雨雪、飓风台风、地震海啸、森林大火等都是典型的自然灾害。自然灾害的剧烈性和大范围破坏性通常会造成难以估量的损失。作为活动主办方，在选择城市、场馆时就要充分考虑这些因素，首先查看选择的城市有没有发生自然灾害的历史。其次是场馆建造时有没有考虑这些因素，以及能承受的自然灾害的级别有多大。一旦发生自然灾害，城市相关部门和场馆方面有没有应对方案和措施。在做场地检查时，要确保对所有的警报装置都有清楚的了解。

复习与思考

一、单项选择题

1.人流是指休闲活动区域或场所内的参观者，由流向、流量和（　　　）三个要素组成。

A.时间　　　B.大小　　　C.频率　　　D.流速

2.以下属于非传统危机的是（　　　）。

A.意外危机　　　B.媒体危机　　　C.流行疫病　　　D.经济事件

二、多项选择题

1.引发安全事故的原因有（　　　）。

A.建筑设计存在安全隐患　　　　　　B.活动场所承载力超限

C.缺乏有效的人员疏散和应急救援措施　　D.缺乏灾害预警系统

2.危机的一般特征有（　　　）。

A.可预测性　　　B.紧急性　　　C.周期性　　　D.阶段性

3.人流的空间分布特征有（　　　）。

A.不均衡性　　　B.不稳定性　　　C.短时聚集性　　　D.从众性

三、简答题

1.为了确保接待服务，邀请函应该有哪些要素？请自己选定一个休闲活动，为此活动编写一个邀请函。

2.接待服务的四个步骤包括什么内容？根据接待服务四个步骤设计一项休闲活动步骤安排。

3.请为某城市艺术节的一个舞台演出绘制出舞台平面图，列出责任人名单、制作时间表以及相关的任务单。

4.休闲设施设备是如何分类的？休闲设施设备的管理要求是什么？

四、实训

根据所学的内容，针对本小组对那达慕草原旅游节休闲活动的策划设计编写制作出相关的邀请函。

参考文献

［1］ 包乌兰托亚．我国休闲农业资源开发与产业化发展研究 [M]．北京：经济管理出版社，2018.

［2］ 陈来成．休闲学 [M]．广州：中山大学出版社，2009.

［3］ 李丽梅．中国休闲产业研究 [M]．上海：上海交通大学出版社，2021.

［4］ 马惠娣，魏翔．中国休闲研究 [M]．北京：中国经济出版社，2014.

［5］ 牟红，杨华．休闲概论 [M]．北京：中国财富出版社，2016.

［6］ 石培华．国民旅游休闲战略与国家时间管理创新 [M]．北京：中国旅游出版社，2015.

［7］ 时少华．休闲活动及制度需求与服务保障研究 [M]．北京：旅游教育出版社，2019.

［8］ 杨振之，周坤．旅游策划理论与实务 [M]．武汉：华中科技大学出版社，2019.

［9］ 魏小安，厉新建，吕宁．休闲产业经济学（上、下）[M]．北京：旅游教育出版社，2014.

［10］ 伍鹏．休闲活动策划与管理 [M]．北京：清华大学出版社，2013.

［11］ 徐永生．户外体育旅游休闲产业开发与管理 [M]．延吉：延边大学出版社，2019.

［12］ 张维亚，汤澍．休闲学概论 [M]．沈阳：东北财经大学出版社，2019.

［13］ 朱卉莹．休闲产业的发展与现代市场营销理念的创新 [J]．黑龙江科学，2020，11（8）.

［14］ 唐大鹏．我国体育旅游休闲产业发展困境与优化路径 [J]．体育文化导刊，2019（7）.